高职高专"十二五"规划教材·旅游类

U0653299

酒店管理实务

Tourist class

◎主　编　吕伟成

◎副主编　栗惠英　刘　纯　胡晓涛

◎参　编　刘素平　焦玲玲　朱青青
　　　　　方　静　艾　丽　王聚贤

南京大学出版社

图书在版编目(CIP)数据

酒店管理实务 / 吕伟成主编. —— 南京：南京大学
出版社，2015.8

高职高专"十二五"规划教材.旅游类

ISBN 978 - 7 - 305 - 15236 - 8

Ⅰ.①酒… Ⅱ.①吕… Ⅲ.①饭店—企业管理—高等
职业教育—教材 Ⅳ.①F719.2

中国版本图书馆 CIP 数据核字(2015)第 119360 号

出版发行 南京大学出版社
社　　址 南京市汉口路 22 号　　　　邮　编 210093
出 版 人 金鑫荣
丛 书 名 高职高专"十二五"规划教材·旅游类
书　　名 **酒店管理实务**
主　　编 吕伟成
责任编辑 陆　燕　　　　　　　编辑热线 025 - 83596997
照　　排 南京南琳图文制作有限公司
印　　刷 宜兴市盛世文化印刷有限公司
开　　本 787×960 1/16 印张 21 字数 370 千
版　　次 2015 年 8 月第 1 版 2015 年 8 月第 1 次印刷
ISBN 978 - 7 - 305 - 15236 - 8
定　　价 42.00 元

网址：http://www.njupco.com
官方微博：http://weibo.com/njupco
官方微信号：njupress
销售咨询热线：(025) 83594756

前　言

改革开放来三十年来,中国的酒店业获得了巨大的发展,酒店业的快速发展对专业性人才的需求也更为迫切,如何为酒店行业培养所需要的高素质技能人才是各高职院校所面临的紧迫的问题。其中,教材建设就显得非常重要,开发新型、实用性高职酒店专业的教材是关键,因为教材是实现培养目标的核心要素,高质量的教材是培养合格人才的基本保证。就"酒店管理实务"这门课程来说,作为旅游类酒店专业的一门专业基础课,其教材应偏重实践、理论适度,以培养应用能力为主,即与高职高专酒店专业"宽基础、重实践性、多方向"的能力培养目标相适应。

本课程是高职高专酒店专业的基础课和入门课程。通过本课程的学习,学生可以了解酒店经营管理活动的主要内容,掌握酒店管理的基本理论知识和方法,并从酒店经营活动的实际认识酒店管理的诸要素,为相关后续专业课程的学习和酒店服务的实践打下较好的基础。作为高职高专酒店专业学生,他们是未来酒店从业人员的中坚力量,其酒店方面的基础知识更应广博,体现在政治、经济、科学、历史、宗教、民俗、文学、艺术等方面,应该具有较高的本专业基础知识素养,为将来理解、认识、从事酒店行业服务工作实践打下坚实的知识基础。

针对高职高专酒店专业学生,实用性、重基础、宽知识面是本教材的编写特点和出发点。教材内容以"实用"和"新"、"易读"为原则,主要特点如下:

(1)注重基础,体系完备。本书从提高酒店专业学生的专业基础知识和实践能力这一根本目的出发,力求课程知识体系完备,深度合理,不展开理论上的深入探讨和阐述。

(2)严谨的科学性。本书的整体框架结构和内容体系的确定,主要以国内学者的众多论述为前提,严格遵守言之有据、言之成理,务求能经受实践的检验。各章均设计相关学习目标、案例分析、知识链接、历史故事、寓言故事、练习题,为教师和学生提供了课堂内外较为实用的教学素材。

(3)观念新颖,兼顾前沿。在保持该课程体系完整的基础上,积极引入该学科的新思想、新研究方法,体现知识新、信息量大的特点。

　　本书由苏州经贸职业技术学院旅游系吕伟成副教授担任主编，苏州经贸职业技术学院旅游系刘纯老师、石家庄铁路职业技术学院人文社科系栗惠英、江苏食品药品职业技术学院胡晓涛老师担任副主编，参编老师有苏州经贸职业技术学院旅游系刘素平老师，苏州卫生职业技术学院焦玲玲、朱青青老师，常州轻工职业技术学院旅游系方静老师，江苏九洲职业技术学院艾丽老师，石家庄职业技术学院王聚贤老师。吕伟成副教授负责确定全书的总体构架和编写大纲，并进行最后的统稿、审稿及定稿工作。同时，感谢苏州张家港国贸酒店总经理孙岩纹先生、行政经理许怡新女士以及苏州福朋喜来登酒店朱琦总监在本书编写过程中的大力支持和帮助。

　　本书在编写过程中学习和借鉴国内及国际一些优秀教材的编写思路和方法，克服传统教材注重理论枯燥讲解的弊端，适当地添加一些历史、来源，增加教材的可读性，努力从培养学生的兴趣入手，将管理理论与酒店工作活动实际相结合，较深入全面阐述酒店管理的实践指导特征，内容上尽量体现"新"、"全"、"实"，同时引进该学科的前沿理论及行业最新科技成果的应用，对培养学生的理解能力、实践能力，开拓学生的学习新视野有帮助。本书针对酒店类高职高专的学生，也可作为旅游企业培训用书及社会旅游爱好者学习用书。

　　本书在编写过程中吸收并借鉴了国内酒店管理方面的研究成果，参考了大量的资料和文献，在此向各位作者表示由衷的谢意。

　　限于时间和水平，本书难免存在一些不足之处，恳请专家、同行和读者批评指正。

编　者

2015 年 5 月

目 录

第一章 概 述

本章教学要点

1. 熟悉酒店的概念和特点以及酒店产品的特点。
2. 熟悉中西方酒店产生和发展的特点和差异性。
3. 熟悉中国现代酒店发展的趋势。

导入案例

全球最豪华的酒店

迪拜帆船酒店又称阿拉伯塔酒店,位于中东地区联合酋长国迪拜酋长国的迪拜市,为全世界最豪华的酒店。帆船(BurjAl-Arab)酒店,翻译成汉语又称"阿拉伯塔",又叫做"阿拉伯之星"。金碧辉煌、奢华无比的迪拜帆船酒店是世界上第一家七星级酒店。

第一节 酒店的概念

一、酒店的含义

酒店(Hotel)一词来源于法语,当时的意思是贵族在乡间招待贵宾的别墅,后来欧美国家沿用了这一称谓,英语里有 Hotel,Metol,Inn,Guesthouse,Tourist,Resort,Tarern,Lodge,House 等。在台湾、港澳地区及东南亚各国也使用这一称谓。时至今日在我国因各地习惯不同,对酒店的称谓和定义也是五花八门,有被称为"酒店"、"宾馆"、"培训中心"、"大厦"、"休闲山庄"、"招待所"、"旅店"、"旅馆"等。中国国家标准《旅游酒店星级的划分与评定》(GB/T 14308—2003)中使用了"旅游酒店"一词来概括以上各种称谓,并对旅游酒店作如下定义:能够以夜为时间单位向旅游客人提供配有餐饮及相关服务的住宿设施。中国国家旅游局人事劳动教育司主编的《酒店管理概论》中,对现代酒店是这样定义的:酒店是以有形的空间、设备、产品和无形的服务效用为凭借,投入到旅游消费领域中,具有一定独立性的资本或资金运作的经济实体。

二、酒店的功能

按照人们的传统理解,酒店就是向人们提供食宿服务的场所,是以满足人们最基本的旅行生活需要的,即仅仅是提供食和住的服务。然而,瑞士酒店管理协会曾将酒店概括为:"拥有完整的接待、住宿以及饮食设施的企业,是一个通过向消费者提供住宿、餐饮、娱乐、健身、商务、购物和社交服务,进而向消费者收取一定的费用来获取利益,以客房和餐厅为主体,集娱乐、健身、购物等设施于一身的现代企业。"

(一) 现代酒店的服务内容

1. 提供住宿与饮食服务仍然是其主要功能
2. 商务和通讯服务
3. 娱乐服务项目
4. 健身和运动项目
5. 成为当地居民的社交中心

(二) 现代酒店在国民经济中的重要地位

1. 酒店业是旅游业的一个重要组成部分
2. 酒店业是旅游收入以及国家外汇收入的重要来源之一
3. 酒店业的发展可以大力促进相关行业的发展
4. 酒店业为社会创造了众多的就业机会
5. 酒店业既是各类交流活动的中心,也是一个国家或地区的对外窗口

三、酒店的类型及等级

(一) 根据客人及酒店的服务内容

1. 商务型酒店

它主要以接待从事商务活动的客人为主,是为商务活动服务的。这类客

人对酒店的地理位置要求较高,要求酒店靠近城区或商业中心区。其客流量一般不受季节的影响而产生大的变化。商务性酒店的设施设备齐全、服务功能较为完善。

2. 度假型酒店

它以接待休假的客人为主,多兴建在海滨、温泉、风景区附近。其经营的季节性较强。度假型酒店要求有较完善的娱乐设备。

3. 长住型酒店

为租居者提供较长时间的食宿服务。此类酒店客房多采取家庭式结构,以套房为主,房间大者可供一个家庭使用,小者有仅供一人使用的单人房间。它既提供一般酒店的服务,又提供一般家庭的服务。

4. 会议型酒店

它是以接待会议旅客为主的酒店,除食宿娱乐外还为会议代表提供接送站、会议资料打印、录像摄像、旅游等服务,要求有较为完善的会议服务设施(大小会议室、同声传译设备、投影仪等)和功能齐全的娱乐设施。

5. 观光型酒店

主要为观光旅游者服务,多建造在旅游点,不仅要满足旅游者食住的需要,还要求有公共服务设施,以满足旅游者休息、娱乐、购物的综合需要,使其旅游生活丰富多彩、得到精神上和物质上的享受。

6. 经济型酒店

经济型酒店多为旅游出差者预备,价格低廉,服务方便快捷。其特点可以说是快来快去,总体节奏较快,实现住宿者和商家互利的模式。

7. 连锁酒店

连锁酒店可以说是经济型酒店的精品,诸如莫泰、如家等知名品牌酒店,占有的市场份额也是越来越大。

8. 公寓式酒店

酒店式公寓吸引懒人和忙人。酒店式服务公寓1994年始于欧洲,意为"酒店式的服务,公寓式的管理",是当时旅游区内租给游客,供其临时休息的物业,由专门管理公司进行统一上门管理,既有酒店的性质又相当于个人的"临时住宅"。这些物业就成了酒店式公寓的雏形。在酒店式公寓既能享受酒店提供的殷勤服务,又能享受居家的快乐,住户不仅有独立的卧室、客厅、卫浴间、衣帽间等,还可以在厨房里自己烹饪美味的佳肴。早晨可以在酒店餐厅用早餐;房间由公寓的服务员清扫;需要送餐到房间、出差定机票,只需打电话到服务台便可以解决了,很适合又懒又忙的小两口。由于酒店式服务公寓主要集中在市中心的高档住宅区内,集住宅、酒店、会所多功能于一体,因此出租价格一般都不低。

(二)根据星级标准分

1. 酒店实施等级目的与作用

(1)维护和促进顾客权益

酒店的等级可以保证与顾客消费水平相符合的服务质量,从而保证消费者利益。

(2)有利于酒店经营和发展

首先,为酒店的硬件和服务规定了标准,从而使酒店在运营中有了遵循目标,减少了管理中的盲目性、主观性和随机性,促使酒店管理科学化和规范化。其次,酒店等级制度对酒店营销和宣传有极大的促进作用,有利于同行业公平的竞争,发现本企业优势和劣势,取长补短,共同发展;同时对完善设施和服务,提高管理水平起促进作用。此外,酒店实施等级制度保护了企业的合法权益,使顾客遵守酒店的各项规定,按酒店等级标准付费。

(3)便于酒店业管理和监督

酒店等级制度制定了酒店业行业管理和监督手段。当今酒店业是多元化产品,面对不同消费需求和顾客群体,一家酒店不可能同时满足所有消费者得需求,这就要求酒店明确自己的目标顾客,针对特定消费群体为本企业产品定位。同时由于顾客消费需求不同,要求酒店的消费水平与顾客消费需求相适应,从而使国家和行业协会根据市场引导投资。

2. 酒店等级评定标准与符号

在世界各国,酒店等级评价标准多种多样,主要的因素有酒店建筑外观、地理位置、周围环境、酒店装饰、客房种类与面积,以及客房设施和用品、酒店舒适程度、服务项目和服务质量水平。目前各国采用的酒店等级表示方法有星号、钻石型符号、英语字母等。

星号表示法:从一颗星至五颗星系统,一颗星代表一星级酒店,二颗星代表二星级酒店,星号越多,酒店等级越高。一星级和二星级酒店为经济级酒店,主要满足顾客基本食宿需求;三星级和四星级酒店为中等级别酒店,主要满足那些需要周到服务的顾客,满足他们住宿、餐饮、商务和社交活动需要;四星级和五星级酒店为豪华级酒店,可为顾客提供豪华和个性化的住宿、餐饮、商务、会议和健身服务。我国目前采取五星级。一些国家用英语字母 A,B,C,D,E 表示酒店等级,即从 A 到 E 由高到低将酒店分为不同等级。

（1）一星酒店

设备简单，具备食、宿两个最基本功能，能满足客人最简单的旅行需要，提供基本的服务，属于经济等级，符合经济能力较差的旅游者的需要。

（2）二星酒店

设备一般，除具备客房、餐厅等基本设备外，还有卖品部、邮电、理发等综合服务设施，服务质量较好，属于一般旅行等级，满足旅游者的中下等的需要。以法国波尔多市阿加特二星酒店为例，共有七层楼房 148 个房间，每个房间有两到三张床，面积 13.5 平方米（包括一个 2.5 平方米的卫生间，有抽水马桶、浴缸及淋浴喷头），房内有冷热风设备、地毯、电话，家具较简单，收费低廉，经济实惠。

（3）三星酒店

设备齐全，不仅提供食宿，还有会议室、游艺厅、酒吧间、咖啡厅、美容室等综合服务设施。每间客房面积约 20 平方米，家具齐全，并有电冰箱、彩色电视机等。服务质量较好，收费标准较高，能满足中产以上旅游者的需要。目前，这种属于中等水平的酒店在国际上最受欢迎，数量较多。

（4）四星酒店

设备豪华，综合服务设施完善，服务项目多，服务质量优良，讲究室内环境艺术，提供优质服务。客人不仅能够得到高级的物质享受，也能得到很好的精神享受。这种酒店国际上通常称为一流水平的酒店，收费一般很高，主要是满足经济地位较高的上层旅游者和公费旅行者的需要。

（5）五星（或四星豪华）酒店

这是旅游酒店的最高等级。设备十分豪华，设施更加完善，除了房间设施豪华外，服务设施齐全，有各种各样的餐厅，较大规模的宴会厅、会议厅，综合服务比较齐全，是社交、会议、娱乐、购物、消遣、保健等活动中心。环境优美，服务质量要求很高，是一个亲切快意的小社会。收费标准很高。主要是满足上层资产阶级、政府官员、社会名流、大企业公司的管理人员、工程技术人员以及参加国际会议的官员、专家、学者的需要。

（三）根据酒店客房数量和规模划分

1. 超大型酒店：1 000 间客房以上

2. 大型酒店：500 间客房以上

3. 中大型酒店：300—500 间客房

4. 中型酒店：150—300 间客房

5. 中小型酒店，小型酒店：50—150 间客房

（四）根据酒店地理位置划分

1. 城市中心酒店

一般坐落于城市中心 CBD 商贸区，旅游购物及商务交流比较方便，周边配套设施齐全，交通便利。通常酒店拥有豪华双床房、豪华大床房、行政大床房等各式客房，房间宽敞舒适，配有高清有线电视、中央空调、光纤上网系统、自动消防报警系统等设施；商务中心及行政会议室可为商旅人士提供便利，是出差旅行的理想下榻之所。

2. 风景区酒店

为了方便旅客进出，必须有比较方便的交通设施，一般依山傍海，环境优美，如海滨、山区、温泉、高山滑雪场、高尔夫球场，客人可以游泳、晒太阳、钓鱼、划船、打球等，尽情享受度假的快乐。

3. 机场酒店

通常建在飞机场附近，设施和服务与商务酒店很相似，主要客源是转机和被延误的旅客及航班机组人员。规模通常为中型或小型，客房在 100 间到 300 间。可以免费提供接送服务并在机场有明显的订房和接送服务的电话标志，方便顾客。现在机场酒店增加了会议设施和餐饮设施以吸引专程出席会议并希望节省时间的顾客。

（五）根据酒店设施豪华程度划分

酒店房间的基本设备包括床、衣柜、茶几，一般亦设有电话、电视、闹钟；并有雪柜，内有各种饮料、酒类及小食，全部需收费，在结帐时缴付。房间亦备有电水煲、水杯及咖啡、茶包、奶、砂糖等供住客使用。房内通常都设有独立浴室，内有坐厕、浴缸及淋浴设备。一般亦设有互联网接驳服务。

酒店的基本设施决定了一个酒店的接待能力和条件，酒店设施的标准和数量标准决定了酒店的档次。无论酒店的档次如何，其基本设施应具备以下几个方面：

1. 前台接待

具有与本酒店规模与标准相适应的前台接待条件，包括前台接待大厅、总服务台（含接待处、问询处、收银处）、商务中心、贵重物品寄存处、大堂副理接待处等。

2. 客房接待

具有与本酒店规模及标准相适应的客房设施，包括单人间、标准间、豪华套房、总统套房等。客房内应配有与酒店星级标准相应的客用设施，如：梳妆台(或写字台)、衣柜、床(软床垫)、座椅、沙发、床头控制柜等配套家具;每间客房设有单独卫生间,卫生间内一般配有坐式便器、梳洗台(装有洗面盆、梳妆镜)、冷热水设施(包括配有喷头的浴缸、浴帘);每间客房都具有能够保证或调节温度的分体空调或中央空调;每间房间都配有电话,可直拨或通过总机挂通国内或国际长途电话;每间客房都配有电视机和音响设备;每间客房内都配有一定数量的文化用品,如信纸、信封、明信片、城市地图、针线包、酒店指南;每间客房内还配有一定数量的卫生用品,如牙刷、牙膏、肥皂、洗发水、润发露或护发素、浴帽、擦鞋器(纸)等。

3. 餐饮接待

具有与本酒店规模及标准相适应的中餐厅、西餐厅及所必需的饮食供应设施,包括餐具、炊具、家具、厨具以及各种饮食器皿,等等。

4. 娱乐服务

具有与酒店规模相适应的歌舞厅,以及所必须的各项设备设施,及其附设的酒吧服务设备和设施;保龄球场及设备和设施;桌球室及室内桌球设备和设施;电子游艺室及各种电子游艺设备和设施;游泳池及各种附属和辅助设备设施;健身室及各种健身设备和器材;桑拿浴、按摩室及各种配套设施,等等。

5. 经营保障

(1)工程保障设施:如变、配电设施,空调冷冻设施,备用发电设施,供、排水设施,热水供应设施,洗衣房及其所需的设备设施。

(2)安全保障设施:如对讲通讯设施、事故广播设施、消防指挥设施、消防监控设施、各种灭火器材,等等。

(3)内部运行保障设施:如员工食堂、员工宿舍、员工俱乐部、员工更衣室、员工通道等。

知识链接

园林、文化、历史集一体的酒店——苏州南园宾馆

苏州南园宾馆,一座 62 年历史的五星级国宾馆,坐落在风景如画的姑苏城东南,占地面积 4.8 万平方米,西邻沧浪亭,东与网师园为伴。宾馆设计以"花园+家园"为理念,是苏州市区唯一的园林别墅式国宾馆,拥有客

房 235 间,备有总统别墅、豪华套房、普通套房及多档次标准房,设施完善,装饰典雅,风格各异的餐厅将为宾客提供优雅的就餐氛围和不同风味的中、西佳肴。

近代的南园宾馆系蒋介石在苏别墅"蒋公馆"和何亚农(其二女儿、女婿即著名物理学家何泽慧、钱三强夫妇)花园别墅所在地。蒋介石第二夫人姚冶诚女士及幼子蒋纬国曾寓居在此。不可不提的还有"五七一工程"遗址,是一个地下防空洞,也是林彪在南园留下的最著名的工程。如今,这一保存完好的遗址撩起了神秘的面纱,作为一个特定时代的见证物,向入住南园宾馆的客人开放。

一九五二年,南园宾馆成为来苏的国家党政领导、外国首脑、社会名流的接待和下榻之处,先后接待了除毛泽东以外的所有党和国家领导人及外国首脑。

如同"南园"之名,南园本身就是一座景色优美的园林,仅列入苏州古树名木名录的就有银杏、紫藤、桂花、龙柏、白皮松等 22 株。有 10 株分布在宾馆东南角约 1 000 平方米的树林中,其中树龄最长的是一株 120 年的瓜子黄杨,并伴有一批成材大树。园内茂树修竹,蝉鸣雀飞,草坪铺地,廊桥迂回,还有假山、小亭点缀其间,环境雅致。

四、酒店产品

(一) 酒店产品的概念

酒店产品是由若干个不同部门组成的总体。它包括向客人出售或出租的有形的和可计量的商品以及消费者的利益和各种无形的服务在内,这种无形的服务与有形的物质商品结合起来,构成酒店的产品特色。例如:具体的产品,如餐饮、酒吧、客房等;各种服务,如接待、礼貌及气氛,它不同于其他商品消费。酒店消费则是创造一种优美、舒适、方便的环境,顾客置身于这样的环境中消费,酒店产品的质量完全是通过人,尤其是通过住进酒店的顾客感受来检验。所以,酒店是否受到顾客欢迎、赢得顾客的信赖、得到顾客的好评,酒店产品质量起着决定性的作用。

酒店产品的另一个主要部分——无形服务的质量标准主要是看其服务效率及服务效果。服务效率是使无形服务有形化,是提供优质服务的保证条件。而服务效果是无形服务质量标准的最终要求,是赢得宾客满意的根本因素。

(二) 酒店产品的特点

1. 酒店产品的特点

(1) 酒店产品的无形性

(2) 不可储存

(3) 高度情感性,受人的因素影响很大

(4) 酒店产品不可转移性

(5) 酒店产品生产与消费同时性

(6) 创造社会效益和经济效益

案例分析

满意的微笑

2004 年 8 月 7 日早上八点半,有个 100 多人的会议,从七点开始就陆续有客人来到酒店。八点左右,有位客人着急地来到总台,客人称自己是来参加会议的,是坐公交车到酒店的,但因为比较匆忙在下车时将自己的衣服和化妆箱忘在车上了,不知能不能找到。一旁的礼宾员听到后马上过来和这位客人讲:"请您不要担心,我们可以帮您联系公交公司的调度室问一问,可能东西还在车上。要不您把当时具体情况告诉我,我马上帮您联系。"客人听后情绪稳定下来,连声称好并将当时具体情形告诉礼宾员。礼宾员先让客人上去开会,然后马上外出赶到离酒店最近的公交车调度室。礼宾员将客人的情况和调度员讲明,果然客人遗忘在车上的物品正在调度室里,当时公交车乘务员发现后就放在最近的调度室里。礼宾员马上致电给客人称物品已找到,并且请客人配合一一核对物品。客人非常感谢礼宾员的服务,连声夸奖真是想不到,礼宾员也露出会心的微笑。

分析:礼宾员不仅仅提供前台日常服务,更应体现服务"金钥匙"的功能,努力为客人解决问题,快速高效地满足客人的要求。酒店服务人员都应具备"金钥匙"服务意识,将服务做精做细,创造满意加惊喜的对客服务效果。

（三）酒店功能区域划分

1. 前厅

（1）面积宽敞，与接待能力相适应；

（2）气氛豪华，风格独特，装饰典雅，色调协调，光线充足；

（3）有与酒店规模、星级相适应的总服务台；

（4）总服务台有中英文标志，分区段设置接待、问讯、结账，24 小时有工作人员在岗；

（5）设门卫应接员，负责迎送客人；

（6）设专职行李员，有专用行李车，24 小时提供行李服务，有小件行李存放处；

（7）门厅及主要公共区域有残疾人出入坡道，配备轮椅；有残疾人专用卫生间或厕位，能为残疾人提供特殊服务。

2. 客房

（1）至少有 40 间（套）可供出租的客房；

（2）70％客房的面积（不含卫生间和走廊）不小于 20 平方米；

（3）装修豪华，有豪华的软垫床、写字台、衣橱及衣架、茶几、座椅或简易沙发、床头柜、床头灯、台灯、落地灯、全身镜、行李架等高级配套家具；室内满铺高级地毯，或为优质木地板等；采用区域照明且目的物照明度良好；

（4）有卫生间，装有高级抽水马桶、梳妆台（配备面盆、梳妆镜）、浴缸并带淋浴喷头（有单独淋浴间的可以不带淋浴喷头），配有浴帘、晾衣绳。采取有效的防滑措施；

（5）有可直接拨通国内和国际长途的电话，电话机旁备有使用说明及市内电话簿；

（6）有彩色电视机、音响设备，并有闭路电视演播系统，播放频道不少于 16 个，其中有卫星电视节目或自办节目，备有频道指示说明和节目单；

（7）具备十分有效的防噪音及隔音措施；

（8）有内窗帘及外层遮光窗帘；

（9）有单人间及套房；

（10）有至少 5 个开间的豪华套房；

（11）有残疾人客房，该房间内设备能满足残疾人生活起居的一般要求。

3. 餐厅及酒吧

（1）总餐位数与客房接待能力相适应；

（2）有布局合理、装饰豪华的中餐厅，至少能提供 2 种风味的中餐，晚餐结束客人点菜时间不早于 22 点；

(3) 有布局合理、装饰豪华、格调高雅的高级西餐厅，配有专门的西餐房；

(4) 有独具特色、格调高雅、位置合理的咖啡厅(简易西餐厅)，能提供自助早餐、西式正餐，咖啡厅(或有一餐厅)营业时间不少于 18 小时并有明确的营业时间；

(5) 有适量的宴会单间或小宴会厅，能提供中西式宴会服务。

4. 厨房

(1) 位置合理、布局科学，保证传菜路线短且不与其他公共区域交叉；

(2) 厨房与餐厅之间有起隔音、隔热和隔气味作用的进出分开的弹簧门；

(3) 采取有效的消杀蚊蝇、蟑螂等虫害措施。

5. 公共区域

(1) 有停车场(地下停车场或停车楼)；

(2) 有足够的高质量客用电梯，轿厢装修高雅，并有员工服务电梯；

(3) 有公用电话，并配备市内电话簿；

(4) 有男女分设的公共卫生间；

(5) 有医务室。

6. 公共及健康娱乐设施

(1) 歌舞厅含卡拉 OK 厅或 KTV 房(至少 4 间)；

(2) 棋牌室；

(3) 多功能厅，能提供会议、冷餐会、酒会等服务及兼作歌厅、舞厅；

(4) 健身房；

(5) 按摩室；

(6) 室内游泳池(水面面积至少 40 平方米)；

(7) 美容美发室；

(8) 精品店。

第二节　酒店的起源和发展

知识链接

BB 式酒店

"B＋B"(bed and breakfast)意为住宿加早餐,由家庭、农庄或酒吧兴办的向游客提供住宿和早餐服务的小型旅馆。这类旅馆都是由屋主自己经营,最早流行于欧洲,后来逐渐传到美国。目前,欧美各国都有专门从事"B＋B"家庭旅馆订房服务的公司,旅游手册上也有很多关于这类酒店的介绍和名称,一般可提前3—4天预定,价格在25美元左右。这类酒店因入住自由自在、无拘无束且经济实惠,酒店提供一顿美味早餐,主任和客人之间以友情为重,不是向客人索取小费,受到大量客人的欢迎,发展迅速。

一、世界酒店业的兴起与发展

人类的旅游活动、游学活动、商业行为很早就有,为这些早期出门在外的人提供吃住也有了漫长的发展历史。

（一）客栈时期

客栈是指路边的或乡间的小旅店,是为了满足人们外出郊游或远行的需要而出现的。客栈是指设备较简陋的旅馆,有的兼供客商堆货并代办转运。据传欧洲最早的客栈出现于古希腊、罗马时期,产生于十八世纪前,当时名称是客栈,设备简陋,安全性差,仅能提供住、吃,服务质量差。

（二）大酒店时期

1775—1885年,当时西北欧、北美洲的一些国家开始了工业革命,产业革命促进了生产力的发展,使人类社会进入工业时代。第一家豪华旅馆别墅在法国建成。此时酒店的接待对象主要是王公贵族、达官显贵、商人、上流社会度假者,接待目的为非盈利,常建于城市或铁路沿线。由于蒸汽机的出现,商品的进一步丰富,交通也开始发达,从而导致酒店的开设位置有所变化。

1829 年在波士顿落成的特里蒙特酒店(Tremont)是一座真正值得纪念的酒店,是世界上第一座现代化酒店,是酒店历史的里程碑。它为现代酒店发展确立了明确的标准。这座酒店设有 170 套客房,据说是第一座设有前厅的酒店,顾客不需要再在酒吧柜台登记入住;餐厅设有 200 个座位,供应法式菜肴,服务人员训练有素,酒店设单间客房,房门可以加锁,房间有卫生间、洗脸池,供应肥皂,顾客不需要再去酒店后院水泵上接水洗澡。

19 世纪末 20 世纪初,美国出现了一些豪华酒店,如纽约的广场酒店;恺撒·里兹(Caeser Ritz,1850—1919)开办的酒店,是当时豪华酒店的代表。Ritzy 一词也由此而来,意极其时髦、非常豪华。

(三) 商业酒店时期

20 世纪 20 年代,酒店业得到了迅速发展。1908 年,斯塔特勒在美国建造了第一个由他亲自设计并用他的名字命名的斯塔特勒酒店,该酒店是专为旅游者设计的,创造了一般平民所能负担的价格条件,最便宜的客房只有一美元五十美分,而且每个房间都有浴室。商业酒店的基本特点:第一,服务对象是一般的平民,主要以接待小商人为主,规模较大,设施设备完善,服务项目齐全,讲求舒适、清洁、安全和实用,不追求豪华与奢侈;第二,实行低价格,使顾客感到收费合理,物有所值;第三,酒店经营者与拥有者逐渐分离,酒店经营活动完全商业化,注重经济效益,以盈利为目的;第四,酒店管理逐步科学化和效率化,注重市场调研和市场目标选择,注意训练员工和提高工作效率。

斯塔特勒在酒店经营中有许多革新和措施:他按统一标准来管理酒店,开创了酒店业发展的新时代。斯塔特勒的酒店经济思想和既科学合理又简练适宜的经营方法,如"酒店经营第一是地点,第二是地点,第三还是地点"等,至今对酒店业仍大有启迪,对现代酒店的经营具有重要的影响。

小资料

闻名退迩的康奈尔大学酒店学院建有斯塔特勒楼,楼的墙上嵌有一块牌,上写:"生活即服务。谁给他人的服务多一点儿、好一点儿,谁就走在前面。"这也是斯塔特勒从一开始就提倡的服务哲学。做过酒店的人都知道,谁懂得斯塔特勒提倡的哲学,在服务中身体力行,谁就一定工作出色,就会不断受到客人的赞扬,事业有成。斯塔特勒的服务哲学为服务的标准化莫定了最扎实的基础。没有这样的"服务哲学"指导酒店的实践,一切标准都只是华而不实的花架子。斯塔特勒在百余年酒店经营管理的实践中有许多独创。他主张"雇佣善良、快乐的人,生性温厚的人,不是这样的人就不要"。他认为服务人员必须"和蔼可亲、态度热情、爱笑常笑"。他劝告服务员:"千万不要过分自信、言语尖刻,不要别出心裁。"他又郑重地规定:本酒店任何服务员都不得在任何问题上跟客人进行争论。这些足以证明斯塔特勒对于酒店服务标准化所做的努力称得上殚精竭虑、呕心沥血。由此我们也可以看到,斯塔特勒把主要精力集中在服务的态度上。至于服务的技巧,尽管也重要,但却是第二位的。

(四)新型酒店时期

新型酒店时期指 20 世纪 50 年代以后直到现在。随着科技和经济的繁荣,特别是汽车和飞机能方便地把客人带到想去的地方,以及旅游业的迅速发展,使酒店业已成为国际性的经营项目和许多国家的重要经济组成。现代新型酒店时期,酒店面向大众旅游市场,许多酒店设在城市中心和旅游胜地,大型汽车酒店设在公路边和机场附近。这个时期,酒店的规模不断扩大,类型多样化,开发了各种类型的住宿设施,服务向综合性发展,酒店不但提供食、住,而且提供旅游、通讯、商务、康乐、购物等多种服务,力求尽善尽美.酒店集团占据着越来越大的市场。

这一时期酒店业的特点是:① 接待对象更加大众化;② 多功能化;③ 多样化;④ 大规模连锁经营;⑤ 酒店广泛应用高科技(在客房装上互联网、使用新型的装饰材料、智能化等);⑥ 酒店提供更为个性化的服务;⑦ 酒店的市场定位更为专业化、特色化。

二、中国早期酒店的产生和发展

最早从商代中期的驿站开始,中国的酒店至今已有三千多年历史,周朝时的驿站称逆旅。

1. 古老的旅馆——驿站

(1)驿站的起源

据历史记载,中国最古老的一种官方住宿设施是驿站。在古代,只有简陋的通讯工具,统治者政令的下达,各级政府间公文的传递,以及各地区之间的书信往来等,都要靠专人递送。历代政府为了有效地实施统治,必须保持信息畅通,因此一直沿袭了这种驿站传递制度,与这种制度相适应的为信使提供的住宿设施应运而生,这便是闻名于世的中国古代驿站。由于朝代的更迭、政令的变化、疆域的展缩以及交通的疏塞等原因,其存在的形式和名称都出现了复杂的情况。驿站虽然源于驿传交通制度,初创时的本意是专门接待信使的住宿设施,但后来却与其他公务人员和民间旅行者发生了千丝万缕的联系。驿站这一名称,有时专指其初创时的官方住宿设施,有时则又包括了民间旅舍。

远在殷代,我国已有驿传,周代已有平整的驿道。据说,西周时在郊外及田野的道路两旁通常栽种树木以指示道路的所在,沿路十里有庐,备有饮食;三十里有宿,筑有路室;五十里有市,设有候馆,这些都是为了供给过客享用的。

中国古代驿站的设置与使用,完全处于历代政府的直接管理、高度控制之下。

（2）驿站的符验簿记制度

为防止发生意外,历代政府均明文规定:过往人员到驿站投宿,必须持有官方旅行凭证。战国时,"节"是投宿驿站的官方旅行凭证;汉代,"木牍"和"符券"是旅行往来的信物;至唐代,"节"和"符券"被"过所"和"驿券"取而代之。在旅行出示凭证的同时,驿站管理人员还要执行簿记制度,约相当于后世的"宾客登记"制度。

（3）驿站的饮食供给制度

中国古代社会实行严格的等级制度,公差人员来到驿站,驿站管理人员便根据来者的身份,按照朝廷的有关规定供给饮食。为了保证对公差人员的饮食供应,驿站除了配备相当数量的厨师及服务人员以外,还备有炊具、餐具和酒器。驿站的这种饮食供应制度,被历代统治者传承袭用。

（4）驿站的交通供应制度

为了保证出差人员按时到达目的地和不误军机,历代政府还根据官员的等级制定了驿站的交通工具供给制度,为各级公差人员提供数量不等的车、马等。我国古代的驿站制度曾先后被临近国家所效仿,并受到外国旅行家的赞扬。中世纪世界著名旅行家、摩洛哥人伊本·拔图塔在他的游记中写道:中国的驿站制度好极了,只要携带证明,沿路都有住宿之处,且有士卒保护,既方便又安全。

2. 中国早期的迎宾馆

我国很早就有了设在都城,用于招待宾客的迎宾馆,如春秋时期的"诸侯馆"和战国时期的"传舍"。历朝历代都分别建有不同的规模的迎宾馆,并冠以各种不同的称谓。清末时,此类馆舍正式得名为"迎宾馆",它成为中外往来的窗口,人们从"迎宾馆"这个小小的窗口,可以看到政治、经济和文化交流的盛况。我国早期的迎宾馆在宾客的接待规格上,是以来宾的地位和官阶的高低及贡物数量的多少区分的。为了便于主宾对话,宾馆里有道事(翻译),为了料理好宾客的食宿生活,宾馆里有厨师和服务人员。此外,宾馆还有华丽的卧榻以及其他用具和设备。宾客到达建于都城的迎宾馆之前,为便于热情接待,在宾客到达的地方和通向都城的途中均设有地方馆舍,以供歇息。迎宾馆在馆舍的建制上还实行一国一馆的制度。

翻译是迎宾馆的重要工作人员,我国早期这种宾馆的设置,培养了一代又一代精通各种语言文字的翻译,留下了一本又一本的翻译书籍,丰富了中国古代文化史。

3. 民间旅店和早期城市客店的出现与发展

(1) 民间旅店的出现

古人对旅途中休憩食宿处所的泛称是"客栈"。以后客栈成为古人对旅馆的书面称谓。逆旅店为旅店业的发展奠定了基础。西周时期,投宿客栈的人皆是当时的政界要人,补充了官方馆舍之不足。到了战国时期,中国古代的商品经济进入了一个突飞猛进的发展时期,工商业愈来愈多,进行远程贸易的商人已经多有所见。一些位于交通运输要道和商贸聚散的枢纽地点的城邑,逐渐发展为繁盛的商业中心,于是,民间旅店在发达的商业交通的推动下,进一步发展为遍布全国的大规模的旅店业。

(2) 早期城市客店的出现与发展

随着商业交换活动的活跃和扩大,城市功能不断衍变而产生,民间旅店在早期城市建设中逐渐有了一定的地位,并与城市人口发生了密切的关系。城市人口一般由固定人口与流动人口两部分构成,流动人口中的很大一部分是在城市旅馆居住的各地客人,自中国城市出现旅馆以来,这些客人主要是往来于全国各地的商人,以及游历天下的文人、官吏等。居于旅馆的客商,除了作为城市流动人口的主要部分以外,其中的不少客商还在当地娶妻生子,从而变为城市固定人口的一部分。

三、中国近代酒店的兴起与发展

(一) 外资经营的西式酒店

西式酒店是 19 世纪初外国资本侵入中国后兴建和经营的酒店的统称。这类酒店的建筑式样和风格、设备设施、酒店内部装修、经营方式、服务对象等都与中国的传统客店不同,是中国近代酒店业中的外来成分。

1. 西式酒店在中国的出现

1840 年第一次鸦片战争以后,随着《南京条约》、《望厦条约》等一系列不平等条约的签订,西方列强纷纷侵入中国,设立租界地、划分势力范围,兴办银行、邮政、铁路和各种工矿企业,从而出现了西式酒店。至 1939 年,在北京、上海、广州等 23 个城市中,已有外国资本建造和经营的西式酒店近 80 家。处于发展时期的欧美大酒店和商业旅馆的经营方式,也于同一时期即十九世纪中叶至二十世纪被引进中国。

2. 西式酒店的建造与经营方式

与中国当时传统酒店相比,这些西式酒店规模宏大,装饰华丽,设备趋向豪华和舒适,内部有客房、餐厅、酒吧、舞厅、球房、理发室、会客室、小卖部、电梯等设施,客房内有电灯、电话、暖气,卫生间有冷热水等。西式酒店的经理人员皆来自英、美、法、德等国,有不少在本国受过旅馆专业的高等教育。

客房分等经营,按质论价,是这些西式酒店客房出租上的一大特色,其中又有美国式和欧洲式之别,并有外国旅行社参与负责介绍客人入店和办理其他事项。西式酒店向客人提供饮食均是西餐,大致有法国菜、德国菜、英美菜、俄国菜,等等。酒店的餐厅除了向本店宾客供应饮食外,还对外供应各式西餐、承办西式筵席。西式酒店的服务日趋讲究文明礼貌、规范化、标准化。西式酒店是西方列强侵入中国的产物,为其政治、经济、文化侵略服务。但在另一方面,西式酒店的出现客观上对中国近代酒店业起了首开风气的效应,对于中国近代酒店业的发展起了一定的促进作用。

(二) 中西结合式酒店

西式酒店的大量出现,刺激了中国民族资本向酒店业投资。从民国开始,各地相继出现了一大批具有"半中半西"风格的新式酒店。这些酒店在建筑式样、设备、服务项目和经营方式上都接受了西式酒店的影响,一改传统的中国酒店大多是庭院式或园林式并且以平房建筑为多的风格特点,多为营造楼房建筑,有的纯粹是西式建筑。酒店内高级套间、卫生间、电灯、电话等现代设备,餐厅、舞厅、高档菜肴等应有尽有。饮食上除了中餐以外,还以供应西餐为时尚。这类酒店的经营者和股东多是银行、铁路、旅馆等企业的联营者。中西式酒店的出现和仿效经营,是西式酒店对近代中国酒店业具有很大影响的一个重要方面,并与中国传统的经营方式形成鲜明对照。从此,输入近代中国的欧美式酒店业的经营观念和方法逐渐中国化,成为中国近代酒店业中引人注目的成分。

四、中国现代酒店

(一) 概述

按国家统计局数据,至 2007 年底,中国本土星级酒店已经达到了 14 326 家,其中包括:白金五星 4 家,五星 361 家,四星 1 631 家,三星 5 534 家,二星 6 158 家。星级酒店直接从业人员超过 160 万人。全国共有酒店及旅游住宿单位超过 30 万个,从业人员超过 500 万人。

2007 年底,全国星级酒店数量是 1978 年全国酒店总数的 100 倍;2006 年全国星级酒店实现利润 33 亿元人民币,同比增长了两倍多;全国已经拥有绿色旅游酒店 2 000 多家;有 41 家国际酒店管理集团、67 个酒店品牌进入中国市场,管理了 516 家酒店,世界排名前 10 位的国际酒店管理集团均已进入中国市场。

我国现代酒店业发展特点如下:

1. 酒店建设投资多样化

我国现代酒店业的发展历史不长,但自改革开放以来,无论是行业规模、设施质量、经营观念还是管理水平,都取得了较快的发展。在发展现代酒店业的过程中,改变了过去全由国家投资的状况。为满足不断发展的国际旅游业和商务的需要,我国采取多渠道的集资形式,利用国家资金、集体资金和引进外资等,改建、扩建和兴建了大批现代化的、不同档次的酒店。

2. 酒店经营管理日趋先进

我国现代酒店业在发展过程中吸取了其他行业和国外酒店的先进理论的经验,逐步走上了科学管理的道路,经济效益有了很大的改善,形成独特的企业风格。同时一批引进外资建造或聘请外方管理的涉外酒店相继开张营业。无论是借用外资建造的酒店还是合作经营的酒店,在硬件和软件方面对我国其他酒店都起了很好的示范作用。现代化的酒店经营管理经验和高标准的酒店服务,为我国酒店业的发展起到了一定的推动作用,带动了我国酒店业向新的台阶迈进。

3. 由事业型向企业型转变,经验管理向科学管理转变,酒店设施和服务日趋完善

改革开放以来,我国的一部分酒店为适应经济领域内深刻变革和市场经济的需要,由原来的高级招待所具有的以政治接待为主、以完成接待任务为目标、不搞经济核算、不讲经济效果、实行传统的经验管理的特征,逐步实现由事业单位管理向企业管理、从经验管理向科学管理转变,以新的姿态和面貌进入

国际市场。服务规范逐渐完善,服务质量也不断提高,使酒店的管理和服务日趋现代化。为适应现代化旅游和商务多元化的发展,满足多类别海内外客人的需求,我国酒店的建筑和设施引进了先进的硬件标准,质量不断提高。同时,酒店的设施也向着多功能方向发展。现代大型酒店附设了先进的信息传递设备,如国际直拨电话、传真、电传、闭路电视、文字处理机、卫星转播设备、电脑等;康乐设施如桑拿浴、保龄球、健身房、按摩、舞厅等;旅游服务设施如航空公司代理处、旅行服务处、外汇兑换处等;购物设施如经营旅游纪念品、珠宝等诸多用品的商场。

我国现代酒店的发展虽然有了十分可喜的成就,但以国际标准要求,尚存在不少问题,主要反映在服务质量上。当然,客观地说与我国其他服务行业相比,酒店的服务质量水平还是遥遥领先的。一些海外客人指出:"一些酒店这样的房价我们不是付不起,而是不值"。这些严肃而又中肯的批评,应该引起我们的高度重视。

(二) 我国酒店的现状及发展前景

2008 年金融危机从金融界一路波及到实业界,酒店业作为与金融实体关系最为密集的产业,影响在所难免。全球经济危机的影响已蔓延至亚太地区,酒店经营者在 2008 年下半年已开始感到经营压力。持续了数年的金融危机,通胀、油价上升导致的交通成本上涨,让不论是消费旅游还是商旅出行的人们都压紧开支。消费旅游和商旅客人的减少使得在这条产业链条上的酒店业切实感受到了冬天般的寒冷。

酒店业应顺应国家扩大内需的号召,各大酒店尤其是高档酒店,应调整客源结构,瞄准内需市场,以渡过危机,同时应缩减开支、降低成本,练好内功。酒店消费需求有一定的刚性,总有一部分人得住酒店,所以应抓牢商务市场,开发散客旅游市场。从长远来看,酒店业的发展前景依然是光明的。

1. 供给相对过剩,竞争激烈

1996 年到 2000 年,旅游酒店业共增加 35.4 万间客房,平均年增长率为 12.39%,而同期的客源增长率为 4.0%,供大于求,导致酒店企业之间过度竞争。从 1996 年到 1998 年全国酒店的平均出租率和利润率逐年下降,1998 年开始出现全行业亏损。1998、1999、2000 年三年亏损额分别为 45.56 亿元、53.64 亿元和 26.43 亿元。这种态势遏制了新的投资,迫使酒店产业的规模扩张速度降低,同时提出控制酒店总量、提高酒店质量等战略性问题。

2. 酒店业新的发展投资点将逐步西移并优化地域结构

由于中国中西部地区具有较为丰富的旅游资源,同时,国家又先后出台了一系列开发中西部的措施,因此一部分酒店投资将有可能从东部、南部地区转向中西部地区。随着中西部经济的进一步发展以及旅游资源的进一步开发,中西部的酒店业将会进一步发展,成为中国酒店业新的、最有希望的增长区域。从总体来看,沿海发达地区各个城市旅游酒店的总量和档次都达到了很高的水平,中部地区发展迅速,有望在近 3 年内就可达到一个较高的水平,瓶颈主要是西部地区。

3. 高档酒店的经营管理水平逐步向国际水准接近

就竞争领域来看,在高档酒店领域,外资酒店将继续保持优势,内资酒店大多集中在中低档领域。而在中低档领域,外资酒店还未采取行动。具有国际水准的经济型酒店将成为未来竞争和建设的重点。经济型酒店是外国酒店集团的关注点。据旅游局中国旅游业发展预测,到 2020 年,入境过夜旅游者为 9 500 万—13 900 万人次,年平均增长率为 5.7%—7.75%。国际旅游组织进行前景预测,到 2020 年,全球将有 16 亿国际游客,中国将有 1.3 亿游客入境,成为世界上第一大入境国。就这个趋势,外国酒店集团看准了中国的经济型酒店是个有潜力的增长点。随着有薪假期的实施、交通条件的改善、民众收入水平的提高,国内旅游迅速发展,国内客人已经成为酒店不可忽视的客源。装修朴素、干净卫生、设施便利、价位适中的经济型酒店将成为国内游客所看重的酒店业类型。目前,在质量、服务上,我国高档酒店基本满足需求,而中低档酒店数量虽然很多,但和国际标准相差很远。

4. 酒店行业的发展水平与人力资源开发程度的相关性越来越强

中国酒店行业刚开始形成时,因酒店比较少,在需求增长的情况下,竞争重心是数量。所以,中国酒店业初期的发展水平与酒店设施的数量规模有关。在酒店的数量规模增大、设施档次提高、竞争激烈的情况下,行业的数量竞争转向质量竞争,行业的发展水平就和人力资源的开发水平密切相关了。因为质量竞争主要是服务竞争,服务竞争的核心是人员素质的竞争。酒店业人员的敬业精神、技术水平、职业心理素质、高级管理人才和技术人才的组合效应,以及一支训练有素的人才队伍的形成等,都影响酒店业的竞争力。

5. 酒店的集团化进程在逐渐加强,国际集团大举进入中国市场

近几年来,中国酒店业开始注意集团化问题。截止到 2002 年底,中国共有 110 余家酒店管理公司,管理酒店 700 余家,星级酒店集团化程度达 7.2%。在中国酒店业集团 20 强中,国际著名酒店集团入选 12 家,中国酒店集团入选 8 家。令人可喜的是,中国入选的 8 家酒店管理公司经营规模均已达到国际酒店集团 300 强的标准,反映出中国酒店集团化进程有了实质性的发展。但中国酒店业集团化的状态和国际酒店集团相比，仍有很大差距。据2000年的资料，名列中国第一位、全球第57位的上海锦江酒店集团仅拥有酒店50家，仅为圣达特集团的0.77%；客房13 598间，仅为圣达特集团的2.5%；而排行第十位的美国凯悦集团（Hyatt Hotels/HyattInternational，USA）拥有酒店201家，拥有客房86711间。总的来说，目前中国的酒店集团未形成大的联合舰队；未形成规模化、一体化的集约经营；酒店集团成本高，机构臃肿，层次多，效率低；知名度不高，集团优势不明显。从发展态势来看，中国的酒店集团在短时期内很难与国外大型酒店集团形成有力的竞争，因而，中国酒店集团的发展将制约着中国酒店在国际市场的地位。

课后思考题

1. 什么是酒店，基本特点是什么？
2. 欧美酒店的发展经过哪几个阶段，主要特点是什么？
3. 我国古代酒店有何特色？
4. 中国现代酒店发展趋势怎样？
5. 改革开放对中国酒店的发展有什么影响？

实训练习题

调查你所在的城市最受到顾客表扬的五星级酒店有什么特色？

第二章　酒店管理基础理论

本章教学要点

1. 了解酒店管理基本原理、基本思想的产生和发展。

2. 熟悉酒店管理基本理论的含义,包括酒店管理的概念、酒店经营与管理的概念以及酒店管理者的含义、层次等。

3. 掌握酒店管理的计划、组织、指挥、协调、控制等基本职能、基本内容、基本方法。

4. 掌握不同性质的酒店组织结构模式、管理方法及思路。

导入案例

思想决定命运

一只狮子老了,经常感到自己越来越吃力,他很有思想,决心改变方式,运用计谋取食。于是他整天躺在洞里装病,故意大声呻吟着,让野兽们听见。于是,百兽前来探望他,走进洞中的都成了狮子的腹中餐,来一只吃一只。后来一只狐狸识破了狮子的阴谋,他来探望狮子,远远的站在洞口,说什么也不肯靠近,狮子装作和善的样子,劝狐狸进洞里与他聊聊天。狐狸拒绝了狮子的邀请,他说:"谢谢你的好意,我看我就不必了,因为我很为我自己担心,看看地上就明白了,这里有很多走进你洞里的脚印,可怕的是没有出来的脚印。"

点评:管理思想经过多年的发展已形成系统的知识体系,思想决定行动,一切管理活动都要接受管理思想的指导,所以,管理思想是管理学的基础。本章主要介绍西方早期管理思想、古典管理理论、行为科学理论、现代管理理论和中国古代经典管理思想。

第一节　管理理论的产生和发展

一、西方早期管理思想

西方早期管理思想为后期管理思想和管理理论奠定了基础,形成了管理思想一脉相承的体系,在管理学形成过程中演绎了管理实践、管理思想、管理理论的关系,管理学形成时间段划分为读者提供了清晰的时间概念。

(一) 亚当·斯密的经验管理理论

随着资本主义的发展和工厂制度的建立,有越来越多的人研究社会实践中的经济与管理问题。其中,最早对经济管理思想进行系统研究论述的学者,首推英国经济学家亚当·斯密(Adam Smith,1723—1790)。他出生于苏格兰东岸的克卡尔迪,是英国工厂手工业开始向机器大工业过渡时期的经济学家,是古典经济学的杰出代表和理论体系的建立者。他最重要的著作《国富论》(全名为《国民财富的性质和原因的研究》)于1776年出版,系统论述了劳动价值论和劳动分工理论。该理论为后来古典管理理论的建立奠定了基础。

斯密认为,劳动是国民财富的源泉,各国人民每年消费的一切生活日用必需品的源泉是本国人民每年的劳动。这些日用必需品供应情况的好坏,决定于两个因素:一是这个国家人民的劳动熟练程度,劳动技巧和判断力的高低;二是从事有用劳动的人数和从事无用劳动人数的比例。同时还指出,劳动创造价值是工资和利润的源泉,并经过分析得出结论:工资越低,利润就越高;工资越高,利润就会降低。这揭示出了资本主义经营管理的中心问题和剥削本质。

斯密在分析推进"劳动生产力"的影响因素时,特别强调了分工的作用,说明分工可以提高劳动生产率。分工的益处主要有以下三种:能提高劳动的熟练程度;使每个人专门从事某项作业,可以节省与其生产没有直接关系的时间;有利于发明创造和改进工具。

知识链接

亚当·斯密是经济学的主要创立者。亚当·斯密是个很平常的人,只不过他爱好学习和思考。他14岁便进入格拉斯哥大学学习,由于用功和成绩优良,得以转入当时名气最大的贵族式大学牛津大学学习。斯密曾经回到他读过书的格拉斯哥教书,可能是丰富多彩的社会生活的吸引,1764年,他放下了枯燥的教鞭,去当年轻的比克勒公爵的私人教师,并与这位公爵到欧洲旅行。在法国的一年,他有机会结交了魁奈和杜尔阁。斯密,这位爱好思考的哲学家,重农主义的学说让他耳目一新,但又觉得它什么地方有毛病。1767年,他回到故乡——一部伟大的著作诞生了,这就是《国富论》。这部跨时代的著作一经出版,立刻轰动了世界。在国内,如首相皮特这样的政要人物都自称是斯密的弟子。

(二)古典管理理论

古典管理理论又称科学管理理论,是指19世纪末20世纪初在美国、法国、德国等形成的有一定科学依据的管理理论。其代表是美国的泰罗及其科学管理理论、法国的法约尔及其经营管理理论和德国的韦伯及其行政组织理论。由于他们都是以"经济人"的观点对企业管理进行研究,因此被人们称为管理思想发展中的"经济人模式"。

1. 科学管理理论

知识链接

"科学管理之父"

弗雷德里克·泰罗(Frederick Tarlor,1856—1915)出生于美国一个富裕的律师家庭。他年幼时就非常爱好科学研究和实验,对任何事情都想找到最好的解决办法。他本想继承父业,成为一名律师,并已考上哈佛大学法律系,但由于眼疾而辍学。于是,他在1875年进入一家小机械厂做学徒工,于1878年来到费城的米德维尔钢铁公司工作,直到1890年。他在该公司期间,开始当机械工人,后提升为车间管理员、技师、车间工长,总机械师。他坚持业余学习,于1883年获得斯蒂芬工艺学院的机械工程学位,次年即被提升为总工程师。泰罗于1891年独立创业,从事工厂管理咨询工作,直至任美国管理咨询协会主席。他的著作主要有《计件工资制》(1895年)、《车间管理》(1903年)、《科学管理原理》(1911年)。这些著作是泰罗几十年实验研究成果和长期管理实践的经验概括和总结。基于泰罗所取得的成就,作为古典管理学家,科学管理的主要倡导者,他被西方称为"科学管理之父",这个称号被刻在他的墓碑上。

管理故事

阿雄有强烈的企图心,而且行销手腕出神入化,他的业绩一直是公司里的常年冠军,也是公司极力栽培的优秀员工。

有一天,该公司的业务部经理出缺,王老板毅然决定提拔阿雄担任此职务,王老板满心以为一向表现优异的阿雄会有一番作为,没想到阿雄升任经理半年,不仅表现平平,而且整个部门乌烟瘴气,士气低落。王老板为此伤透脑筋,就在此时,阿雄也意兴阑珊地递出辞呈,表示自己无法胜任经理的工作,并愿意为此负责。

科学管理是相对于传统理论(从18世纪后期资本主义工厂制度出现到19世纪末20世纪初的100多年的时间)而言。科学管理是指符合客观规律的管理,也就是按照社会化大生产的特点和规律进行的管理。

科学管理理论的主要观点具体如下:

(1)科学管理的根本目的是提高工作效率

泰罗为了提高工作效率,主要从动作、时间、工作定额、作业工具、作业环境等方面进行深入细致的研究。

所谓动作研究就是对工人的操作进行细致科学的分析研究,去掉不合理的动作,保留先进的、合理的动作,并制定标准的操作方法和操作程序。泰罗要求工人严格执行标准,可以说,泰罗是理性主义的典型代表。在当时,这种管理方式也确实提高了劳动生产率。

（2）科学的方法代替经验管理

科学选择培训工人（用工择优化）。泰罗认为，每个人都具有不同的天赋和才能，要根据每个工人的性格、特点和长处来分配工作，发现他们的局限性和发展的可能性，然后，按照科学的方法对他们进行教育和培训，使他们承担能胜任的、最感兴趣的工作。只要工作对他们合适，能够发挥每个人的特长，就能成为第一流工人，从而提高工作效率。

（3）实行差别工资计件制

实行差别工资计件制就是对完成和超额完成工作定额的工人，按照高的工资单价支付工资；对完不成工作定额的工人，则按照较低的工资单价支付工资，这样就起到鼓励先进、鞭策后进的作用。例如，超额部分的工资单价以正常工资的单价的125％支付，未完成定额的工作单价以正常工资单价的80％支付。同时，工资支付的对象是工人而不是职位，即根据工人实际工作表现，而不是根据工作类别来支付工资，这样克服了消极怠工的现象，又调动了积极性。

（4）职能管理原理

这是泰罗的科学管理理论的一个重要方面。它包括两项内容：一是把计划职能同执行职能分开；二是实行职能工长制。

① 计划职能同执行职能分开。泰罗认为，要提高劳动生产率，就要明确划分计划职能和执行职能，把传统的经验工作法改变为科学工作方法，即把管理和劳动分开，把管理工作称为计划职能，工人劳动称为执行职能。

② 实行职能工长制。这是同把计划职能同执行职能分开相配合的。

泰罗指出，在传统组织结构中，一个厂长为了完成任务，要承担多种职责，往往力不从心，而实行职能工长制，一个厂长只承担一个或少数职能，这样管理者职责明确，生产费用降低，可以提高效率和效益。泰罗设计出8个职能工长，其中有4个在计划部门、4个在车间。在计划部门的4个职能工长分别承担以下职能：工作分派、速度、修理、检验。

（5）精神革命论

泰罗认为，工人和雇主双方都必须进行一次"精神革命"。这样可以变互相独立为互相协作，共同为提高劳动生产率而努力。泰罗指出，雇主关心的是低成本，工人关心的是高工资，只有劳动生产率提高了，他们才可能达到自己的目的，因此，双方必须变互相指责、怀疑、对抗为互相信任和合作。这就是雇主和工人双方进行"精神革命"，从事协调和合作的基础。但是，泰罗期望的这种"精神革命"当时并没有实现。

知识链接

> 　　系统的科学管理理论是由美国的泰罗创立的。对于泰罗的科学管理理论的价值和地位，英国的管理学家戴尔·厄威克说："泰罗所做的工作并不是发明某种全新的东西，而是把整个19世纪在英美两国产生、发展起来的东西加以综合而形成的一整套思想。他使一系列无条理的首创事物和试验有了一个哲学体系，称之为'科学管理'。"

2. 法约尔及其经营管理理论

知识链接

法约尔简介

　　泰罗制在科学管理方面的局限性，主要是由法国的亨利·法约尔加以补充的。继泰罗之后，所形成的管理理论的中心问题是组织结构和管理原则的合理化，以及管理人员职责分工的合理化。

　　亨利·法约尔(Henri Fayol，1841—1925)出生于法国资产阶级家庭，是著名管理思想家、古典管理理论的杰出代表，是矿冶工程师、总经理、管理教授。

　　法约尔曾就读于法国一所矿业学院，于1860年作为一名采矿工程师进入法国康门塔里-福尔香堡采矿冶金公司工作，并在此度过其整个职业生涯。

　　第一阶段(1860—1872)。他作为年轻的管理人员、技术人员，主要关心的是采矿工程方面的事，特别是防止火灾方面的事。1866年，他被任命为为康门塔里矿井的矿长。

　　第二阶段(1872—1888)。他被提升为领导一批矿井的经理，这一阶段，他主要考虑矿井经济方面的因素，如技术、管理、计划等，这就促使他对管理进行研究。

　　第三阶段(1888—1918)。1888年，当公司处于破产边缘时，他被任命为总经理，同时，在法国军事大学任管理教授。

第四阶段(1918—1925)。他于1918年退休,成立管理研究所,致力于宣传他的管理著作,直到去世。

法约尔在管理方面的著作主要有:《工业管理和一般管理》(1916年),《国家管理理论》(1923年),《公共精神的觉醒》(1927年),《管理的一般原则》(1908年)等。他一生获得多种奖章和荣誉称号,被称为"经营管理理论之父",还被誉为"欧洲为确定管理内涵迈出第一步的人"。

法约尔的组织管理思想

1. 经营活动

法约尔认为,企业的生产经营管理包括以下六种活动:① 技术活动,包括生产、制造、加工;② 商业活动,包括采购、销售、交换;③ 财务活动,包括资本筹措和运用;④ 安全活动,包括保护财产和人员;⑤ 会计活动,包括资产目录、借贷对照、成本核算、统计等;⑥ 管理活动,包括计划、组织、指挥、控制、协调等。

2. 管理原则

法约尔根据自己多年的实践经验简明扼要地归纳出14条管理原则:

(1) 劳动分工原则

劳动分工不只适用于技术工作,而且适用于管理工作,应该通过分工来提高管理工作的效率。

(2) 权利与责任原则

有权力的地方,就有责任。责任是权力的孪生物,是权力的当然结果和必要补充。法约尔认为,要贯彻权力与责任相符的原则,就应该有有效的奖励和惩罚制度,即"应该鼓励有益的行动而制止与其相反行动"。

(3) 纪律原则

没有纪律,任何一个企业都不能兴旺繁荣,他认为制定和维持纪律最有效的办法是:① 各级都有好的领导;② 尽可能明确而又公平的协定;③ 合理执行惩罚。因为"纪律是领导人造就的"。

(4) 统一指挥原则

按照这个原则的要求,一个下级人员只能接受一个上级的命令。如果两个领导人同时对同一个人或同一件事行使他们的权力,就会出现混乱。在任何情况下,都不会有适应双重指挥的社会组织。

(5) 统一领导原则

统一领导原则是指,一个下级只能有一个直接上级。它与统一指挥原则不同,统一指挥是指一个下级只能接受一个上级的指令。这两个原则之间既有区别又有联系。统一领导原则讲的是组织机构设置的问题,即在设置组织机构的时候,一个下级不能有两个直接上级;而统一指挥原则讲的是组织机构设置以后运转的问题,即当组织机构建立起来以后,在运转的过程中,一个下级不能同时接受两个上级的指令。

(6) 个人利益服从整体利益的原则

对于这个原则,法约尔认为这是一些人们都十分明白清楚的原则,但往往"无知、贪婪、自私、懒惰以及人类的一切冲动总是使人为了个人利益而忘掉整体利益"。为了能坚持这个原则,法约尔认为,成功的办法是:"① 领导人的坚定性和好的榜样;② 尽可能签订公平的协定;③ 认真的监督。"

(7) 人员的报酬原则

人员的报酬首先要考虑的是维持职工的最低生活消费和企业的基本经营状况,这是确定人员报酬的一个基本出发点。在此基础上,再考虑根据职工的劳动贡献来决定采用适当的报酬方式。对于各种报酬方式,法约尔认为不管采用什么报酬方式,都应该能做到以下几点:① 它能保证报酬公平;② 它能奖励有益的努力和激发热情;③ 它不应导致超过合理限度的报酬。

(8) 集中的原则

法约尔认为,在小型企业,可以由上级领导者直接把命令传到下层人员,所以权力就相对比较集中;而在大型企业里,在高层领导者与基层人员之间,还有许多中间环节,因此,权力就比较分散。按照法约尔的观点,影响一个企业是集中还是分散的因素有两个:一个是领导者的权力;另一个是领导者对发挥下级人员的积极性态度。

(9) 等级制度原则(跳板原则)

等级制度就是从最高权力机构直到低层管理人员的领导系列,而贯彻等级制度原则就是要在组织中建立这样一个不中断的等级链,在一个正式组织中,信息是按照组织的等级系列来传递的。但是,一个组织如果严格地按照等级系列进行信息的沟通,则可能由于信息传递的路线太长而使得信息联系的时间长,同时容易造成信息在传递的过程中失真。为了解决这个矛盾,法约尔设计了一种"跳板"的方法,以便使组织中不同等级线路中相同层次的人员能在有关上级同意的情况下直接联系。

（10）作业有序原则

对于人的社会秩序原则，他认为，每个人都有他的长处和短处，贯彻作业有序原则就是要确定最适合每个人的能力发挥的工作岗位，然后使每个人都在最能使自己的能力得到发挥的岗位上工作。为了做到这点，法约尔认为首先要对企业的社会需要与资源有确切的了解，并保持两者之间经常的平衡；同时，要注意消除任人唯亲、偏爱徇私、野心奢望和无知等弊病。

（11）公平原则

为了鼓励其所属人员能全心全意和无限忠诚地执行他的职责，应该以善意来对待他。公平就是由善意与公道产生的。所谓"公平"原则就是"公道"原则加上善意地对待职工，也就是说在贯彻"公道"原则的基础上，还要根据实际情况对职工的劳动表现进行"善意"的评价。当然，在贯彻"公平"原则时，还要求管理者不能"忽视任何原则，不忘掉总体利益"。

（12）人员的稳定原则

法约尔认为，一个人要适应他的新职位，并做到能很好地完成他的工作，这需要时间。这就是"人员的稳定原则"。但是人员的稳定是相对的而不是绝对的，年老、疾病、退休、死亡等都会造成企业中人员的流动。因此，人员的稳定是相对的，而人员的流动是绝对的。对于企业来说，就要掌握人员的稳定和流动的合适的度，以利于企业中成员能力得到充分的发挥。

（13）首创精神

法约尔认为："想出一个计划并保证其成功是一个聪明人最大的快乐之一，这也是人类活动最有力的刺激物之一。这种发明与执行的可能性就是人们所说的首创精神。"法约尔认为人的自我实现需求的满足是激励人们的工作热情和工作积极性的最有力的刺激因素。对于领导者来说，"需要极有分寸地，并要有某种勇气来激发和支持大家的首创精神"。

（14）团队精神

人们往往由于管理能力的不足，或者由于自私自利，或者由于追求个人的利益等而忘记了组织的团结。为了加强组织的团结，法约尔特别提出在组织中要禁止滥用书面联系，用当面口述要比书面快，并且简单得多。另外，一些冲突、误会可以在交谈中得到解决。"由此得出，每当可能时，应直接联系，这样更迅速、更清楚，并且更融洽。"作为管理者在组织内部要努力建立起和谐、团结的气氛，形成一种凝聚力。

管理故事

三个和尚

3个和尚在破寺院里相遇。"这寺院为什么荒废了?"

不知是谁提出的问题:

"必是和尚不虔,所以菩萨不灵。"甲和尚说。

"必是和尚不勤,所以庙产不丰。"乙和尚说。

"必是和尚不敬,所以香客不多。"丙和尚说。

3人争执不休,最后决定留下来各尽其能,看看谁能最后成功。

于是甲和尚礼佛念经,乙和尚整理庙务,丙和尚化缘念经。果然香火渐盛,原来的寺院恢复了旧观。

"都因为我礼佛念经,所以菩萨显灵。"甲和尚说。

"都因为我勤加管理,所以寺务周全。"乙和尚说。

"都因为我劝世奔走,所以香客众多。"丙和尚说。

3人争执不休,寺院里的盛况又逐渐消失了。各奔东西那天,他们总算得出一致的结论:这里寺院的荒废,既非和尚不虔,也不是和尚不勤,更不是和尚不敬,而是和尚不睦。

知识链接

对法约尔管理理论的评价

法约尔的管理思想具有较强的系统性和理论系,他提出的一般管理理论对西方管理理论的发展具有重大的影响,成为管理过程学派的理论基础,也是以后各种管理理论和管理实践的重要依据之一。他对管理职能的分析为管理科学提供了一套科学的理论框架。

3. 韦伯的行政组织管理理论

韦伯认为,等级、权力和行政制(包括明确的规则,确定的工作任务和纪律)是一切社会组织基础。对于权力,他认为有以下三种类型:

① 法定权力。即理性——合法的权力,指的是依法任命,并赋予行政命令的权力,对这种权力的服从是依法建立的一套等级制度,这是对确认职务或者职位的权力的服从。

② 传统权力。韦伯认为:人们对其服从是因为领袖人物占据着传统所支持的权力地位,同时,领袖人物也受着传统的制约。但是,人们对传统权力的服从并不是以与个人无关的秩序为依据,而是在习惯义务领域内的个人忠诚。领导人的作用似乎只为了维护传统,因而效率较低,不宜作为行政组织体系的基础。

③ 超凡权力。完全依靠对于领袖人物的信仰,他必须以不断的奇迹和英雄之举赢得追随者,超凡权力过于带有感情色彩并且是非理性的,不是依据规章制度,而是依据神秘的启示。所以,超凡的权力形式也不宜作为行政组织体系的基础。

韦伯认为,在这三种权力中,只有理性——合法的权力才是理想行政组织的基础。因为传统权力的效率较差,其领导人不是按能力挑选,其管理单纯是为了保存过去的传统而行事;超凡权力过于感情色彩,并且是非理性的,依据的不是规章制度,而是神秘的或者神圣的启示;只有理性——合法的权力才能保证经营管理的连续性和合理性,能按人的才华用人,并按照法定程序来行使权力。这是保证组织健康发展的最好的权力形式。

(1)理想的组织组织结构

理想的组织结构分为以下3层:上层是最高领导层,其主要职能是有关整个组织的重大决策;中间管理层又称职能管理层或专业管理层,便于企业管理专业细分化,也便于企业经营管理整体功能的发挥;下层也称基层管理者,是直接对一线员工进行现场管理,一方面执行企业的经营目标,另一方面直接对员工实施管理、控制、指挥、协调等职能。

(2)对韦伯的理想的行政组织体系理论的评价

管理学对韦伯的理想的行政组织体系理论大都给予较高的评价。他们认为,这一理论事实上反映了当时德国从封建制向资本主义制度过渡的要求。他为资本主义提供了一种效率高、合乎理性的管理体系理论。他的理论为组织,特别是正式组织的分析提供了很好的指导原则。他的经典思想:一个组织只有遵从规章,摆脱个人主义的影响,才能长期生存并具有深远的影响。

二、西方现代管理理论

现代管理理论是在 20 世纪下半叶,以西方发达资本主义国家为主的一些新的管理理论和学说。

1. 权变管理理论的产生

该理论是 20 世纪 70 年代在美国产生的,其代表人物是美国的管理学者弗雷德·卢山斯(Fred Luthans,1939—),他在发表的《管理权变理论:走出丛林之路》一文中论述了该理论。该理论主要研究组织内各子系统内部及系统之间的相互联系和相互影响的关系,以及一个组织与其所处环境之间的相互联系和影响。

2. 权变管理的基本思想

(1)没有任何一成不变的、普遍使用的。好的管理或不好的管理必须因事、人、时、地而变。《孙子兵法》之《虚实篇》中说:"兵无长势,水无常形,能因敌变化而取胜者谓之神。"

(2)成功管理的关键在于对组织内外状况的充分了解和采取有效的应变策略。权变理论以系统观点为理论依据,用不断运动变化观点来考虑问题。西方关于权变管理有一句名言:"管理的智慧从你认识的世界上不存在唯一最优的管理系统时开始。"古今中外优秀的管理思想都认同:变是唯一不变的真理。成功的管理必须是权变管理。

管理案例

为人才买公司

福特汽车公司是世界上大名鼎鼎的公司,该公司有个显著的特点,就是非常器重人才。

一次,公司有台电机坏了,公司所有工程技术人员都未能修好。只好另请高明,这个人叫思坦曼斯,原是德国的工程技术人员,流落美国后,一家小工厂的老板看重他的才能而雇佣他。

福特公司把他请来,他在电机旁听了听,之后要了一架梯子,一会儿爬上去,一会儿爬下来,最后在电机的一个部位使用粉笔划了一道线,写了几个字："这儿的线圈多了 16 圈。"果然，把这多余的 16 圈去掉，电机马上正常运转。

亨利·福特因此对这个人非常欣赏，一定请他到福特公司。

思坦因曼斯却说："我所在公司对我很好，我不能见利忘义，跳槽到福特公司来。"

福特马上说："我把你供职的公司买过来，你就可以来工作了。"

福特为了得到一个人才，竟不惜买一个公司。

知识链接

权变就是权宜应变，其理论基础是超 y 理论。中国古代有"经权"之说，经就是有所不变，权是指有所变，经权就是站在不变的立场上有所变，便是以不变应万变的最高管理智慧。

三、中国古代的管理思想

中国古代著名的管理思想家有儒家、道家、法家、兵家等。本书仅节选四大思想流派的主要代表人物孔子、老子、韩非子、孙武等部分精要思想，这些思想可为现代管理者提供重要启迪和思想借鉴。

（一）孔子的管理思想

孔子，名丘，字仲尼，春秋末期著名的思想家、政治家、教育家、儒家学派的创始人。《论语》是孔子生前言论的汇编，集中反映了孔子的思想，是除了《圣经》以外，对东西方文化影响最大的著作。

1. 以民为本

孔子以为管理的着眼点是人，即以民为本，与西方古典管理理论以物为本的管理思想不同，但他也不同于当今社会所倡导的人本管理。孔子的民本思想目的是维护统治阶级的利益，他认为人民群众是统治阶级的根基。

2. 礼和仁

在孔子的思想体系中，礼和仁都是为治国救世服务的，由此就构成了孔子政治思想的特色。孔子对社会政治的认识偏重于伦理道德，在某种意义上可以说孔子的哲学就是一部伦理学。他这样认为："为政以德，譬如北辰居其所而众星共之。""道之以政，并之以刑，民免而无耻；道之以德，齐之以礼，有耻且格。"(《论语·为政》)"能以礼让为国乎，何有？不能以礼让为国，如礼何？"(《论语·里仁》)在孔子看来，用政和刑来治理国家不如用仁政礼让来治理国家。能够用礼让来治国，是没有什么困难的，如果礼让不能用来治国，礼让又有什么用呢？

孔子的礼、仁并不是单纯的道德规范，而是治国救世的措施。统治阶级只有把道德准则贯彻到政治生活中去，才能真正把国家治理好。

3. 中庸之道

中庸是孔子学说中的一个重要观点。由于后世一些儒人对中庸思想的曲解，中庸成了因循守旧，没有立场、原则的代名词。但从孔子的思想行为看，中庸是追求卓越的法则，但能把握这个原则的人却很少，庸是做事的原则和方法，中是指综合各种倾向的而反映出来的事物的现实状态，最接近客观事物的本身，不带有个人主观色彩，"中"就是"度"。中庸管理在管理实践中广泛应用，如集权和分权的关系、组织规模的大小、管理幅度的宽窄等。

4. 举贤育才

强调德性修养，立志做人，第一是要识才，知人知面难知心，识人最难。在这个问题上，孔子提出了人才标准以及考察人才的方法，如：其身正，不令而行；其身不正，虽令而不从。孔子还非常重视从工作实践中学习，将实践和思想相结合才能治理和管理好国家。

管理寓言

驴子与哈巴狗

有一个人养了一头驴和一条哈巴狗。驴子关在栏子里，虽然不愁温饱，但每天都要到磨坊里拉磨，到树林里去拉木材，工作挺繁重，而哈巴狗会演许多小把戏，很得主人欢心，每次都能得到好吃的当奖励。驴子在工作之余，难免有怨言，总抱怨命运对自己不公平。这一天机会终于来了，驴子拗断缰绳，跑进主人的房间，学哈巴狗那样围着主人跳舞，又蹬又踢，撞翻了桌子，碗碟摔得粉碎。这样驴子觉得还不够，他居然趴在主人身上去舔他的脸，把主人吓坏了，直喊救命。大家听到喊叫急忙赶到，驴子正等着奖赏呢，没想到反挨了一顿打，被重新关进了栏子里。

（二）老子的管理思想——无为而治

老子相传是春秋时期的思想家，道家学派的创始人，又称老聃，姓李名耳，字伯阳，楚国人，做过周朝管理藏书的史官。其著作《老子》，共81章，前37章论"道"，后44章论"德"。《老子》是先秦道家学派的经典文献，对中国传统文化的影响非常深远，是唯一可以与《论语》相抗衡的著作。

无为而治是老子管理的最高境界，无为并不是什么都不做。老子的"无为"思想有着深奥的哲理，运用到现代管理中，无为而治就是将日常事务的决策权、监督权下放，管理者致力于重大方针的确定，从而达到管理的目的，具体包括以下三个方面内容。

（1）无妄为。就是主张人要在符合客观规律、自然规律的前提下行事，充分发挥人的主观能动性。

（2）无数为。本意就是不要多做，管理者不应管得太多、做得太多，政策、制度等不要总是变换，否则会适得其反。老子说："治大国，若烹小鲜。"治理国家就像烹小鱼一样，不能经常翻动，否则容易把小鱼弄破弄烂。治国不能扰民，不能总是变换政策，不要处处设卡立规，而是像煮小鱼一样清净取道，无为而治。

（3）无代为。指领导者不要代替下属做事，具体工作应分配给具体的部门和个人去完成。

📷 管理故事

松下幸之助的成功之道

日本松下公司的创始人松下幸之助被誉为"经营之神"。有人问他，成功的秘诀是什么？他说："我并没有什么秘诀，我经营的唯一方法是经常顺应自然的法则去做事。"正所谓人法天，地法天，天法道，道法自然。

知识链接

孙子的管理思想

1990 年,以美国为首的多国部队对伊拉克发动了令世人震惊的海湾战争,多国部队很快摧毁了萨达姆及其部队,多国部队为什么如此快的就取得了胜利? 原因在于战争前,美国的军事卫星早已把伊拉克的军事设施及布防情况侦察得清清楚楚,战争一开始就用导弹把他们彻底摧毁。

1. 知己知彼,百战不殆

即重视信息管理。不知彼而知己,一胜一负,不知彼,不知己,每战必殆;企业管理就是要掌握足够的信息,才能在激烈的市场竞争中保持不败。

2. 上兵伐谋,出奇制胜

即市场竞争谋略。当今世界经济一体化与全球化趋势,企业之间的竞争日趋激烈,竞争策略日益重要,善谋者往往能不战而屈人之兵。

3. 治众如治寡

即组织管理思想体现。组织的管理不论人数多少,道理只有一个,就是靠"分数",即按一定的管理层级和幅度建立组织机构,员工的日常训练很重要,要重视组织纪律。

第二节　酒店管理概述

导入案例

凯蒙斯·威尔逊(Kemmons Wilson)1952 年就完全按照酒店业祖师斯塔特勒的信条经营酒店业,开创了"假日酒店联号"。至 1997 年,世界各地的假日酒店已发展到 2350 家,客房总数近 40 万间,在当年全球酒店集团排行榜上名列第二。

分析：其经营管理方法和经验是：① 选择合适的经营市场。根据中产阶级的经济情况和旅游需求，他们控制好"假日酒店联号"建造的等级，只准建中高档级酒店，保持洁净、舒适、方便、暖人的服务，食品卫生、安全，使人总觉有一种怡人的享受。② 控制客源流向。"假日酒店联号"一直面向中产阶级，选定家庭和商业旅游者作为他们的主要客源市场。同时，利用方便、准确的电脑预定系统，向旅游者提供便利的预订业务，以控制客源流向。所以，其客源市场历来是稳定、充足的。他利用先进的 IBM4600 电脑预订系统向旅客提供方便的预订业务，使分布在全球的近 3 000 家酒店结成有机的协作的预订网络。只要客人住进其联号任何一间酒店，在旅游中就可得到住宿方便。实际上，开设电脑预订网络，控制客源流向，已成为今天国际酒店联号普遍采用的竞争术。③ 提供价廉、质优的客房服务。④ 重视服务质量，开展多种经营。前面谈到严格控制建筑造价，但在内装修方面却十分讲究，设施服务质量标准都很高级。威尔逊要求重视维护，保持酒店崭新和洁净。因为有形设施如果失去这些特点，就失去了服务质量标准。酒店既要使客人有舒适感、安全感，同时还应成为家庭、社会活动的娱乐场所，所以还应有室内装备，如电话、电视机、冰箱、音响系统、写字台、沙发、卫生间、中央空调，以及社会活动场所的游泳池、酒吧、音乐茶座、康乐中心、健身房、网球场、保龄球、商场、邮局、银行、商业服务中心等，并且保证这些设备的清洁卫生、安全健康、方便。⑤ 建立"假日酒店大学"，重视培训人才。假日酒店在国际酒店业具有很高的威信，每年有将近 1 万家酒店申请成为假日酒店联号的隶属成员或借用假日酒店名字。

一、酒店管理的概念

(一) 管理的内涵

1. 定义

管理是指一定组织的管理者，为了达到预期的组织目标，通过实施决策、计划、组织、指挥、协调、控制等管理职能来协调组织成员行为的活动。

2. 管理的核心内容

（1）管理就是决策

由美国学者经济学诺贝尔奖获得者赫伯特·A. 西蒙提出，基本思想是：

① 调查情况、分析形势、收集信息、找出制定决策的理由。

② 制定可能的行动方案，以应付面临的形势。

③ 在各种可能解决问题的行动方案中进行抉择，确定比较满意的方案，付诸实施。

④ 了解检查过去决策方案的执行情况并做出评价，以便适时进行新的决策。

（2）管理就是计划

将各种决策落实到具体的行动上，必须制定好各种计划。

（3）管理就是协调

一是通过计划工作、组织工作、领导工作、控制工作等诸多过程来协调有限资源，以便达到既定目标；二是由一个人或更多人来协调他人活动，以便收到个人单独活动所不能收到的效果而进行的活动；三是协调组织成员，激发工作积极性，以达到共同目标的活动。

（二）酒店管理的概念

1. 定义

广义上，酒店管理指酒店管理者在了解市场需要的前提下，为了有效实现酒店的规定目标，遵循一定的原则，运用各种管理方法，对酒店所拥有的人力、财力、物力、时间、信息等资源进行计划、组织、指挥、协调和控制等一系列活动的总和，是一种系统性的活动。它包括经营和管理两个基本方面。

2. 酒店管理的目的

即实现一定的社会效益和经济效益。社会效益指酒店的经营管理活动带给社会的功用和影响，它表现为社会对该酒店和酒店产品的认可程度。经济效益是指酒店通过经营管理所带来的投资增值额。在市场经济条件下，追求酒店利润最大化正是酒店管理工作的动力所在。

（1）利益目标，总体经济目标。该目标是酒店一切经营活动的原动力，它不仅关系到员工的切身利益，也决定着酒店的发展。

（2）发展目标，长远综合目标。是酒店经营管理的内在动力和企业发展的后劲，对于增强酒店的市场竞争能力是至关重要的。

（3）市场目标，具体经济目标。如营业收入、平均房价、人均消费、市场占有率、境外顾客所占比例、团队客人所占比重。

（4）贡献目标，社会目标。促进本地区企业管理水平提高方面的目标；促进地区经济繁荣方面的目标。

3. 酒店管理可利用的资源

① 人力资源，管理、服务、技术人员等；② 财力资源；③ 物力资源；④ 信

息资源,内外部信息;⑤ 技术资源;⑥ 品牌资源;⑦ 社会关系资源。

酒店经营与管理的区别与联系如表 2-1 所示。

表 2-1　酒店经营与管理的区别与联系

		经营	管理
区别	执行者	主要由上层管理者承担	主要由中下层管理者承担
	解决问题	主要解决酒店外部环境有关问题	主要解决酒店内部问题
		侧重于酒店全局性、战略性问题	侧重于局部的、战术性问题
		既要考虑当前问题,又要考虑长远发展	主要是当前酒店产品生产技术活动
		以解决动态问题为主	以解决静态问题为主
	程序	非程序化	程序化
联　系		① 目标上具有一致性;② 经营是管理者发展到一定阶段的必然的结果;③ 经营中有管理,管理中有经营或某种意义上,管理是对经营的具体化或企业内部化。	

(三) 酒店管理的一般特点

(1) 酒店管理强调效益目标:服务内容、服务质量、业务开拓、经营利润等。

(2) 酒店管理注重"人本"管理,激发与鼓励员工,关心员工,人性化管理;顾客第一,顾客至上,宾至如归。

(3) 酒店管理的动态性和创新性。

(4) 酒店管理工作的适度授权。

① 授权式下属完成任务的基础,避免授权过度或授权不充分。

② 注意授权对象的不同程度或类型,执行权力的能力。

③ 授权要做到"责、权、利"三位一体,避免。

二、酒店管理的职能

(一) 计划职能

1. 含义

即酒店通过周密地、科学地调查研究,分析预测,并进行决策,以此为基础确定未来某一时期内酒店的发展目标,并规定实现目标的途径方法的管理活动。它是指在开展酒店经营管理工作或行动之前,确定目标和拟定实现目标方案的过程。

2. 计划的作用

(1) 确定酒店统一行动的目标；

(2) 充分利用酒店各种资源，对各种资源进行优化配置；

(3) 增强适应环境变化的应变能力。

3. 计划的类型

(1) 按时间分类：短期计划、中期计划、长期计划。

(2) 按性质分类：总体计划、具体计划、详细计划。

(3) 按范围分类：整体计划、部门计划、班组计划。

4. 计划的制订

调查研究，预测未来，确定目标，选择方案，规定实现目标的方法、步骤、手段、途径等。

5. 计划的实施

执行——控制——检查——总结——改进。

第三节　酒店的组织管理及组织结构构建

一、酒店组织管理

所谓酒店组织管理就是通过运用各种管理方法和技术，发挥酒店组织中各种人员、有限资金、物资和信息资源，通过协调、控制、指挥等手段，最终实现酒店经营的经济效益和社会效益的总和。

酒店组织管理实际上就是对酒店所承担的经营目标任务在全体成员之间的分工合作进行管理。组织机构决定酒店的整体功能，并牵制着酒店管理的效率与效能。

具体来说，酒店组织管理的内容包括以下四个方面：

(1) 根据酒店的实际情况和计划制定的目标要求，建立合理的组织机构并进行人员配备。

(2) 按酒店业务性质进行分工，确定各部门和各岗位的责、权、利关系并予以监督。

(3) 明确酒店各项工作上下级之间、同级之间及个人之间的隶属和协作关系，形成酒店的指挥和工作体系。

(4) 建立并健全各种规章制度，使酒店组织效能得到最大发挥，以保证酒店计划的完成。

二、酒店组织管理的原则

(一) 酒店业通行的组织管理原则

酒店是劳动密集型组织,其工种多、人员多、管理难度大。要建立科学的组织机构来保障组织目标的实现,需要遵循下列组织管理原则。

1. 目标导向原则

每个组织和这个组织的每一部分都是与特定的目标相关的,离开目标的组织毫无意义。因此酒店的组织结构必须服从酒店的经营目标,以提高酒店的效率和效益为目的。酒店的各个岗位都应是为完成总目标而设立的,组织设计要把酒店的全体成员组成一个有机的整体,以便发挥每个人的积极性,实现酒店的社会、经济效益。

2. 等级链原则

管理学家法约尔提出了等级链的原则。每一个组织必须有一个最高权威,同时从最高权威到组织的每一个人之间要有一个明确的权利层次,即所谓的"等级链"。其特点是:组织是有层次、有等级的;链条上的各环是垂直而相互联系的;这根链条是一条权力线。等级链明确了组织管理中的权力和责任、命令发布、指挥控制和信息反馈的途径。

酒店作为一个组织系统,从最高到最低的职位必须组成一个连续的等级链,各职位的权责明确、沟通渠道明晰,命令层层下达,工作层层汇报,从而形成一个连续的程式化的指挥系统。

3. 分工协作原则

分工是将各种不同性质的工作分配给专业部门去完成,同时将职工安排到与其职务有关的工作岗位上,有利于发挥每一位员工工作熟练的优势,从而提高工作效率。因此,无论是操作工还是管理人员都应进行较细分工,并把相关的协作关系做出制度化规定,协调一致,才能形成整体优势,实现酒店整体利益。

4. 管理幅度原则

它是指一位管理者能够有效领导、监督、指挥直接下属的人数或机构数。各酒店各级的管理幅度主要取决于酒店内部的各相关因素,如管理者的岗位、素质、业务复杂程度及酒店空间分布等因素。针对酒店组织的特点,在实践中一般是高层小于中层、中层小于基层比较合理,同时还要建立授权和权力的制约机制。

5. 精简、高效原则

酒店组织结构的设置,应在高质量完成酒店目标的前提下,用最少的人、最适宜的组织形式,达到最有效的管理。精简、高效的组织反应快、应变能力强,有利于提升竞争能力。

知识链接

鲶鱼效应

挪威人喜欢吃沙丁鱼,尤其是活鱼。但沙丁鱼生性不爱活动,在运输过程中常会因缺氧而大量死亡。聪明的渔民捕获沙丁鱼后,往往在鱼槽内放上几条鲶鱼。鲶鱼生命力旺盛,由于环境陌生,便四处游窜,搅得沙丁鱼不得安生,只好跟着一起游动,大大提高了沙丁鱼的成活率。管理学家把这种用鲶鱼保持沙丁鱼活力的现象,称之为"鲶鱼效应"。简而言之,如果能够有效地施加压力,便可以激发任何一个有机体的活力,挖掘和发挥自身的潜力。

于是,圈养一条活跃的鲶鱼,引入竞争机制,营造紧张的氛围,逐渐成为企业提高团队执行力的一个重要手段,酒店业亦不例外。然而,人毕竟不是鲶鱼,有思想、有主见、有理念的生物总是由不得人来操控,出人意料的发展也总让人措手不及。企业管理的诸多事实证明,并非有了"鲶鱼"就能达到让"沙丁鱼"动起来的目的,有时情况甚至比没有"鲶鱼"时更糟糕。为何?关键在于"鲶鱼"的选择。

对"鲶鱼"的慎选,是"鲶鱼效应"成败的关键。只有合格的"鲶鱼",才能把忧患意识注入酒店的竞争机制之中,营造出一种积极优良的竞争环境,才能激发员工的进取心、荣誉感,调动"沙丁鱼"的工作热情,也才能达到"不待扬鞭自奋蹄"的理想效果。

(二)我国酒店业主要管理制度

1. 总经理负责制

这是目前酒店管理中普遍采用的一种领导制度。它是指总经理既是酒店经营管理的负责人,又是酒店的法人代表。总经理根据上级主管部门或股东(职工代表)代表大会的决策,全面负责酒店的经营和业务,建立以总经理为首的组织管理体系。

2. 经济责任制

即以酒店经营的双重效益为目标,达到国家、酒店、个人利益相统一。一方面,对自身的业务活动,按照责、权、利相结合的原则,实现酒店的经济效益;另一方面,酒店要按照国家有关政策、法律和规定,承担对国家应负的经济责任,注重实现社会效益。

3. 岗位责任制

即酒店具体规定各个工作岗位及人员的职责、作业标准、拥有的权限等责任制度。首先,要合理设岗,明确各部门、各岗位工作量及其之间的关系;其次,明确各部门、各级管理人员、服务员的职责范围、服务程序和服务标准及要求;第三,明确规章制度,制定奖惩条例。

(三) 酒店组织管理的重要性

组织管理对于现代酒店的重要性主要表现在以下三方面:

(1) 组织管理是实现酒店所有者、顾客和员工价值的保证。

酒店作为一个经济组织,其主要目的是获取利润,实现所有者的价值。为了实现获取利润的目标,就必须对酒店的各种资源进行合理科学的组织,并分析酒店自身的业务流程中哪些能创造价值,在此基础上,向顾客提供高质量的产品和服务,只有在这一不断循环的过程中,酒店才能实现其员工的价值。因此,组织管理是实现酒店所有者、顾客和员工价值的重要保证。

(2) 组织管理是调动酒店员工积极性,进而激发其潜能的重要途径。

任何工作归根结底都是由人来完成的,酒店作为人力资本密集的服务型行业,员工的重要性更是不言而喻。有效的组织管理,清晰的层级制度,明确的权责安排,通畅的组织关系,可以使员工投入、专注进而发挥工作的潜能;否则,冗余低效的组织只能限制员工积极性的发挥,对客服务的质量也就无从谈起。

(3) 组织管理是提高酒店核心竞争力的重要手段。

酒店需要通过核心竞争力在市场竞争中开创并保持自已的地位。科学合理的组织管理,可以优化配置酒店的各种资源,又能以内在的组织弹性适应不断变化的外部经营环境,进而提高酒店的经济效益和应变能力,并以此来保证和提高酒店的核心竞争力。

案例分析

管理理论真能解决实际问题吗？

海伦、汉克、乔、萨利4个人都是美国西南金属制品公司的管理人员。海伦和乔负责产品销售，汉克和萨利负责生产。他们刚参加过大学举办的为期2天的管理培训班学习。在培训班里主要学习了权变理论、社会系统理论和一些职工激励方面的内容。他们对所学的理论有不同的看法，下面是展开的激烈争论。

乔首先说："我认为社会系统理论对我们这样的公司是很有用的。例如，假如生产工人偷工减料或做手脚，假如原材料价格上涨，就会影响到我们产品销售。系统理论中讲的环境影响与我们公司的情况很相似。我的意思是，在目前这种经济环境中一个公司受到环境的极大影响。在油价暴涨期间，我们当时还可以控制自己的公司。现在呢？我们在销售方面每前进一步，都要经过艰苦的战斗。这方面的艰辛你们大概都深有感触吧？"

萨利插话说："你的意思我已经知道了。我们的确有过艰辛的时期，但是我不认为这与社会系统理论之间有什么必然的内在联系。我们曾在这种经济系统中受到过伤害。当然，你可以认为这是与社会系统理论是一致的。但是我并不认为我们就有采用社会系统理论的必要。我的意思是，假如说每一个东西都是一个系统，而所有的系统都可以对某一系统产生影响，我们又怎么可以预见这些影响所带来的后果呢？所以，我认为权变理论更适合我们。假如你说事物是相互依存的，那么系统理论又可以帮我们什么忙呢？"

海伦对他们的讨论表示不同的看法，她说："对社会系统理论我还没有很好的考虑。但是，我认为权变理论对我们是很有用的。虽然我们以前经常采用权变理论，但是我却没有认识到自己是在运用权变理论。例如，我有一些家庭主妇顾客，听到她们经常讨论有关孩子和度过周末之类的难题，从他们的谈话中我就知道要采购什么东西了，顾客也不期望我们推荐她们去买他们不需要的东西。我认为，假如我们花一两个小时与他们自由交谈，那么肯定会扩大我们的销售量。但是，我也碰到一些截然不同的客户，他们一定要我向他们推荐产品，要我替他们在购货中作主。这些人也经常到我这里走走。但不是闲谈，而是做生意。因此，你可以看到，我天天都在运用权变理论来对付不同的客户呢。为了适应形势,我经常都在改变销售方式和风格,许多销售人员都是这样做的。"

汉克显得有些激动地插话说:"我不懂这些被大肆宣传的理论是什么东西。但是,有关社会系统理论和权变理论难题,我同意萨利的观点。教授们都把自己的理论吹得天花乱坠,他们的理论听起来很好,但是他们的理论却无助于我们的管理实践。对于培训班上讲的激励要素问题我也不同意。我认为泰罗在很久以前就对激励问题有了正确的论述,要激励工人,就是要根据他们所做的工作付给他们报酬。假如工人什么也没有做,则用不着付任何报酬。你们和我一样清楚,人们只是为钱工作,钱就是最好的激励。"

问题:

(1) 你同意哪一个人的意见?他们的观点有什么不同?

(2) 假如你是海伦,怎么使萨利信服系统理论?

(3) 你认为汉克有关激励问题的看法怎么样?他的观点属于哪一种管理理论观点?

三、酒店组织结构设计

(一)组织结构的设计

1. 概念

即对组织成员进行协调、激励使其共同工作,以高效率、高效益地实现组织目标的一套正式的任务和报告关系系统。组织被垂直划分为几个等级,被横向划分为不同的部门。组织垂直划分和横向划分的结果就是组织结构。

组织结构设计就是对构成组织的各要素进行排列组合,明确管理层次、分清各部门岗位之间的职责和相互协作关系,使其在实现企业的战略目标过程中获得最佳的工作业绩。

2. 组织结构设计原则

(1) 适应企业,没有最好只有最合适。

(2) 目标明确、机构精简原则、可操作。

(3) 责权一致、命令统一原则。

(4) 确定好企业的管理层次与管理幅度。

(5) 管理幅度原则,尽量扁平化管理,幅度以6~8人为宜,减少管理层次。

(6) 集中领导与分散管理相结合原则。

3. 组织结构设计的目的

(1) 组织结构有利于战略的实施。

(2) 组织结构分配任务与责任。

(3) 组织结构能够建立正规的汇报关系。

(4) 组织结构有效地将人员进行分组。

(5) 组织结构阐明权力、决策力和控制力。

(6) 组织结构有利于交流。

(7) 组织结构最大化激励。

4. 酒店组织机构设置要注意的问题

(1) 酒店组织机构和岗位设置要适合经营任务的需要。

(2) 酒店决策机构要适合管理能力和环境的需要。

(3) 酒店部门的设置要符合专业化分工的原则。

① 在各部门、各岗位责权分配时要做到权责一致。

② 在上级对下级的领导时要做到命令统一原则。

③ 各部门及平级之间要做到分工合作和相互协调。

④ 管理层次多少取决于管理幅度。

(二) 酒店常见的组织结构模式

不同所有制的酒店和不同规模的酒店组织结构模式设置上有差异,一般有以下几种:

1. 直线制组织结构

直线式组织部门是直接生产产品、提供服务的部门,要求机构简单,权责明确,如酒店中的客房部、餐饮部、前厅部等。直线式结构的优点主要是:结构简单,权责分明,命令统一;组织程序与业务程序简单一致;解决问题及时。其缺点主要是:各级主管的工作极其繁杂;要求管理者具有全面的知识和才能(如图 2-1 所示)。

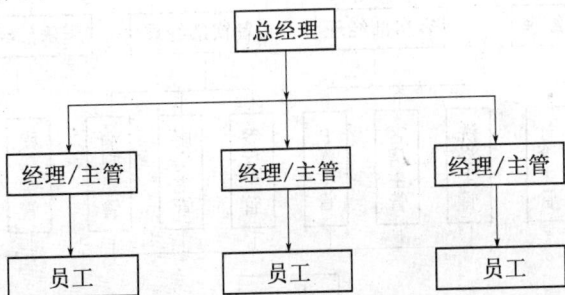

图 2-1　直线制组织结构图

2. 职能式组织结构

即按照基本活动相似或技能相似的要求,分类设立专门的管理部门。职能式结构的优点主要是:管理职能分工化,可以充分发挥专业人员的作用,使上级集中精力于抓大事。其缺点主要是:违反指挥统一原则,形成多头领导,不利于建立责任制,影响管理效能(如图2-2所示)。

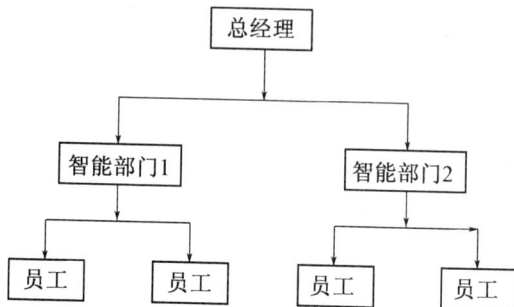

图2-2 职能式组织结构图

3. 直线职能制组织型结构

这种组织形式是目前我国酒店普遍采用的组织形式,是在直线制和职能制的基础上发展而来的,它吸收了直线制对组织控制严密的长处和职能制充分发挥专业人员作用的长处,兼有这两种组织形式的优点。

直线职能制结构把酒店部门分为两大类:业务部门和职能部门。业务部门:前厅部、客房部、餐饮部、娱乐部、工程部;职能部门:酒店的办公室、人事部、财务部、保安部等。直线职能型结构的优点主要是:既保持了直线制集中统一指挥的优点,又吸取了职能制中发挥专业管理部门或专业人员职能作用的长处。其缺点主要是:横向联系复杂;组织程序与业务程序繁杂,信息迂回时间长;最高管理层的管理幅度大;权力过于集中,影响中下层人员的积极性和主动性的发挥(如图2-3所示)。

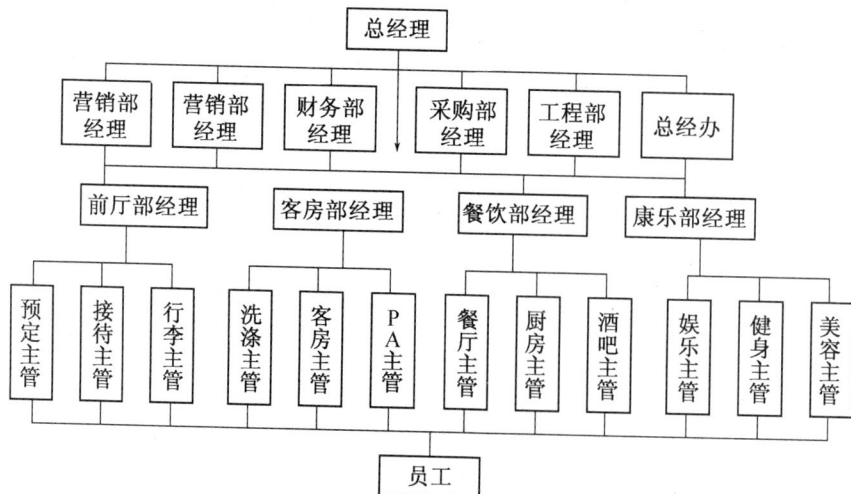

图2-3 直线职能型结构图

4. 事业部组织结构

采用事业部结构应具备三个条件:具有独立的产品市场;具有独立的利益;具有足够的权利,能自主经营。事业部组织结构的优点主要是:公司最高领导层不受日常琐事纠缠,可集中精力运筹企业的重大经营决策和发展战略;事业部经营单一产品系列,对产品和销售实行统一指挥,便于根据实际情况灵活的作出决策;事业部领导者和职工的经营观念增强,促使其更加重视经营成果。缺点:协调事业部横向联系的难度增大;事业部对公司的整体意识减弱,如果处理失当,容易产生本位主义;增加管理人员,增大管理费用(如图 2-4 所示)。

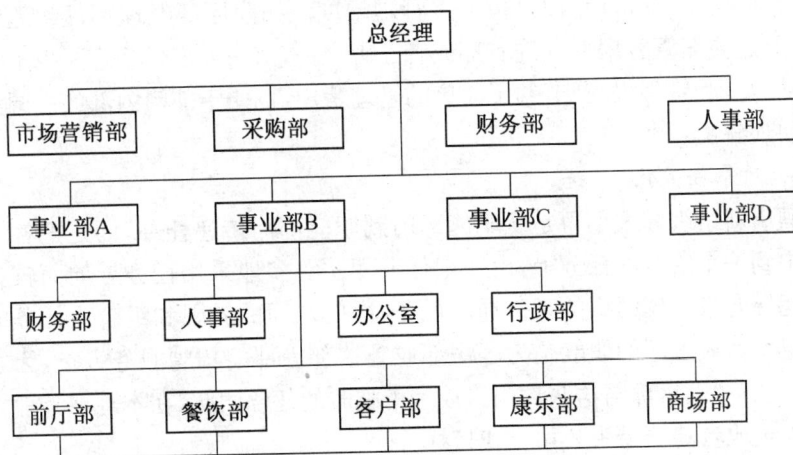

```
                          总经理
        ┌──────────┬──────────┼──────────┬──────────┐
   市场营销部      采购部              财务部          人事部
        ├──────────┬──────────┬──────────┐
    事业部A       事业部B            事业部C          事业部D
        ├──────────┬──────────┬──────────┐
    财务部         人事部             办公室           行政部
   ┌──────┬──────────┬──────────┬──────────┐
  前厅部    餐饮部        客户部         康乐部          商场部
```

图 2-4　事业部组织结构图

5. 矩阵式组织结构

即按照职能划分的部门与按照产品或项目部结合成矩阵形的一种组织形式。矩阵式组织结构的优点主要是:可以打破各部门分割状态,加强一些临时专案工作的开展,使组织管理中纵的联系和横的联系较好地结合起来,强化酒店服务效果。其缺点:如果协调不好,会产生多头指挥问题(如图 2-5 所示)。

	任务小组 1	任务小组 2	任务小组 3
部门 1			
部门 2			
部门 3			

图 2-5　矩阵式组织结构图

（三）酒店新组织模式的特征

1. 网络化

是指酒店内各工作团队通过电脑形成一对一的或一对多的双向联系模式，通过互联网或电视电话跨越地区及国家的限制从而达到沟通和交流的目的，完成了不同知识、技能互相补充，提高了酒店的工作效率。

2. 技能多样化

酒店新组织模式通过各种培训使管理人员熟悉其他部门的业务特性和运作程序，服务人员掌握了两种以上的技能。基层服务人员不再固定在某一单元团队或职能部门中，而是根据实际需要随时安排工作，中层管理人员不再简单地管理某一职能部门，而是扩大了管理幅度。如前厅部经理不仅管理前厅部，而且还要兼管客房部或洗衣部或者三者合一，由一人出任经理减少了酒店部门的数量和管理人员，节约了酒店的管理费用，也便于部门内部的协调和问题更快地解决。

3. 对象任务化

酒店新组织模式不再是从职能部门到职能部门传递任务，而是把各种职能集中到一个给定的任务上，由一个任务团队更多地采用任务导向而较少采用职能导向来实现酒店的某一局部任务，部门之间的界限和组合由任务的性质决定。如人事部的职能是为客房部或餐饮部等部门招聘服务人员，为了实现这一任务，人事部与这些部门组成一个临时的任务团队，在本地或外地寻找合适人选或者聘请猎头公司寻找目标。

4. 业务外包化

网络技术的兴起及电子商务的发展使酒店跨越时空障碍进行合作更加便利，降低了酒店间的交易费用，酒店可与其他酒店结成动态联盟把精力和资源集中在自己最擅长的事项上，而把自己不擅长的工作交给合作伙伴来完成。酒店的核心能力主要是以提供优质的住宿服务或以餐饮独特或以休闲娱乐闻名形成的。如以住宿为主的酒店把重点放在改进客房的设施设备和提高服务的效率与水平上，而把餐饮部外包给有名的酒家或餐馆，或者把酒店的商品部、洗衣部外包给某一专业公司来完成，各个酒店保留其最具竞争实力的功能，并利用外部最优秀的资源来实现任务团队的目标，提高对环境变化的应变能力。

（四）酒店的管理制度

1. 制度化管理的特点

制度化管理强调的是严格的岗位规程和质量标准，一切都要求做到有文可查,有章可循、有量可依。这种管理的实质是一种法制化的管理。

（1）服务过程程序化

所谓程序化是时间、顺序的概念,即在任何一个服务管理岗位,先干什么、后干什么,都应有明确的规定,我们把它称作岗位流程。

（2）服务方式规范化

所谓规范化,是讲怎么做和具体标准,这是一个空间概念,也是我们讲的岗位要求。

（3）服务管理表单化

所谓表单化,实际是时间和空间的衔接依据,称之为岗位记录。制度管理要求一切工作都要有报表,都要有据可查,有文可对。部门之间工作衔接都要求表报记录、表报传递,而不能凭记忆、拍脑袋、想当然。每天都有几十种表报在各部门之间整理和传递(如财务部的营业日表报、销售部的市场动态表、工程部的能源消耗比较表、维修单表报、总办的驻店日记以及各种交接记录本、工作手册等),体现了制度化的管理。

2. 怎样做到制度化管理

简单的讲就是做好三方面工作:明确标准;责任到人;管理到位。在实际工作上主要是运用"计划、落实、检查和发现问题及时处理"的日常管理方法,把管理工作落到实处。

（1）从体制上,设立质检部,对各岗位的服务质量、劳动纪律、卫生安全等进行巡回检查,考核打分。

（2）对部门经理强调走动管理,至少一半时间深入各岗位指导、检查。

（3）从手段上实行质量、安全、卫生百分考核办法,考核结果与奖金挂钩。

（4）从制度上,强调平时检查出来的问题,按要求由专人、按时限解决,急的马上办,缓的抓紧办,周内完成,利用每周中层干部例会汇报、检查、讲评工作,着重在检查与落实上下工夫,力求使各项工作落到实处。

3. 酒店常用的管理制度

（1）员工手册——酒店的基本大法

即全体酒店员工应共同遵守的行为规范的条文文件,主要内容包括总则、组织管理、劳动管理、店规店纪、职工福利、奖惩规定、安全守则等。它规定了全体酒店员工的权利和义务,规定了员工手册的解释和修订权限,是酒店的"根本大法"。

（2）岗位职责、工作内容、作业规程和标准

① 工作一览表（做什么?）

即员工所必须贯彻执行的任务书。它仅仅告诉你,这个岗位应该做些什么?

② 工作细则(怎么做?)

即告诉员工应该怎样执行工作,为工作一览表上的每个任务写下工作分工细目。它可以表明:① 将执行什么工作;② 执行任务所需的材料;③ 怎样去执行每一项工作;④ 关于工作步骤的补充资源。

③ 工作说明书(做的条件?)

即做这些事必须具备哪些条件?

④ 工作标准(怎样做是否对?)

即对行为过程和结果进行评定,用工作标准来评定服务质量。

(3)工作规程与工作标准

对应于酒店不同工作岗位的工作标准及如何做的规范要求,不同工作部门、工作岗位的工作规程与工作标准不同。

(4)其他管理制度

酒店的管理制度很多,有整个酒店的,还有各部门的,如制服管理、员工食堂管理、员工生日规定、经理折扣规定、员工宿舍管理条例、员工浴室管理办法、员工更衣室管理制度等。

知识链接

名人名言

我的全部工作便是选择适当的人。

——美国通用电气公司原总裁杰克·韦尔奇

凡使用权力的地方就有责任。

——法国管理学家亨利·法约尔

徒有责任而没有全力,会摧残一个人的自尊。

——美国企业家 M. K. 阿什

没有智慧的人,就会受人欺骗,被人迷惑,被人剥削。具有思想的人,才是自由和独立的。

——费尔巴哈

向后看的越远,那么向前看的也越远。

——丘吉尔

课后思考题

1. 选择题

(1) 被誉为"经营管理之父"的人是(　　)。

    A. 法约尔　　　　B. 韦伯　　　　C. 泰罗　　　　D. 梅奥

(2) 彼得·德鲁克是(　　)的代表人物。

    A. 决管理论学派　　　　　　　B. 经验管理学派

    C. 社会系统学派　　　　　　　D. 权变理论学派

2. 填空题

(1) _____把正式组织的要求同个人的需求连接在一起的思想被誉为管理思想的里程碑。

(2) 法约尔认为权力应当同_____对等。

(3) _____被誉为"组织理论之父"。

3. 问答题

(1) 泰罗的科学管理理论的主要观点是什么?

(2) 英国古典经济学家亚当·斯密的"社会人"观点的主要内容。

(3) 我国古代管理思想主要代表人物有几位,他们的主要观念是什么?

(4) 阐述在现实的管理中是否存在普遍适用的管理方法。

(5) 现代酒店采用哪种组织结构模式比较合理?

(6) 组织结构设计的原则是什么?

第三章　酒店前厅管理

本章教学要点

1. 熟悉酒店前厅的组织结构和工作内容。
2. 熟悉酒店前厅入住接待管理流程。
3. 熟悉酒店前厅收银管理工作。
4. 熟悉酒店前厅预订管理操作流程。
5. 熟悉酒店前厅客户信息管理方法。

导入案例

星级酒店的服务真是不一样啊

马先生和朋友乘坐的出租车刚刚停在酒店大堂门前,面带微笑的门童立刻迎上前去,并躬身拉门问候:"欢迎光临!"马先生和朋友谈笑风生地走下了出租车,门童扭头对正准备进酒店的马先生说:"先生,您是否遗忘了公文包?"马先生一听,停止了说笑,忙说:"哎呦,是我的公文包,谢谢,谢谢。"门童将公文包递送给马先生,同时又写了一张小条子递过去,上面写着出租车的号码。然后,门童迅速引领客人进入酒店大堂。

马先生来到前厅接待处,接待员礼貌的问候:"你们好,欢迎光临。请问有没有预订?"马先生说:"我们已经预订了一间标准间。"接待员随即请马先生出示证件,并熟练查阅预订,立即为客人填写了入住登记表上的相关内容,并请马先生预付押金和签名确认,最后说:"先生,你们住在18楼,这是你们的房卡,祝你们入住愉快。"在马先生办理入住手续时,行李员始终站在他们的身边,为客人看护行李箱。

马先生和朋友经过一天的旅行,已经非常疲惫了。当他们躺在柔软的大床上,听着悠扬的音乐,回忆着进入酒店的整个过程,马先生满意地对朋友说:"星级酒店的服务真是不一样啊!"

上述案例告诉我们,酒店前厅部员工是最先迎接客人、最先向客人提供服务的群体,他们主动、热情、周到、细致的服务会给客人留下美好而深刻的印象。前厅部的服务质量和管理水平直接影响整个酒店的经营效果和服务形象。如果把酒店看成是一个巨大的轮子,那么这个轮子的中心轴无疑就是前厅部。

第一节 前厅的组织结构及工作内容

一、前厅的组织结构

前厅部(Front Office)是现代酒店销售产品、组织接待、调度业务以及为客人提供一系列综合服务的酒店主要业务部门,一般设在酒店最前部最醒目的位置,是客人进出酒店并留下第一印象的场所,通常由客房预订处、礼宾服务处、接待处、问讯处、前台收银处、电话总机、商务中心、大堂副理等组成。前厅部运转好坏将直接反映酒店的服务质量和管理水平,影响其经济效益和企业形象。

前厅组织结构的设置应当根据酒店的规模、性质、接待特点、地理位置、管理方式等因素综合考虑,而具体的设置,各酒店不尽相同。目前,在我国因酒店的规模不同,前厅部大致有以下几种组织结构模式:

(1) 酒店设客房事务部或房务部,下设前厅部、客房、洗衣和公共卫生 4 个部门,统一管理预订、接待、住店过程中的一切业务,其中前厅部分工明确,级层清晰,一般设有部门经理、主管、领班、普通员工四个层级,这种模式通常为大型酒店采用。

应用实例

某大型酒店前厅部组织结构如图 3-1 所示:

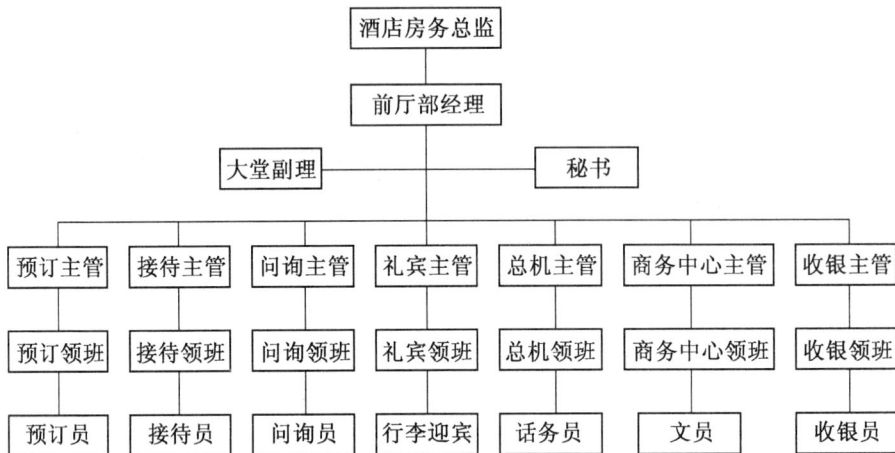

图 3-1 酒店前厅组织结构图

（2）前厅部作为与客房部并列的独立部门，直接向酒店总经理负责。在前厅部内设有部门经理、领班（主管）、服务员 3 个管理层次。中型酒店一般采用这种模式。

特别提示

有些酒店设有房务部，是指客房部吗？

不是的，由于前厅部与客房部工作联系紧密，为了更好地协调工作，很多酒店就在二者之上设立房务部。通常，前厅部经理与客房部经理的直接上级就是房务总监。

（3）前厅部不单独设立部门，其功能由总服务台来承担，总服务员作为一个班组归属于客房部，只设领班（主管）和总服务台两个管理层次，一般适用于小型酒店。

另外，有不少商务酒店将所设的行政楼层划归前厅部管辖，而有的酒店前厅部则视酒店运作特点需要还管辖着其他岗位。如杭州国大雷迪森广场酒店的"行政楼层"就归由前厅部管理，同时，它也还管理游泳池和健身房组成的"阳光海岸俱乐部"。

知识链接

　　如家酒店作为中国知名度最高的经济型酒店品牌之一,为降低运营成本,剔除了传统星级酒店过多的豪华装饰和娱乐设施,采用扁平式组织结构,单店一般只设有店长、店长助理、值班经理、领班和服务员五级,其前台工作人员往往身兼多职,综合完成前台的各项预订、接待服务工作。

二、前厅部的工作要求及内容

(一) 前厅部的工作要求

前厅部的工作一般表现以下特点:

1. 工作内容庞杂

前厅部的工作范围较广,项目繁多,并且每项工作都有相应的规范与标准要求,员工在具体的操作过程中必须严格遵守,才能做到让宾客满意。

2. 业务联系宽泛

前厅部在整个酒店的管理过程中负有协调功能,必然与各个相关部门发生联系,要求员工不仅需要熟悉本身的业务,还要了解其他部门的情况,才能帮助顾客解决问题。

3. 专业标准严格

随着时代的进步,现代科技不断引入到各行各业的管理中,酒店前厅部也都实行了电脑系统化管理,员工必需经过专业培训才能上岗操作。另外,在帮助宾客解决问题、克服困难、回答其提出的问题时,也需要员工具备相应的能力与业务知识背景,这就对员工的素质、专业技术水平、业务水平提出了较高的要求。

特别提示

　　一位酒店管理专家曾经说过这样一段话:一进入酒店大堂,只要看一下员工的形象,再告诉我客房的数量,基本就能评估出这家酒店的营业收入和利润。这段话说明了员工精神面貌和工作状态的重要性。可以想象,如果客人接触到的员工仪表端庄,精神焕发,富有朝气,彬彬有礼,服务高效快捷,那么就会联想到这家酒店正处于兴旺发达之中。前厅部员工的基本素质在一定程度上反映了酒店的管理和服务水平,也体现了酒店的经营状况。所以前厅部一定要有一支综合素质高、业务能力强的队伍,这样才能给客人留下良好的第一印象,为接待服务工作奠定基础。

前厅部特定的工作特点对其员工提出了严格的工作要求:

(1)员工必须具备良好的服务意识。前厅部是酒店的门面,其服务质量的好坏,具有深远的意义,因此,前厅部的员工要格外强化自身的服务意识,力求做到热情、细致、周到。员工要落落大方、彬彬有礼,认识到自己的一言一行代表着酒店的形象,从而进一步约束自己的言行,认真负责地做好本职工作。

知识链接

在日本,各宾馆、酒店招收服务员,都要对其进行专业训练。其中一个比较重要的训练项目,就是表情训练。

表情训练分为两类:微笑和鞠躬。微笑就是让服务员在接待顾客时面带微笑,要求笑得甜美、自然、大方,绝不能皮笑肉不笑。训练方法是,负责训练的经理讲述各种顾客的心理,让受训的服务员观察各种明星彩照,然后对着镜子自己练,最好举行一次小小的微笑游行,由经理带队,专门到闹市、公园等公众聚集地区向群众微笑致意。

鞠躬练习的要求是:头部和上身自然,标准鞠躬,弯度有15°、30°、45°三种,超过度数,都不合要求。过去训练鞠躬,是由教练人员用肉眼来衡量标准。现在是用一种特制的鞠躬器来衡量。鞠躬器形似体重器,上端装有度盘和指针,指针随着人的鞠躬向下转动,表明弯曲度数。鞠躬器还附有一个红外线设施,使教练员能通过荧光屏看到训练情况。受训人员如此反复练习,直到能达到一次鞠躬即符合标准度数的要求为止。

虽然微笑和鞠躬的训练时间通常为一个月,但足可见组织者的匠心独运。

(2)员工必须有勤奋好学、探索求知的精神,不断提高自己的业务素质,拓宽自己的知识面,以求更好地为顾客服务。前厅部遇到的工作情况千变万化,往往是随着顾客的变化而变化,因此,员工为了适应不断出现的新情况,必须努力学习新的知识,完善自己,厚积薄发,把工作做得更出色。

（3）员工必须有良好的语言理解、表达及交流能力。前厅部员工接触宾客的机会是较多的,要向顾客解释问题,同时也要回答顾客提出的各种问题,而顾客往往又来自天南海北,各色人等都有,为了顺利地与对方交流,员工必须有相当的理解、沟通能力,比如能掌握一些方言、能熟练运用一两门外语等。

（4）员工必须具有良好的仪态,言谈举止要得体。为了让顾客有宾至如归的感觉,员工必须要练好基本功,注意仪表仪容,按酒店规定着装,做到干净整齐、仪态大方,给人亲切感。

（5）员工必须机智灵活,具备较强的应变能力。前厅部是酒店的神经中枢,事务繁杂,每天必须妥善处理各种各样的人和事,因此,要求前厅部员工发挥自己的聪明才智,随机应变。

（二）前厅部的工作内容

前厅部的主要工作目标是尽可能多地向客人推销酒店客房及其他产品,并协调酒店各部门向客人提供满意的服务,使酒店获得理想的经济效益和社会效益。具体而言,其工作内容可总结为以下六个方面:

1. 组织接待

前厅部作为客人的集散中心,需要为客人提供大量的接待服务工作,如预订、迎送宾客、行李服务、入住登记、结账离店、贵重物品寄存、委托代办、商务服务、外币兑换、处理投诉等。

2. 销售客房

销售客房是前厅部的重要工作任务,客房是酒店销售的主要产品,客房收入是酒店经济收入的主要来源,一般能占到总营业收入的 40%—60%。因此,前厅部不仅应有良好的服务意识,更要有强烈的销售意识,通过各种手段提高客房销售能力,带动客房与相关服务产品的消费。

案例分析

巧妙推销豪华套房

一天,南京某四星级酒店前厅部预订员小夏接到一位美国客人霍曼从上海打来的长途电话,想预订每天收费 180 美元左右的标准双人客房两间,住店时间 6 天,3 天以后来酒店入住。

小夏马上翻阅预订记录,回答客人说 3 天以后酒店要接待一个大型会议的几百名代表,标准间已全部预订完,小夏讲到这里用商量的口吻继续说道:"霍曼先生,您是否可以推迟 3 天来店?"霍曼先生回答说:"我们日程已安排好,南京是我们在中国的最后一个日程安排,还是请你给想想办法。"

小夏想了想说:"霍曼先生,感谢您对我的信任,我很乐意为您效劳,我想,您可否先住 3 天我们酒店的豪华套房,套房是外景房,在房间可眺望紫金山的优美景色,紫金山是南京名胜古迹集中之地,室内有中国传统雕刻的红木家具和古玩瓷器摆饰;套房每天收费也不过 280 美元,我想您和您的朋友住了一定会满意。"

小夏讲到这里,等待霍曼先生回答,对方似乎犹豫不决,小夏又说:"霍曼先生,我想您不会单纯计较房价的高低,而是在考虑豪华套房是否物有所值吧。请告诉我您和您的朋友乘哪次航班来南京,我们将派车来机场接你们,到店后,我一定先陪你们参观套房,到时您再作决定好吗? 我们还可以免费为您提供美式早餐,我们的服务也是上乘的。"

霍曼先生听小夏这样讲,倒觉得还不错,想了想便欣然同意先预订 3 天豪华套房。

评析:前厅部接待员在自己的岗位上有很多的促销机会。促销客房,一方面要通过热情的服务来体现;另一方面有赖于巧妙而合理的促销手段,掌握好销售心理和语言技巧往往能够达到良好的销售效果。

3. 联络和协调各部门的对客服务

前厅部的服务工作涉及酒店各个职能部门,必须协调各有关部门的工作,并且得到相关部门的支持和配合,才能保证客人的满意,提高酒店的整体服务水平。

4. 控制房态

正确的房态信息是客房销售和客房服务的前提,前厅部需要经常、及时地与客房部进行核实以保证当前房态的准确性。

5. 处理客人账目

前厅部要及时核算和管理客人的消费状况,保证酒店的营业收入,避免出现"跑帐"、"漏账"现象,同时负责编制各种会计报表,及时反映酒店的经营状况。

6. 建立客史档案

客史档案记录了客人的主要资料,这些资料是酒店为客人提供周到的、具有针对性的个性化服务的依据,同时也是酒店寻找客源市场,向有关部门和决策者提供营销建议的信息来源。

按照前厅部业务流程,其工作内容描述如图 3-2 所示:

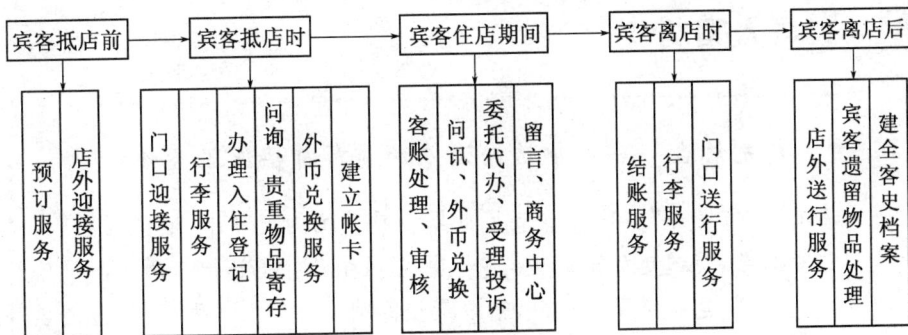

图 3-2 前厅部业务流程图

📁 知识链接

客人总是对的

故事发生在斯塔特勒在麦克卢尔旅馆当领班的时候。

一位刚刚与餐厅服务员吵了架的客人冲到服务台要值班员评理。值班员说:"因为我认识那个服务员比你要早得多,所以我只好说他是对的。"客人听罢,二话不说,收拾东西,结账离店。

看到这一切的斯塔特勒在他的小本子上写下:"The guest is always right."

老板对斯塔特勒说:"你是不是对服务员太苛刻了,你甚至都不想打听一下服务员是否也有他的道理。"

斯塔特勒回答:"不是的,先生。我的意思是,服务员不应该与客人争吵,不管什么原因都不应该与客人争吵。您看,我们失去了一位客人,是不是?"

这就是"客人总是对的"这句话的来历。

第二节　入住接待管理

导入案例

特别总台——文华怡东酒店的前厅部快速服务处

素有"东方明珠"美称的香港是世界上最繁忙的大都市，城区面积大，街道错综复杂，交通超负额运转。许多顾客风尘仆仆抵达怡东酒店时早已是满脸倦色、疲惫不堪了，一心只想以最快的速度办好入住手续，到房间里舒舒服服洗个澡、痛痛快快睡个觉。

怡东酒店是香港开埠以来最成功的酒店之一，所以许多宾客宁愿绕了大半个香港前来投宿。在许多酒店从未出现过的顾客排队办理手续的情形在这里早已司空见惯，人们宁可忍受着旅途的疲惫也要住上一宿，因为这里的环境和服务实在是太诱人了。

来自荷兰的总经理林弼先生将这一切看在眼里，丝毫不敢有所懈怠，"至少从这一个环节来说，低效率入住登记就不符合商务客人的需求。"

于是怡东酒店一改多年来的排队办理入住手续的惯例，在大厅里另外开设了一个专门为已预订的商务散客和 VIP 客人办理入住手续的前厅部快速服务处，人们戏称之为"特别总台"。

从此，所有来店前已经办理了预订手续或是持有 VIP 优惠的客人就无须再到总台排长队了，"特别总台"里设有宾客专用座椅，边办手续边休息，这里的服务员都是经过专门训练的高级职员，外语娴熟，谈吐优雅，而且反应敏捷，能在最短时间里办好所有事项。

"特别总台"真正急商务客人所急，从根本上改变了过去前厅部接待时顾客"排队等候"的尴尬场面。"特别总台"自推出以来，好评如潮，为酒店带来了更多的商务客源。

一、入住接待的原则和要求

入住接待是前厅部的重要工作内容之一，凡是入住酒店的客人都需要办理入住登记手续(Check In)。接待工作看似简单明了，实际上在严格的操作标准基础上具有较强的灵活性和技巧性。前台接待服务工作的好坏，直接影响到客房出租率和营业收入，也影响到客人对酒店服务与管理的评价。

一般来说，入住接待服务应遵循以下原则：入住接待涉及宾客基本信息的登记、预付款的收取、房卡的发放、房态的更改等一系列工作，要求前厅部工作人员要操作时务必认真、准确、细致，杜绝出现任何错误。

案例分析

一名接待员将一间已售出的客房又售给了另一位客人。这位刚办完入住手续的客人气冲冲地从他的房间回到前台，要求店方解释这是怎么回事。那位先住进去的客人也打电话到总台，要求与经理谈一谈这个荒谬的酒店。

评析：由于入住接待时客房状态没有得到及时、有效地核对，导致以上事件的发生，不仅给客人带来了不便，还使客人的隐私受到了侵犯，这是很不应该的。前台工作人员在从待出售的客房中选出房间租给某个客人时，一定要仔细、不要厌其烦地核对客房状态，避免出现错误。

二、入住接待的方法及程序

酒店针对不同的客人特点，如普通散客、团体客人、VIP 客人，在入住接待的方法、程序上有所不同。

1. 团队接待方法及程序

① 客人抵达时，前台接待员首先要主动上前招呼、问好，并向主要陪同负责人员询问该团的人数、预订的房间数等，并以最快的速度找出该团的记录；

② 接待员重新检查房号是否正确，并请陪同人员在"团队入住登记表"上签名；

③ 接待员核实各项服务内容是否相符，必须要前后一致方能予以开房；如有不一致，则须与领队或陪同人员取得一致；

④ 要严格遵照合同，一般不允许随意增减房间。

2. 散客接待方法及程序

① 接待员向客人问好，表示欢迎，并表示乐于为其提供服务；

② 问清抵达客人是否有预订房间。如果是预订客人，可对其致以欢迎词。如果客人没有预订，在有空房的情况下，应尽量满足其住宿的要求，万一客满，则最好帮助客人同其他酒店联系。

③ 填写住宿登记表。住宿登记表中应包括客人的姓名、性别、职业、国籍、身份证或签证号等内容，必须认真填写并确认信息。

④ 与客人确认所住房间的种类、房价及付款方式。如果客人采取信用卡方式付款，接待员必须先确认酒店能否接受客人所持的卡，所持卡是否有效。

⑤ 填写房卡。在客人填写住宿登记表的同时，接待员应为客人填写房卡交给客人。

⑥ 与客房部联络。在客人办理好入住手续后，接待员应将客人的入住信息通知客房部，以便其提前做好接待的准备工作。

⑦ 制作客人账单。在印好的账单上打上客人的姓名、抵离日期、房号、房间类型、应付房费等内容，并将其与住宿登记表、客人的信用卡等一起送交前台收银员保存。

3. VIP 客人接待方法及程序

① 准备工作：接待员填写 VIP 申请单，分配房间，选取同类客房中方位、环境、房间保养等方面处于最佳状态的客房，并协助客房部添置免费用品，摆放鲜花、水果、赠品等，全面检查客房状况（卫生状况、设施设备）；

② 掌握 VIP 客人姓名、大致抵达时间、特殊喜好，并由大堂副理或酒店更高层领导接待；

③ 迎接客人并带领其直接进房登记，免收押金；

④ 详细介绍设施设备，并祝客人住店愉快。

知识链接

　　法国对旅客寻求的最关心的接待因素做了较深入的调查，结果是：接待情感因素（如听到欢迎光临的话语、工作人员的笑容、被认出并采用姓名称呼等）和更实用的因素（如总服务台的服务、大门迎宾员等）。调查表明，绝大部分酒店顾客都不赞成接待服务的自动化，都希望由工作人员来接待，这体现了酒店接待服务的个性化的特征。

三、入住接待管理

1. 顾客选择管理

酒店是为客人提供饮食、住宿等综合服务的场所,有义务接待前来投宿的旅客。在国外,如果酒店无缘无故拒绝客人留宿,该客人就有权向法院提出起诉,但这并不意味着酒店必须无条件地接待所有客人。

对于下列客人,酒店可以不予接待:

(1) 被酒店或酒店协会通报的不良分子(或列入黑名单的人)。在日本和我国的某些城市,受害酒店会向酒店协会呈交报告,该协会向所有会员酒店通报不良客人的姓名等资料。

(2) 拟用信用卡结账,但其信用卡未通过酒店安全检查(如已被列入黑名单、已过期失效或有伪造迹象等)。

(3) 多次损害酒店利益和名誉的人。

(4) 没有证件或证件已过期的宾客。

(5) 衣冠不整者。

(6) 患重病及传染病者。

(7) 无理要求过多的常客。

前台员工在接待客人时,对于上述人员可以婉言谢绝。

小思考

接待员能为他们办理入住登记手续吗?

一个从上海入境的美国旅游团队,在上海的一家豪华酒店下榻一天后,修改了来华旅游的日程,允许团员分散活动,其中有两名男青年慕名北京的一家中外驰名大酒店,便乘火车来到北京,这家酒店总台接待员热情的接待了这两名美国青年。当接待员检查他们的护照时,发现没有入境签证,美国青年连忙解释说,他们是持团体签证从上海入境的,他们认为抵达中国后有无签证无关紧要,离开上海来京时也忘记随身携带团体签证复印件。

请思考:总台接待员能给这两名美国客人办理入职登记手续吗? 为什么?

2. 入住信息管理

入住接待涉及客人的基本信息,通常酒店的入住登记表上记录了宾客个人信息(宾客姓名、性别、证件号码、家庭地址等),宾客住宿信息(抵店和离店日期、房号、房价、付款方式等),其他特殊要求等,接待员应仔细、准确地将这些信息录入酒店信息系统里,并经常进行更新、维护,建立完善的客史档案。

同时,酒店前台也务必对宾客的信息进行严格保密,确保客人的隐私不受侵犯。

3. 房间分配管理

入住接待时为客人分配客房应按一定的顺序进行,优先安排贵宾和团体客人等,通常可按下列顺序进行:

(1)团体客人;

(2)重要客人(VIP);

(3)已付订金等保证类预订客人;

(4)要求延期之预期离店客人;

(5)普通预订客人,并有准确航班号或抵达时间;

(6)常客;

(7)无预订的散客;

(8)不可靠的预订客人。

在为客人排房时,也应遵循以下原则:

(1)要尽量使团体客人(或会议客人)住在同一楼层或相近的楼层;

(2)对于残疾、年老、带小孩的客人,尽量安排在离服务台和电梯较近的房间;

(3)把内宾和外宾分别安排在不同的楼层;

(4)对于常客和有特殊要求的客人予以照顾;

(5)不要把敌对国家的客人安排在同一楼层或较近的房间;

(6)要注意房号的忌讳。

4. 房态更改管理

当客人入住登记完后,前台接待员应及时更改房态,并随时与客房部核对房态差异,以免发生如重房、错房的意外事故。

特别提示

前厅部记录、显示的客房状况与客房部查房结果不相符合的状况叫作客房状况差异。

每天上午、下午各一次,客房部服务中心会对客房的自然状态进行统计记录,并将这些记录或报表送到前厅部总台。总台将客房部的房况报表与总台掌握的客房状况进行核对,将出现差异的客房填写在客房状况差异表上。客房部和前厅部的管理人员应亲自检查差异的原因,及时采取相应的措施加以纠正,确保房态正确。

应用实例

如家酒店,某客人借用朋友的嘉宾卡,通过 800 电话预定了酒店两间客房。办理入住时,两位客人分别用自己的身份证重新登记。入住后,客人不慎将房卡遗忘在房间内,便请服务员帮助开一下房门,前台服务员通过电脑内的信息核对,发现信息不符,坚持不给客人开门,客人很生气!

启示:

原因分析:(1)前台服务员在为客人办理入住后,未修改电脑内的客人资料,电脑内的信息还是其朋友的信息;(2)前台服务员未及时查询客人临时入住登记单。

处理结果:(1)向客人道歉,并表示今后不会有类似事情发生;(2)立刻修改电脑中的客人信息;(3)加强前台员工的培训,严格按照标准进行操作。

5. 接待现场管理

目前,很多酒店都会承接较多的大型会议,在旅游旺季,旅游团体客人也非常多。在会议和团体客人入住接待时,由于人数较多,时间集中,往往现场比较混乱,这就要求在接待前期做好各项准备工作。

在接待入住高峰时,接待员应将客人按照有无预订进行分流登记,在柜台前摆放引导栏杆,有序地引导客人,做好接待现场管理。

小思考

突然到来的宾客

一天傍晚,已经是前台中班员工快下班的时候了。突然,酒店大堂正门外的广场上来了3辆坐满宾客的大型BUS,是该酒店派去机场接一个会议团的(虽然按照预定,应该明天这个时候到达的,但是当天临时变更计划,改了到达时间,也就是说,早到一天),随后摩肩接踵的一大群人,毫无秩序可言地从BUS上下来,拥到前厅部。乱哄哄的、争相恐后地去前台做CHECK IN……

当时场景乱得一塌糊涂,然后在后区办公室里的前台经理得知了此事,赶忙从办公室冲去前台,帮前台员工一起做CEHCK IN手续。

整个大堂,当时乱的,和就要爆发"第三次世界大战"一样!

请思考:如果你是前厅部经理,面对这样的混乱场面,你觉得是哪儿出了问题?如何才能避免类似的情况再次发生?

第三节　收银管理

导入案例

少了一千多元

晚7点,一位穿着体面的35岁左右男子,走向某酒店总台收银处,掏出一整刀50元面额的现金(共5 000元)。一边打电话一边拿现金伸手递向一位新来不久的收银员,说要换整,收银员询问男子住在那个房间,此男子回答说是在等朋友来订房的。一边对着电话说:"快一点,我在大堂吧等你……"收银员清点此人递来的现金,没错5 000整,于是点出100元面额共 5 000 元交给此人。

此人电话架在脖子上，边打电话，边清点，突然对这位收银说，你怎么给我换钱，我是要存钱的（付定金），一边把钱又递给收银。当收银接到钱后，关掉电话，又改口说："算了，等朋友来了他来付，你把我前面给的还我……"此时因为较忙，收银员拿出此人付的 5 000 元一起交给了他。急忙给另一位客人结账，回过来清点刚才的现金后发现，少了一千多元，此时那个人已不见踪影（事后查看监控录象，此人估计经过了踩点，进入大厅直接奔收银处，中途掏出电话佯装打电话，绝对有备而来）。

由此可见，酒店前厅部收银员的工作非常重要，在为客人办理收银服务时，收银员要具有强烈的安全意识和工作责任心，时刻保持警惕。对一些不符常规的情况，更要有所判断，以维护酒店的经济效益。

一、收银的原则和要求

前厅部收银处是确保酒店经济收益的关键部门，主要负责所有宾客在酒店一切消费的收款业务，是与客人接触最为频繁的机构之一。它是酒店的经济命脉，是确保酒店经济成果、维护酒店经济利益的重要环节。

在收银时，前台收银员应遵循以下原则和要求：

1. 确保收银的合法性

在前台收银时，收银员要保证收银过程中的合法性，主要从三方面入手：确保客人消费有合法的手续，确保客人消费凭单符合手续，确保营业收入的增加、减免符合酒店的管理程序和规定。

2. 确保收银的准确性

收银员在收银时，应对各种货币、票据、账单等进行准确的收取、核算，并准确编制各种报表。同时，通过收银审核，使一切差错得以及时发现和更正，减少结算差错产生的可能性，从而大大提高对客结算的速度和准确性。

3. 确保收银的完整性

所谓收银的完整性，是指客人在酒店所有消费所产生的收入，都应一分不漏地全部收进来。确保收银的完整性，指收银员必须采取一切有效控制措施，防止和避免一切可能影响或损害酒店营业收入完整性的事情发生，把营业收入的损失控制在最低限度。

4. 确保收银的及时性

确保营业收入收回的及时性，是指前台收银员应对酒店的营业收入尽快收回。对暂时无法收回的账款,也应协同有关部门,采取措施竭力催收。

前台收银员通过客账审核,可以及时发现超出信用限额消费的客人,以便采取相应措施,以确保营业收入尽可能收回。

二、收银的方法及程序

(一)建账

1. 建立客账

前台为客人建立的账户一般分为以下两种:

(1)团队账户:指酒店为团队、会议客人设置的综合账单,以记录团队旅客的共同消费项目,如餐旅费、房费、场租费等。团队旅客除了设有团队账单外,也可按客人需要分立个人账单,以记录各自的消费项目。

(2)散客账户:这是酒店用来为单独宾客所建立的账目。总台结账处收到账单后应认真检查接待员填写的宾客分账单,如客人的房号、姓名、抵离时间、房价、付款方式等是否清楚、完整和符合要求。要特别注意客人的非现金付款方式。

2. 收取押金

押金收取的方式有现金、信用卡预授权、转账支票等。押金的数额视房费、入住天数、可签单消费权限、是否开通房内长途电话等而定。通常,酒店向客人收取的押金除了房费金额外,还应多收一天的房费,以保证用于其他消费的支出。例如,一位客人所住的标准房是 800 元/间,他将入住 2 晚,则接待员向其收取押金 $800 \times 3 = 2\,400$ 元。在签单机会少的酒店,押金的收取额可以适当减少,一般会在原有房费总额基础上加收 300 元左右的杂费押金。

在中国,酒店普遍采取预收住房押金制,即请客人先付费再消费,而国外有些地方的酒店则刚刚相反,无需客人付押金而请客人先入住,退房时一并结算。因此,对于有些外国客人可能会有的质疑,前台员工要做好解释工作。

应用实例

某天,晚上九点多钟,酒店大堂吧座无虚席,客人们正在悠闲地细细品味香醇的咖啡。这时候,一位很时髦的小伙子匆匆走进酒店,来到大堂吧。只见小伙将一张一百元的人民币扔到吧台,说:"要一杯果汁,我要带走",

并不时催促服务员找钱、拿饮料,显得非常匆忙的样子。服务员拿着这一百元的人民币,手感就觉得不对,陡升疑云,莫非其中有诈? 于是,服务员非常客气地对客人说:"对不起,先生,现在是营业高峰,我们这里的零钱已经用完了,请问有其他小面额的钱吗? 或者,请你到总台换下零钱好吗?"说完,便把一百元人民币递给客人手中。小伙子听完后,慌忙说了声"那算了,我不要了",便匆匆地走了。

启示:此例中收银员警惕性比较高,能根据客人的异常表现和纸币的不同手感来判断客人可能有诈。现在经常有客人到高档酒店用假币来消费,其显著行为就是用大面额的钱购买低价物品以找回真币零钱,或者选择在营业高峰的时候来消费,因为此时服务员的警惕性稍微有所松懈或慌忙中不能判断钱币的真假。

对于这种情况,酒店一方面要加强防范措施,添置必要的假币鉴定仪器,另一方面要加强对员工假币鉴定的专业知识培训,掌握基本的假币鉴定方法。服务员在收到可能的假币时,要婉转地拒绝客人,如"对不起,先生,请您给换张其他面额的钱"。如果确定是假币,除非是银行,否则收银员是没权利没收假币的。

(二) 客账记录

前厅部收银处建立账户并核对账卡后,即开始记录客人住店期间的一切费用。采用一次性收款方式的酒店,前厅部收银处除每天累计客人房租外,还要记录客人在酒店内的用餐、洗衣、长途电话、健身娱乐等消费。酒店各营业部门必须尽快将每天发生的经客人签字后的账单(凭证)及时传递给前台结账处,以便随时累计客账,确保记账准确、转账迅速、结账清楚。

目前常见的客账记录方法是电脑入账,酒店各营业部门的费用项目都通过该部门的销售终端输入、存储在总台的电子账单内。当退房结算时,收银员能立即打印出所有费用项目并结账。

(三) 结账收银

办理结账手续是宾客离店前接受酒店所提供的最后一项服务,许多酒店规定办理结账退房的时间不超过三分钟。

1. 散客结账服务

当宾客到前台结账时,接待人员主动收取房间钥匙,并问询宾客是否发生其他消费。宾客结账同时,前台接待人员要及时与客房服务中心联系,查清宾客房间酒水使用情况。打印出电脑清单,交付宾客检查,经其认可在账单上签字,并确认付款方式。在结账的同时,要清理宾客档案栏,取出登记卡、信用卡复印件,以便其他宾客重新使用。

宾客的付款方式有现金、支票、信用卡、挂账等形式。若宾客用外币旅行支票结账,前台不直接收取旅行支票,宾客需到外币兑换处依照当天汇率兑换人民币现钞,然后再付清自己的账目;若宾客以信用卡付款,当宾客离店时,要有礼貌地让宾客出示信用卡,要对照宾客的信用卡号码、有效期及签字,以确保信用卡的有效性、通用性和真实性。另外,如果宾客住店消费超过有效限额,将通知信用卡授权中心,申请授权号码,所批准的授权号码应写在信用卡单据的右上角。

知识链接

> 多数酒店可以接受以下信用卡:美国运通卡(American Express Card)、大来卡(Dinners Card)、万事达卡(Master Card)、JCB卡(JCB Card)、签证卡(Visa Card)、长城卡(Great Wall Card)等。如果宾客使用外币现钞结账,需先请其到外币兑换处依照当天汇率换成店内可收取的货币,然后转交前台结账;若为公司挂账,接待人员打出电脑明细账单,经宾客认可在账单上签字,并找齐所有公司担保付款凭证一起转交至计财部,由计财部和公司进行结算。

案例分析

迟到的押金单

> 7月26日是个普通的日子,某酒店大堂副经理像往常一样在大堂协助礼宾人员接待抵离店的宾客。此时,一封来自本省社科院的信件放到了他的办公桌上。大堂副理心里挺纳闷,迫不及待地拆开信封,里面是一张押金单和一封信。
>
> 这是省社科院的何先生寄来的一封"讨债信"。原来,他于31号退房

时,却未找到押金单。当时何先生请总台收银员核对押金底单和计算机记录时,却等了较长时间也无结果,因当时有急事遂离开酒店。事隔四个月后何先生将押金单和当时离店的感受一并寄到酒店并提出了善意的批评。

评析:对于绝大多数客人来说,离店结账是客人与酒店的最后一个接触环节,也是比较容易出错的一个环节。账目不清、等候时间过长、部门协调性差等因素都会导致客人的不满。因而,在这一环节的工作中,前厅部应及时准确地做好客人的账单,为客人提供账目查询、核对等服务,给客人留下最终的好印象。

2. 团队结账服务

在团队离店前一天根据团队要求准备好团队总账,及时与领队联系,随时沟通团队付账情况;经领队认可在总账单上签字,其余账由宾客各自付清,领队要保证全队账目结算清楚后方可离开酒店。

3. 即时消费结账

即时消费是指宾客临近退房前的消费费用,因转送到收款处太迟而没能赶在宾客退房前及时入账。在采用电脑操作管理的酒店,类似问题一般不会出现,而对于采用手工转账的酒店,及时核查即时消费,确保不产生漏账损失是一件重要工作。通常做法是,宾客结账时,收款员应礼貌询问宾客是否有即时消费,或者直接电话询问易产生即时消费的消费点,如总机、餐厅、房务中心等。这种做法一方面取决于宾客的诚实度,另一方面,当面与宾客核查费用问题,让宾客产生不信任感,影响宾客对酒店的印象。而且,在宾客结账时去核查消费会耽误太长时间,影响工作效率,引起宾客的不满。

4. 快速结账服务

酒店一般规定退房结账的最后时间为中午 12 点,在此之前通常结账宾客比较集中,为了避免宾客排队等候或缩短宾客的结账时间,酒店可以提供快速结账服务。如宾客房内结账,其前提是,前厅部计算机系统与宾客房间的电视系统联网,宾客通过电视机显示器查阅账单情况,并通知收款处结账。如果宾客使用信用卡,收款员可以直接填写签购单,不需要宾客到前台去。如宾客使用现金,则在房间内核对金额后,结账时直接多退少补,简化了手续。一般情况下,房内结账只对信誉较好、采用信用卡结算的宾客提供。

(四) 夜间稽查

由于酒店是 24 小时营业,宾客在任何时间都有可能抵达酒店或者离开,因此费用的产生是随时的,结算也是随时的。为确保当天客账的正确性,防止跑账、漏账,及时发现并纠正记账过程中的差错,并对每天的营业情况作出统计,因此需要前台夜审员来完成当天营业收入的审查工作。

夜审的任务包括:在每天营业结束时,将房租和当天发生的费用累计入账,检查客人分账户的余额,检查当日账目的正确性,并编制营业日报表;做好客房收入统计、餐饮收入统计、综合服务收入统计,以及全店收入审核统计,以此作为酒店掌握和调整经营管理的重要依据。

夜审通常是使用电脑与手工相结合的方式。电脑系统比手工编制、打印报告快得多,简化了夜间审核程序,缩短了时间。

前台工作人员夜间稽查的工作内容与步骤主要如下:

1. 检查前厅部收款处工作

夜审人员上班后首先要接管收款员的工作,做好工作交接和钱物清点工作,然后对全天收银工作进行检查。

2. 核对客房出租单据

打印整理出一份当天"宾客租用明细表",内容包括房号、账号、宾客姓名、房租、抵离日期、结算方式等;核对宾客租用明细表的内容与收款处各个房间记账卡内的登记表、账单是否存在差错;确定并调整房态。

3. 房租过账

经过上述工作,确认无误后通过电脑过账功能将新一天的房租自动记录到各住客的宾客账户中,或者手工入房租。房租过账后,编制一份房租过账表,并检查各个出租客房过入的房租及其服务费的数额是否正确。

4. 对当天客房收益进行试算

为确保电脑的数据资料正确无误,有必要在当天收益全部输入电脑后和当天收益最后结账前,对电脑中的数据进行一次全面的查验,这种查验称之为"试算"。

5. 现金收入审核

夜审员要核实现有的现金额,把收讫的现金和垫付额累计数与收银员缴款袋所缴现金数核对相符。

6. 结算当天营业收入并编制营业报表

营业报表是全面反映整个酒店营业情况的业务报表。通常,营业日报表一式两份,一份次日上午送至总经理办公室,以便让管理人员及时了解酒店营业情况、进行经营决策,另一份则与客账日报表、总账单等资料一同递交财务部,以作为核对各部门营业收入的依据。

小思考

> 某日,李华为其朋友马林在某酒店订了一间房,并使用本人牡丹卡为其担保,预订时酒店进行了预授权 1 000 元的处理,李华要求客人离店结清账务后通知并取消此笔授权。马林结账离店时,为提高效率,收银员向客人商量取消李华的信用卡授权方式结账,这样将会更方便。马林欣然同意,并答应把单子交给李华并讲清楚。事后李华对此事很不满意,理由:(1) 未经本人同意;(2) 这样操作很不严谨,使她很担心,认为不是 1 000 元的问题,而是信用问题。
>
> **请思考**:酒店收银员这样操作是否合适? 为什么?

三、收银管理

前厅部收银管理是一项细致复杂的工作,时间性和业务性都很强。前台收银管理工作的好坏,直接关系到酒店的经济效益,也是准确反映酒店经营业务活动的状况的依据,同时体现了酒店的服务水平和经营管理效率。

1. 外币兑换管理

酒店外币兑换是指酒店为了方便中外客人,经中国银行授权,在店内设立外币兑换点,根据国家外汇管理局每日公布的外汇牌价,为住店客人提供外币兑换服务。外币兑换服务是一项政策性和业务性都很强的工作,要求外币兑换人员必须具有全面的业务知识和熟练的操作技能,这样才能保证此项业务的正常开展。

酒店前台服务员在为客人进行外币兑换时,在每一笔兑换业务结束时,都应由复核员将水单号码、兑换外币种类及金额分别填写在营业日报上,填写错误的水单务必要注明"作废"字样,不得使用,切勿将水单私自销毁或入库保管。

2. 迟到款项管理

迟到款项是指由于信息传递迟缓、客人离店后才由营业部门传递到总台的耽误了的账款,这大多数是因收银员或服务员失误,导致账款不能收回的情况。即便是某些费用可以追回,酒店在追回这些费用的过程中必然花费额外的开销,如果这些费用不能及时收回,酒店的利润必然会受到影响。因此,前厅部收银处必须设计合理的预防和处理类似问题的工作程序和方法。

3. 逃账管理

逃账主要是客人故意推退付账的情况,其发生的主要原因在客人。逃账的控制比较难,不能单纯依赖收银处,必须同酒店和部门通力合作。一般来说,要控制逃账,可以从客人预订、入住等各个环节进行管理。

应用实例

一次恶意逃账

星期五晚上 7 时,N 酒店 703 房入住一位方先生,预计入住 3 天。登记时方先生称自己证件遗失,但记得证件号码,接待员也就给其办理了住店手续,预付方式为一张空白支票。星期六上午,方先生到商场部询问是否可以签单一次性结账,得到肯定的答复后,方先生跟售货小姐要购买 20 条中华香烟,称公司要送人,该小姐问了收银处 703 房间方先生结账方式为押一张空白支票后,向收银员电话挂账,随即为客人办理了签购手续;中午客房服务员小姐为 703 房清理房间时发现客房的 MINI-BAR 全部消耗完了,服务员立即将 MINI-BAR 补充配备齐。星期日上午,方先生又打电话要求商场部为其准备 50 条香烟,售货小姐又按照原程序为其办理了签购手续,客房中心也再次为该房配备了 MINI-BAR。中午 12 时 30 分,703 房方先生与另外一人到酒店中餐厅消费,点菜时均要了酒店最高档的菜肴,并要服务员将一部分打包。当天,餐厅经理发现消费不正常后向大堂经理汇报,查房已无行李。

星期一,信用组到银行查验支票,被告知该支票为空头支票,登记单上,身份证号码少了 1 位数。后经确认为恶意逃账。

启示:该例中,酒店提供给客人一次性结账方式后,就需要对客人入住预付方式与住店客人资信加强日常控制。酒店对入住客人最高赊欠额要有明确规定,每日对超过限额的住店客人消费,通过查验住店客人消费状况、客史档案及预付方式,开展客人信用等级核查工作,建立异常消费的"预警"系统,防范逃账情况的发生。

酒店各营业部门也应加强防范恶意消费的意识,及时传递异常信息,尽量降低酒店的逃账损失。

小思考

长住客的押金不够了

A酒店是一家新开业的四星级酒店,地处市区,交通便利,周边同类档次的酒店非常多,竞争激烈。该酒店为了争取客源,特别允许一些常客、长住客进行信用消费。再加上营销人员的努力,酒店在开业之初便生意兴旺,尤其是长包房客人的入住率明显高于其他酒店,但有时也会出现一些麻烦事。

黄先生是一家公司驻某地分公司的经理,公司效益很好,因此包了酒店的一间客房长期居住。黄先生入住时与酒店签有一份包房合同,双方约定:客人在入住时交纳一个月的房费押金,以后每月5日前结清上月一切费用,同时酒店允许客人在酒店各营业点签单挂账。几个月过去了,黄先生每次都是在每月5日前,到总台结清上月的消费,一切相安无事。然而,在第六个月的时候,黄先生没有及时结清账款,总台收银员小李还发现黄先生账上余额出现了负数,便打电话请他到总台再付一个月房费押金,黄先生表示马上会付的。可是,几天以后当小李见到黄先生再次请他付钔金时,他依然爽快地表示近日一定付。又是几天过去了,黄先生仍然没有行动,却请客依旧,消费直线上升。于是,小李将情况向上级做了汇报。当前厅部经理亲自来到客户房间说明情况时,黄先生面露愁容地表示,最近公司资金周转有点麻烦,请酒店通融一下,过几天一定把账补上。

前厅部经理回到办公室,拿起总台打出的账单,看着透支的大笔金额,一时间愁眉不展⋯⋯

请思考:

1. 如果你是该酒店前厅部经理,你该如何处理这件事?

2. 该类事件对酒店有何启示?

第四节　预订管理

导入案例

0.01 欧元的酒店房间？

意大利某四星酒店隶属于某国际酒店集团，距威尼斯约 25 公里，其客房的标准价格为每晚 90 欧元至 150 欧元。2011 年 8 月的某一天，该酒店在网站上发布促销信息，促销内容原为预订周末两晚享受半价，但不慎将房价写成 0.01 欧元，即周末两晚房价仅为 1 欧分。结果，当晚酒店就收到了 228 份有效订单，损失预计将达 9 万欧元。

酒店经调查发现，该局面是由于酒店所属集团网站工作人员的人为错误所致。面对自身失误造成的损失，酒店又是如何处理的呢？酒店方面表示，虽然标价有误，酒店还是会尊重持有效订单的顾客，但这些订单是"不可转让"的，即只允许订单中约定的入住者按此价格住店。

阅读以上案例，请谈谈：预订对酒店经营有什么重要影响？酒店如何做好预订工作？预订该如何体现契约精神？

一、预订的目的和要求

客房预订是指客人在抵店前与酒店预订部门所达成的订约。这种预订一经酒店的确认，酒店就与客人之间达成了一种具有法定效率的预期使用酒店产品的协议，根据此协议，酒店有义务以预订确认的价格为客人提供产品。

1. 预订的目的

通过预订，酒店能确保稳定的客源，有利于客房销售计划的实现（稳定的预订系统能保证 30% 的客源）；能有效控制房态，对未来客房销售实施有效控制；对客人而言，其入住时酒店已经掌握准确的接待资料，也便于更好地为其服务。

酒店前厅部预订处的工作内容可概括为：接受、处理宾客的预订要求，记录、存储预订资料，检查、控制预订过程，并完成宾客抵店前的各项准备工作。

2. 预订的要求

预订工作的重要性要求预订员的服务必须达到一定的要求,它具体包含:

(1) 预订员应熟练掌握酒店所提供的产品、房价和相应政策;

(2) 预订需要的各种资料和相关物品应提前准备好,以免用时手忙脚乱;

(3) 在接到客人的预订申请后,预订员应尽快了解其订房要求,如时间、数量、房间类型等,并根据客人要求详细、准确地填写预订信息;

(4) 预订员不能轻易地向宾客作出确认房号的承诺,以免由于其他原因不能向宾客提供此房间而失信于宾客,从而影响酒店的声誉;

(5) 预订员接听电话时,必须礼貌地回答对方问题,语言得体,口齿清晰。

二、预订的基本方法

酒店提供常见的预订方法有以下几种:

1. 电话预订

客人通过电话与酒店联系订房比较普遍,它不但简便、快捷,而且能够使双方达到迅速有效的沟通,清楚地传递双方的信息。宾客通过电话订房,可以了解到酒店是否有自己满意的房间;预订员也可以了解宾客的订房要求、付款方式、抵离日期,并适时进行电话营销。

近年来,受付电话(Collect Call)业务和免长途市话业务发展迅速,并成为国际和国内酒店进行促销、扩大预订业务的非常简便的订房方式。如 800 免费预订热线、400 市话预订热线,既省时、快捷,又减少了消费者的费用,方便客人进行预订。

2. 传真预订

传真是现代通讯技术的新发展、目前正广泛地得到使用。其特点是:传递迅速、即发即收、内容详尽,并可传递传送者的真迹,如签名、印鉴等,还可传递图表,并且操作方便,不容易出现订房纠纷。

3. 互联网预订

通过 Internet 进行预订,是当前国际上最先进的订房方式。随着计算机的推广和使用,人们办公和生活方式的变化,越来越多的游客开始采用这种方便、快捷、先进、廉价的方式进行客房的预订。同时,互联网的信息资料图文并茂,客人可以对酒店有更多直观的了解。

为了扩大销售预订渠道,酒店除了在互联网上建立自己的网站外,还将自己的网页与国内外著名的旅游酒店预订网站、门户网站做好链接,使客人更方便地接触到酒店的信息和预订服务。

4. 面谈预订

即客人直接来到酒店,当面与酒店的预订员面对面地洽谈订房事宜。这种订房方式可以使预订员有机会更详细地了解客人的需求,并能当面回答客人提出的任何问题;同时,也能使预订员有机会运用销售技巧,必要时还可通过展示客房来帮助客人做出选择。

特别提示

国际主要酒店预订平台:Holidex 2000(假日集团)、Choice 2001(国际选择酒店集团)、Global Ⅱ(洲际酒店集团)、MarshaⅢ(马里奥特集团)、Four Seasons(四季)等;

国内主要酒店预订网站:携程、艺龙、芒果、同程、乐途、途牛、去哪儿网等。

无论客人通过哪种预订方法,前厅部预订处决定是否能接受客人的预订时都应考虑如下因素:

1. 客人预订抵达的日期;

2. 客人所需要的房间种类;

3. 客人所需要的房间数量;

4. 客人将入住的天数;

5. 客人对房价以及其他项目的要求。

如果客人的要求与酒店的接待能力相符,便可以接受客人的预订。

知识链接

今夜酒店特价

"今夜酒店特价"是基于 Android 和 iOS 两大主流手机系统开发的即时性和服务性的优选酒店手机预订软件,针对用户在移动场景下的使用习惯来设计,提供从查询、预订到支付的"一站式"服务体验。

尤其是在夜间酒店预订上,"今夜特价酒店"能够提供具有前置优选和惊喜特惠两大优点,是目前国内最专业的基于位置定位服务和精准酒店预订服务功能的无线客户端。就好像面包房到晚上 6 点会把当天没卖完的面包半价清仓一样,合作的星级酒店会在晚上 6 点,将自己剩余的空房以很低的折扣放到"今夜酒店特价"平台上售卖。每晚 6 点后预定当天酒店剩房,只需要付白天网络预订价格的五折,四星级酒店仅需 300 元。消费者可以根据距离远近、星级、价格、酒店风格等个人喜好,方便地查找和预订这些特价房间,以接近经济型酒店的低廉价格享受更舒适的一夜。

　　"今夜酒店特价"是一个典型的移动互联网的应用 app,在现今的移动互联应用开发中应运而生,但它又不是普通的移动应用,准确的定义应该是 O2O 应用 app。它的两头分别联系着酒店和普通的旅客,酒店把当天晚上 6 点钟还卖不掉的剩房便宜卖给今夜特价酒店,今夜酒店特价平台再以正常预订价格 4—7 折的实惠价格卖给消费者。酒店盘活了本来会浪费掉的库存,消费者得到了高性价比的房间,今夜特价酒店则从中赚取差价或佣金,最终能够实现三方共赢。

　　目前该系统合作的酒店包括万豪、香格里拉、希尔顿、花园、凯宾斯基、万丽、锦江、丽兹卡尔顿、丽晶、喜达屋、凯悦、海逸、半岛、洲际、豪生、东方、维也纳、艾美、莱福士、开元、香港酒店、亚高、君悦、中国大酒店。

三、预订管理

(一) 预订确认管理

　　酒店在接受客人的预订要求以后,只要有足够的时间,都应对客人的预订进行确认。预订确认主要有口头确认(Verbal Form)和书面确认(Written Form)两种形式。口头确认一般通过电话确认,即将上一个工作流程所接受的预订,在与客人联系时予以认可和承诺。

　　如果条件允许,酒店一般向客人寄发或传真预订确认书,以书面形式与客人确认预订的各项内容。书面确认比较正式,实际上是酒店与客人之间达成协议的书面凭证,同时也在酒店与客人之间达成了某种书面协议。

　　预订确认的内容如下:

　　(1) 复述客人的订房要求;

　　(2) 与客人就房价和付款方式达成一致意见;

　　(3) 说明酒店有关取消预订的政策和规定;

（4）欢迎客人下榻并表示感谢。

知识链接

当前,随着智能手机的广泛使用,短信确认也成为酒店较常见的预订确认方法,不同酒店通过短信进行预订确认时,语言也有所不同。以下是苏州某酒店对客人订房的手机短信确认,供参考:"李小姐,您的预订是 11 月 1 日至 11 月 3 日,标准间为 1 间,房价为 480 元/双早。预订号:11102800016,房间保留到 18 时。苏州天气:16 ℃—20 ℃。酒店地址:苏州市人民路 288 号。电话:0512 - 8666×××。期待您的光临！交通:如果您是自驾车来,在沪宁高速路南出口下,往市区方向行驶至三香路左转即到。"

（二）超额预订管理

在酒店客房预订过程中,几乎每天都会有房间预订取消或未到（No Show)的情况发生,对于房间出租率很高的酒店来说是一种损失也是一种浪费。在当今竞争激烈的酒店市场环境下,酒店不可能要求客人在预订时都能给予担保,但可以通过一些措施来加强自我保护,最大限度地减少酒店的损失。

超额预订,即在尽量准确掌握当天客房退房数量的情况下适当提高预订率,使客房出租率预计超过 100%,以弥补因种种原因取消预订造成的损失。其目的在于充分利用客房,提高出租率。但超额预订应遵循一定的度的限制,以免出现因过度预订而使预订客人不能入住,或因预订不足而使客房闲置。这个度的把握是超额订房管理成功的关键。一般情况下,酒店把超额预订率控制在 5%—15%为宜。

（三）预订失误管理

客房预订中由于预订员订房信息记录不准确,信息未及时、准确地传递,房号过早告诉客人未能保留,以及房价未保密等原因可能会造成预订的失误。预订工作中的疏忽和失误将损害酒店的形象,使酒店蒙受经济损失。为此,酒店必须采取一定的预防措施,以减少预订工作的失误。如复述客人的订房要求并进行订房确认,及时处理预订变更或取消并进行审查制度等。

一旦出现预订失误,预订员应及时与客人联系,征询客人意见,尽可能挽回客源,维护酒店形象,将酒店经济损失降到最低点。

特别提示

《中国旅游酒店行业规范》中关于酒店预订的规范规定：

第四条　酒店应当与客人共同履行住宿合同,因不可抗力不能履行双方住宿合同的,任何一方均应当及时通知对方,双方另有约定的,按约定处理。

第五条　酒店由于出现超额预订而使预订客人不能入住的,酒店应当主动替客人安排本地同档次或高于本酒店档次的酒店入住,所产生的有关费用则由酒店承担。

第六条　酒店应当同团队、会议、长住客人签订住房合同。合同内容应当包括客人入住和离店的时间、房间等级与价格、餐饮价格、付款方式、违约责任等款项。

第五节　客户信息管理

导入案例

泰国东方酒店的魅力

在世界十大酒店之一的泰国东方酒店,你也许从未瞄过他们的服务员一眼,但他们却知道你是个有价值的老客户。他们会把你提升为头等客户,优先给你提供服务;楼层服务员在为你服务的时候叫出你的名字,餐厅服务员会问你是否会坐一年前你来的时候坐过的老位子,并且会问你是否需要一年前你点过的那份老菜单。当到了你的生日,你还可能收到一封他们寄给你的贺卡,并且告诉你,他们全酒店都十分想念你。

泰国的东方酒店堪称亚洲之最,几乎天天客满。不提前一个月预定是很难有入住机会的,而且客人大都来自西方发达国家。东方酒店的经营如此成功,是他们有特别的优势吗? 不是。是他们有新鲜独到的招术吗? 也不是。那么,他们究竟靠什么获得骄人的业绩呢?要找到答案,不妨先来看看一位姓余的老板入住东方酒店的经历。

余老板因生意经常去泰国,第一次下榻东方酒店就感觉很不错,第二次再入住时,楼层服务生恭敬地问道:"余先生是要用早餐吗?"余老板很奇怪,反问:"你怎么知道我姓余?"服务生说:"我们酒店规定,晚上要背熟所有客人的姓名。"这令余老板大吃一惊,因为他住过世界各地无数高级酒店,但这种情况还是第一次碰到。

余老板走进餐厅,服务小姐微笑着问:"余先生还要老位子吗?"余老板的惊讶再次升级,心想尽管不是第一次在这里吃饭,但最近的一次也有一年多了,难道这里的服务小姐记忆力那么好?看到他惊讶的样子,服务小姐主动解释说:"我刚刚查过电脑记录,您在去年的6月8日在靠近第二个窗口的位子上用过早餐。"余老板听后兴奋地说:"老位子!老位子!"小姐接着问:"老菜单,一个三明治,一杯咖啡,一个鸡蛋?"余老板已不再惊讶了,"老菜单,就要老菜单!"

后来,余老板有两年没有再到泰国去。在他生日的时候突然收到一封东方酒店发来的生日贺卡,并附了一封信,信上说东方酒店的全体员工十分想念他,希望能再次见到他。余老板当时激动得热泪盈眶,发誓再到泰国去,一定要住在"东方",并且要说服所有的朋友像他一样选择。

其实,东方酒店在经营上并没什么新招、高招、怪招,他们采取的仍然是惯用的传统办法:非常重视培养忠实的客户,并且通过对客户信息的广泛收集和不断更新,建立了一套完善的客户关系管理体系,对每一位宾客提供无微不至的人性化服务。

迄今为止,世界各国约20万人曾经入住过那里,用他们的话说,只要每年有十分之一的老顾客光顾酒店就会永远客满。这就是东方酒店成功的秘诀。

东方酒店的做法令人深思。在这个竞争激烈的年代,酒店如何赢得顾客的心,就在于对顾客需求的全面认识和主动满足,而这一切,都建立在准确、有效获取宾客信息的基础上。

一、客户信息管理的重要性

针对客人的不同需求信息,酒店通常会建立客史档案。客史档案是酒店了解客人,掌握客人的需求特点,从而为客人提供针性服务的重要途径,其主要是酒店对于消费客人的自然情况、消费行为、信用情况和特殊要求所做的历史记录,是酒店改善经营管理和提高服务质量的必要资料,也是酒店用来促进销售的重要工具。建立完善的客史档案管理可以帮酒店构筑良好的市场口碑,并在宾客心目中树立卓越的企业形象。

酒店对宾客信息进行收集、管理具有重要意义,主要体现在以下三个方面:

(1) 有利于酒店针对不同客人的需求提供"个性化服务",提高宾客满意度,如根据宾客基本信息了解客人的姓氏、特殊喜好等;

(2) 有利于酒店做好不同细分市场的营销,稳定客源群体,如酒店针对旅游团队、散客以及商务会议客人建立的客史档案,可以有效、清晰地划分出不同的市场偏好,进而有针对性地开展营销;

(3) 有助于提高酒店经营决策的科学性,根据宾客信息反馈,酒店管理层可以及时发现管理过程中的问题,从而进行过程控制,提升管理水平。

应用实例

客人无法找后账

在酒店如林的北京城,四星级的京伦酒店的综合效益指标在同行中总是能令人信服地跻身"第一集团军"内。例如 2000 年上半年北京市旅游局对直属企业的经营情况进行评估,京伦的资产利润率高居第二,人均创利占了第三位,利润率排名第四,销售指数名列第五。这些成绩来自何方?全店每个员工心里明白,来自高水平的管理、高质量的服务。京伦的管理真有自己的一套!齐全的各种文档记录档案就是一个很好的例子。

2000 年初,京伦酒店总经理室收到了一位黑龙江客人的投诉信,抱怨说他一年多以前他入住京伦,最后离店时收银处多收了他 40 元人民币。

总经理责成助理立即查明此事,并迅速办理。助理仔细阅读投诉信后心里很镇定,他对本酒店员工的责任心和工作能力深信不疑,对这位客人一年多后再来找后账,他心里并不发慌,因为酒店有完整的"信息库"。

助理调出一年多前酒店值班经理的值班日志,翻到该天的记录发现如下的一段话:1812 房黑龙江大庆×××客人在本店住三天,离店时服务员顾小妹发现房内地毯被香烟烧坏,经请示客房部陆经理后决定索赔40元,并记在客人账上。在这段话的后面那还附有一份该客人签过字的罚款收据。

事情经过已经十分清楚。助理立刻给这位客人去了回信,说明原委,并附上投诉者亲笔签名的收据的复印件,最后没有忘记感谢他去年来店下榻和对酒店服务质量的关心。

启示: 由此可见,客人"无法找后账"的原因就在于京伦酒店注重信息管理,各种齐全的文档记录保留了大量信息,不仅可以为经营决策提供参考,还可以避免一些不必要的麻烦与损失。

二、客户信息管理的方法及内容

(一)客户信息管理的方法

酒店前厅部可通过客人的预订单、登记单、消费账单、客人意见反馈记录、客人投诉记录以及其他部门的接待记录来收集客户信息,并对其进行分类、管理以建立不同形式的客史档案。

如:前厅预订处通过预订方式、渠道直接获得客户基本信息;前台对客部门员工通过留心观察、宾客要求、主动征询意见等途径获取宾客的习惯、爱好等特殊要求信息;前厅大堂副理通过客人投诉、信息反馈等了解酒店服务、管理过程中的各项问题。

特别提示

现代酒店大多采用电子客户档案,其使用具体体现在以下环节:

(1)宾客预订客房时查阅档案,可了解该客是否入住过,住过几次,是否有特殊服务要求及习惯爱好等情况;

(2)未经预订而直接到店的常客在入住登记时,可通过查询客史档案提供个性化服务;

(3)未经预订的宾客第一次入住,建立新的档案;

(4)酒店常客订房时,直接调用客史档案的相关信息;

(5)根据次日抵店名单,查阅客史档案,做好宾客抵店前的准备工作;

（6）预订过的宾客抵店，通过客史档案，快速办理入住登记手续；

（7）宾客更改订客内容或入住后调房，修订客史档案；

（8）宾客结账离店时，补充客史档案内容；

（9）宾客离店时，办理返回预订，调用客史档案；

（10）及时清理过期的客史档案。

（二）客户信息管理的内容

客户信息管理通常是将其分类整理划分，按内容可将酒店客史档案概括为以下几种：

1. 常规档案

包括入住客人的姓名、性别、年龄、出生日期、婚姻状况以及通讯地址、电话号码、公司名称、头衔等，收集这些资料有助于了解目标市场的基本情况，了解"谁是我们的客人"。

2. 预订档案

包括客人的订房方式、介绍人，订房的季节、月份和日期以及订房的类型等，掌握这些资料有助于酒店选择销售渠道，做好促销、分销工作。

3. 消费档案

包括包价类别、客人租用的房间、支付的房价、餐费以及在商品、娱乐等其他项目上的消费，客人的信用、账号，喜欢何种房间和酒店的哪些设施等，从而了解客人的消费水平、支付能力以及消费倾向、信用情况等。

4. 习俗、爱好档案

这是客史档案中最重要的部分，包括客人旅行的目的、爱好、生活习惯，宗教信仰和禁忌，住店期间要求的额外服务。了解这些资料有助于为客人提供有针对性的"个性化"服务。

5. 反馈意见档案

包括客人在住店期间的意见、建议，表扬和赞誉，投诉及处理结果等。

知识链接

以下是某酒店的客户信息（客史档案）记录卡：

客史档案卡

姓 名		性别		国籍	
出生日期		出生地点		身份证号	
护照签发日期及地点					
护照号		签证号及种类			
职业		头衔			
工作单位					
单位地址		家庭地址			
电话		电话			
最近一次住店房号		个人信用卡号			
最近一次住店日期		VIP卡号			
房租		总入住次数			
消费累计		其他			
习俗爱好、特殊要求：					
表扬、投诉及处理：					

（三）客户信息管理注意点

1. 信息更新管理

酒店客户信息的补充、更新与管理需要前厅部与其他部门高度重视，保持同步，并且各部门之间信息要互动反馈，建立酒店内部共享的信息平台。

如酒店前厅部负责酒店总体客史档案的补充、更新与管理，餐饮部负责餐饮档案的补充、更新与管理，营销部每月对老客户以及新开发的客户进行回访、反馈。

酒店前厅部要定时与各部门协调、沟通，进行客史档案动态转换与维护，并做好信息的统计与分析。

2. 信息记录管理

前厅部在信息记录时,应仔细核对宾客基本信息、特殊喜好,确保准确性、及时性,尤其要对重点宾客的信息进行审核、检查,为个性化服务提供有效的信息保障。为此,前厅部应建立完善的信息输入操作规范,并对工作人员进行严格培训,确保信息输入的准确性。

3. 信息保密管理

酒店的客史档案是酒店的主要信息资料,涉及住店客人的隐私,从安全方面考虑,酒店应严格遵守保密制度,不应向无关人员或外界泄露客史档案中的任何内容。

应用实例

某天,两位外宾来到某酒店前厅部,要求协助查找一位叫柏特森的美国客人,想知道他是否在此下榻,并想尽快见到他。接待员立即进行查询,果然有位叫柏特森的先生。接待员于是接通客人房间电话,但长时间没有应答。接待员便告诉来访客人,确有这位先生住宿本店,但此刻不在房间,也没有他的留言,请来访者在大堂休息等候或另行约定。

这两位来访者对接待员的答复不太满意,并一再说明他们与柏特森先生是相识多年的朋友,要求接待员告诉他柏特森的房间号码。接待员和颜悦色地向他们解释:"为了住店客人的安全,本店立有规定,在未征得住店客人同意之前,不便将房号告诉他人。两位先生远道而来。正巧柏特森先生不在房间,建议您可以给柏特森先生留言,或随时与我们联系,我们乐意随时为您服务。"

来访客人听了接待员这一席话,便写了一封信留下来。

晚上,柏特森先生回到酒店,接待员将来访者留下的信交给他,并说明为安全起见和不打扰他休息的原因,接待员没有将房号告诉来访者,敬请他原谅。柏特森先生当即表示予以理解,并表示这条规定有助于维护住店客人的权益,值得赞赏。

启示:"为住店客人保密"是酒店的原则,该例中,这位接待员始终礼貌待客,耐心向来访者解释,并及时提出合理建议。由于解释中肯、态度和蔼,来访者提不出异议,倒对酒店严格的管理留下深刻印象。从这个意义上讲,维护住店客人的切身利益,以安全为重,注重客人信息的保密性管理,使客人放心,正是酒店的一种无形的特殊服务。

知识链接

携程"神秘酒店"升级上市

近日,携程旅行网针对特价酒店产品市场,打出一组漂亮的组合拳,继5月初酒店团购火热推出后,"神秘酒店"也升级上市。携程在特价酒店产品市场的布局已经基本完成。

"神秘酒店"一举三得

据了解,"神秘酒店"是一种全新的酒店预订和销售模式——携程推出大批高性价比品牌酒店,以不公开酒店名称的方式、不可思议的超低折扣价,接受客人预订。

"神秘酒店"的卖点是以超值价格享受品牌酒店优质服务,让客人感受到"神秘酒店"带来的惊喜:首先,"神秘酒店"一般是非常优质的品牌酒店,其中、高星级酒店居多;其次,"神秘酒店"价格超低,平均仅为正常预订价的四至六折。在预订成功前,客人并不知道酒店具体名称和地址,携程会提供酒店区域、星级、携程用户评级等线索帮助客人选择酒店。当客人成功预订后,携程将通过各种方式将酒店真实名称告诉客人。

据悉,携程在2010年底就已经以活动形式推出过神秘特价房,广受客人追捧。神秘酒店是神秘特价房的升级版本,升级后系统更稳定、神秘酒店的数量也更多,目前已经有超过500多家中高档酒店。

全面布局特价酒店市场

携程酒店新业务负责人施聿峥透露,神秘酒店升级上市后,加上酒店团购产品"马上团"和"马上订",携程在特价酒店产品市场上的布局已经基本完成。

据悉,"马上团"是普通形式团购,"马上订"是携程独创的团购服务,一人成团,团购成功后就能立刻预订房间。

"携程将通过不同产品的组合满足价格敏感型的休闲客人对特价酒店

产品的需求,"施聿尚表示,"马上团"适用于那些希望低价住酒店、时间要求更灵活些的客人,"马上订"适合期望低价住酒店且确定入住日期的客人,"神秘特价房"则以模糊预订的方式满足客人特价入品牌酒店的需求。

相比 OTA(Online Travel Agency)预订,这些特价酒店产品的价格都大大低于普通的酒店预订价格。客人选择"马上团"、"马上订"、"神秘酒店"这些特价酒店产品的同时也放弃了一些不同的权益,相应为"立刻确认房间"、"灵活变更"、"知道酒店名称"等。

课后思考题

1. 酒店前厅的基本组织结构是怎样的?
2. 简述酒店前厅的工作要求和内容。
3. 如何做好酒店前厅的入住接待工作?
4. 酒店前厅收银服务应遵循怎样的原则?
5. 如何对酒店前厅收银服务进行有效管理?
6. 介绍酒店前厅预订的方法及程序。
7. 为什么酒店前厅要对客户信息进行管理?
8. 酒店如何对客户信息进行管理?

实训练习题

1. 选择你所在城市的几家不同规模的星级酒店,实地去参观、考察酒店的前厅部,了解其主要的工作岗位和工作内容。

2. 浏览某酒店网站,进行模拟网络预订,并在一段时间后取消该预订。然后谈谈你对网络预订方式的心得体会。

3. 根据本章所学知识,制订出一份常规的酒店客史档案记录表。

第四章　客房管理

本章教学要点

1. 熟悉酒店的组织结构特点；客房部的工作任务。
2. 熟悉酒店管理要求，服务重量管理。
3. 熟悉酒店安全管理内容和要点。
4. 熟悉客房部物品管理的基本内容、管理要求。
5. 熟悉客房清洁卫生工作的基本内容、方法及要求。
6. 熟悉客房部特殊服务的内容及特点。

导入案例

　　10月11日晚21点左右，8209客人打电话到前台说："你们的服务是怎么搞的？矿泉水没给我送，牙刷少一个。"当班接待员说："很抱歉，先生，我们马上派服务员给您补上，你稍等。"客人很不高兴地说到："你光道歉有什么用，马上给我送过来。"随即挂断电话。当班接待员立即打电话到台班说明情况。

　　分析：我们的企业精神是以情服务，用心做事，我们在给客人提供个性化、亲情化服务是建立在满足其物质需求和精神需求的基础上的一种升华，如果说连客人最基本的必需品都满足不了，又何谈用心做事呢。再有就是当班服务员的责任，在为客人清理房间的时候这些东西都是应该备的，应该备却没有备，很简单的一点就造成了顾客的不满，我们所做的努力就全白费了，这就是100-1=0的道理。另一方面，我们常讲：细节、细节还是细节；检查、检查还是检查。员工干工作的同时要注意细节问题，而管理者在检查工作的同时更要注重细节。管理的一半是检查，没有检查的管理那就是畸形的管理，是管理的另一大缺陷。所以说无论我们做任何事情,不管对谁来说,都不能偷工减料、任意省略。换一个角度思考,假如自己是客人,在住酒店的时候要什么没什么,连最基本的东西都没有,那你会是什么样的感觉。在工作当中还要加强换位思考的意识,时刻把客人的利益摆在第一位。

(资料来源:职业餐饮网 jiudian.canyin168.com/)

第一节 客房的组织结构及工作任务

一、客房的组织结构特色

组织管理学家巴克斯克说过:"领导的职责就在于成功地设计出一种组织,并委派最恰当的人选,然后致力于按照组织原则促使大家去达到目标。"客房组织运转体系建设是客房经营管理的重要方面。客房的规模档次、数量和经营方式决定客房部组织机构的规模、形式和内部结构。

常见的客房服务模式为楼层服务台式和客房服务中心式。楼层服务台式的组织结构指酒店客房部在靠近楼梯口或者电梯口的位置设置为住店客人提供入住服务的服务台。

楼层服务台式的结构常见于规模较小的酒店,其主要的特征是楼层服务台的服务值班人员加强了客房部与住店客人的交流,可以便捷地提供一对一的针对性服务;同时,楼层服务台的设置有利于酒店安保工作的开展,利于酒店及时准确地掌握酒店房态信息,为前厅部的工作提供准确的房态信息。

这种结构模式正在被现代酒店淘汰,主要原因在于:

(1) 人力资源的浪费。楼层服务员要三班倒,每一班有两个人的话就需要六名服务人员。

(2) 管理难度大。每层设有楼层服务台,管理点分散,不利于酒店客房的统一管理。

(3) 沟通过于透明化。楼层服务台的位置,容易造成顾客的不安全感,其隐私得不到有效的保护。

(4) 监管难度大。楼层值班的服务人员由于得不到有效的监督,工作效率较低,造成人力资源的浪费。

因此,该酒店客房组织管理模式无法适应现代酒店快速高效发展的需要,逐步被淘汰。

客房服务中心组织模式为现代酒店客房管理的主导模式,建立在信息产业高速发达的现代社会,主要通过电话形式为酒店的客人提供细致周到的服务。

客房服务中心的组织结构模式减少人力资源的编制,节省了人力成本,保证客房楼层的安静,保障了顾客的隐私安全。同时对于酒店的管理来说,利于整体服务人员的调度和监管;保障客房管理信息的畅通,为酒店客房的整体运作提高效率。

该模式在实际操作过程中也存在着缺陷,主要体现在以下几个方面:

(1)硬件设施要求较高。客房服务中心一般需要为服务人员配备对讲设备,需要酒店备有呼叫系统、电话系统和楼层的监控系统。这些设备依赖于高科技信息的投入,成本较高。

(2)服务人员的素质要求高。房务中心的服务人员需要训练有素的高素质队伍,且需要团队合作精神,否则影响整体的服务质量。

(3)客人安全难以保证。酒店的内外安全依靠监控设备难以做到万无一失,况且容易被不法分子破环,影响住店客人的安全性。

(4)服务缺乏人情味。由于不是一对一的服务,该模式使得服务不具有直接性,缺乏人性化的服务。客人对服务人员的信赖度受到影响。

(5)需求不能及时得到满足。由于服务往往通过电话来完成,服务人员不能及时主动发现顾客需求,不能提供及时服务。

二、客房管理的任务

(一)保证客房产品科学、有效的产出

1. 客房清洁卫生的管理

美国拉斯维加斯 MGM 大酒店的一位客房部经理曾经说过:"客房是酒店的心脏。除非酒店的装修完好、空气新鲜、家具一尘不染,否则你将无法使游客再次光顾。"因此客房的清洁卫生工作作为酒店管理工作的基础性内容,酒店要围绕着这项工作制订一系列的标准与规程和严格的管理制度。

2. 酒店的设备设施维护保养,保证客房正常、高效运转

酒店要制定酒店设备设施的维修更新制度,保证客房内的任何设备设施都有一定的使用期,并能保证定期的维修与更新。设备设施的维护保养是一项常规性的工作,为酒店客房产品的高效产出提供保障。

（二）为顾客提供热情、周到、细致入微的服务

1. 客房服务质量管理

服务质量是酒店的生命线，直接关系到酒店的声誉、客源和经济效益。优质酒店服务质量是一种无形的广告，可以吸引成千上万旅游者。"酒店出售的商品只有一种，那就是服务。"酒店必须以服务质量为生命线，实施服务质量的管理与控制。因此，酒店要提高客房部员工的服务意识，制定客房部员工的服务质量标准，并做好监督工作。

2. 客房部人力资源管理

客房部人力资源管理就是运用科学的方法吸引和保存优秀的员工队伍，发挥员工的潜力，提升员工的管理意识，提高客房部的劳动效率。客房部人力资源管理包括员工的招聘、员工的培训、员工的评估以及员工的激励等。

案例分析

如何提供满意服务

7月9日晚，服务员清理8236房间时把所有的垃圾都收走了。晚22:02分张先生回房间后反映，他花费了好长时间才收藏的一可口可乐瓶子被我们当垃圾收走了，引起了张先生的极度不满。事后我们向客人道了歉，主管李世辉去垃圾站找回收藏品，并和总值班王经理一同送到客人房间，再次向客人赔礼道歉，并做了升值服务，以消除顾客不满。

在对客服务中我们不仅要将房间打扫干净，给客人创造一个整洁、干净的住宿环境，我们还要给客人以享受，这就包括心理上的享受，除了整理好房间之外，还要给客人营造一种气氛，就是家的感觉，这就靠我们的用心，在工作过程中我们要注意客人一切，包括喜好、习惯，比如说可乐瓶子，大家都知道8236房间里多日来放着许多可乐瓶子，种类还不一样，我们就应该多注意一下，为什么会出现这种情况，如果说我们早就注意到这一个特殊的信息的话，我想我们如果细心的话肯定可以知道客人这一爱好，并会多注意，更不用说去扔掉客人辛辛苦苦攒的东西了。

（三）客房的安全管理

客人对于客房入住的洁净舒适、热情周到的服务都是以安全为前提的。

客人入住酒店后客房是其留存时间最长并存放财务的场所,因此客房的安全是客人最为关心的话题。

客房的安全管理包括两层意思:第一,客人的人身、财产安全和心理安全;第二,酒店的安全,主要是指酒店有没有采取措施杜绝不安全的隐患,比如电源插头的损坏、电线的裸露、浴缸的防滑措施、房间的钥匙等,这些都是可能在一定的时间和条件下引发危险的因素,必须及早排除。

客房安全管理要求酒店做到以下几点:

1. 有相应的管理制度

如来访登记制度、跟房检查制度以及入住验证制度等。

2. 做好安全设施的配备

如安全报警系统、电视监控系统、消防监控系统、通讯联络系统等。

3. 做好防火、防盗的管理工作

加强对于员工的防范意识教育工作,必要的时候进行防火演练,提高员工识别房客的能力,最大限度地降低酒店客人被盗的发生。

(四) 客房设备用品的管理

1. 客房设备用品的采购工作

客房部门要根据客房物品的消耗制订客房设备用品的采购计划以及设备用品的管理制度。

2. 完成客房布草和员工服装的清洗保管工作

客房部承担整个酒店布草的清洗工作,布草的使用和清洗关系到酒店客房部产品的整体质量。客房部应根据酒店客人入住情况进行有效的管理,在布草的清洗时要倡导环保与节约的理念。

(五) 做好与其他部门的协调工作

客房是酒店产品的主要组成部分,但没有酒店其他部门的配合与支持将无法保证产品具备让客人满意的质量,因此客房部与其他部门的配合是保障酒店产品高质量的有效途径。

主要包括:客房部与前厅部的沟通以保障最快的客人入住信息,与工程部的沟通以保障客房设备设施的顺利运转,与餐饮的沟通、与采购部的沟通、与财务部的沟通、与销售部的沟通以及以人力资源部的沟通等来实现酒店产品的完整和高品质。

第二节 客房常规管理

一、客房常规管理的含义

客房常规服务是指酒店向入住客人提供的普遍的、重复的、有规律的日常服务工作,是向客人承诺的并在客房服务项目中明文规定的服务。常规服务已是一种标准服务,它满足了客人的基本普遍的需求,但因为客人的需求千变万化,所以还需要灵活应变的个性服务才能满足客人的合理、特殊需求。

二、客房常规管理的内容

1. 迎客服务的管理

(1) 保证客房与前厅部信息的畅通,能够及时了解入住客人的详细情况,及时做好迎客准备工作。

(2) 做好检查和监督工作,对即将入住的客房按照顾客的需求进行布置和检查。

(3) 制定客房服务人员的迎接服务标准。

2. 住客服务的管理

(1) 常规清洁服务。根据酒店的实际情况制定科学的清洁工作规范、程序和检查制度。

(2) 叫醒服务。目前酒店一般采用的是电脑叫醒,这样可以保证叫醒工作的高效并节约人力资源。如果采用人工叫醒的话要保证叫醒的方式容易让住店客人接受。

(3) 洗衣服务。该项服务一般是收费的服务内容,保证服务人员按照顾客的需求完成洗衣服务,并及时归还客人衣物。

(4) 会客服务。根据客人的要求布置会客的场所,及时提供相应的服务。

会客服务

（5）会议服务。及时将会议的相关要求进行落实准备，并提供相应的会务服务。在会议结束后完成退场和清理会场工作。

3. 送客服务的管理

（1）制定送客服务的标准，要求客房服务人员严格按照工作标准进行服务。

（2）与前厅部做好信息的沟通，保证客人退房的顺畅性。

（3）检查客人的房间，保证酒店设备和用品的完好，同时检查客人是否遗留自身的物品。

第三节　客房物品管理

一、客房物品管理的含义

客房物品的管理主要包含两层意思：一是客房设备与用品的管理，包括客房物品的选择与采购、使用与保养、储存与保管工作；二是客房部门监管和控制工作，包括客房物品使用计划的制订、使用过程的控制与监管工作。

二、客房物品管理的任务和内容

1. 客房设备的选择标准

（1）适应性。适应性是指客房设备要适应客人需要，适应酒店等级，与客房的格调一致，造型美观，款式新颖。

（2）方便性。方便性是指客房设备的使用方便灵活，简单易操作，同时易于维修保养、工作效率高。

（3）节能性。节能性是指能源利用的性能。随着能源的日益紧张，人们节能意识也逐渐加强。酒店用电、用水量都比较大，节水、节电成了大家比较关心的问题。在选择设备时，应该选择节能设备。

（4）安全性。安全是酒店客人的基本要求。在选择客房设备时要考虑是否具有安全可靠的特性和装有防止事故发生的各种装置，商家有无售后服务也是设备安全的重要保证。

（5）成套性。成套性是指各种设备的配套，以保持各种设备的一致性和外观的协调性。

（6）可发展性。为了配合新时代商务旅客对酒店服务的需要，酒店在选购设备时要综合考虑其设备的经济性和发展性。

2. 客房设备的管理

（1）编制客房物品与设备采购计划。

（2）做好设施设备的审查、领用和登记编号工作。

（3）分级归口管理。

（4）做好客房物品与设备的日常保管和使用。

（5）建立设备档案。

（6）及时做好客房物品与设备听补充和更新工作。

3. 客房日常消耗品的管理

客房用品的日常管理主要包括以下几个方面：

（1）制定日常消耗品申领单，控制人为的流失（如表4-1所示）。

表4-1　日常消耗品申领单

楼层：_____　　　日期_____

	申领数	实发数		申领数	实发数
普通信笺			火柴		
航空信笺			水杯		
普通信封			小香皂		
航空信封			烟缸		
明信片			圆珠笔		
门后指示图			服务指南		
便笺纸			门把菜单		
宾客意见书			干洗单		
住客预订表			湿洗单		
小酒吧账单			垃圾袋		
大香皂			浴帽		
卫生纸			浴液		
面巾纸			鞋刷		

（2）形成每日统计制度，楼层领班要对每日的日常消耗品进行申领与使用的汇总工作。

（3）定期分析，建立定期分析制度，每隔一个月、一季度、一年度进行相应的分析总结。

案例分析

客房物品被客人损坏以后

K酒店是一家四星级酒店,始终坚持"员工第一,宾客至上"的原则进行管理,赢得了社会和客人的好评。某日,第12层服务员上午9时在例行房间检查时,发现1208结账房有很多物品被客人损坏,迷你吧罐装饮料都倒放在写字台上(饮料并未使用),几个木质衣架金属部分变成了扭曲状,墙纸有明显刀伤,地毯有一片污迹,窗户玻璃角部有裂迹,写字台一角被砍掉。服务员发现以后主动报告了领班,大堂经理、保卫部经理和驻店经理迅速赶到了现场,不用说,这是一起人为事件,但客人已结账离开酒店。经查知道这是一旅游团队的客人,他们是乘11点钟的飞机,此时客人还停留在飞机场。酒店决定要迅速赶到机场找到客人进行交涉。为了证据确凿,保卫部人员用相机对损坏现场进行了拍照,驻店经理协同客房部经理和保卫部人员一起携带拍好的10几张照片驱车赶到了飞机场,在飞机场大厅里找到了这批客人。为了不惊扰其他客人,客房部经理把领队约到一个角落,向领队说明来意,领队感到很惊讶,表示不可能发生这种事情。为了让领队确信事实存在向他出示了照片,希望领队协助调查。原来这间客房住着两名14岁左右的美国孩子,由于调皮,做出了上述事情。领队住在另一个房间,并不知道发生的事件。为了保护酒店财产不受损失,酒店向美国客人提出赔偿要求,赔偿金额为400美元。美国客人接受了赔偿,酒店的利益没有受到损失。

思考并回答:

1. 问题是什么? 如何加强预离客的控制?
2. 客房部在制定赔偿金额时,要考虑哪些因素?

第四节　客房清洁服务管理

一、客房清洁卫生的标准和要求

客房清洁卫生应做到"七无"、"六洁"、"两消毒"、"一干净"。

1. 七无

无六害、无积尘、无杂物、无异味、无蛛网、无污渍、无不卫生死角。

2. 六洁

室内外环境清洁,床上用品清洁,家具设备清洁,卫生间清洁,工作间、储物室、行李室清洁,职工工作服清洁。

3. 两消毒

茶具饮具消毒、卫生间洁具消毒。

4. 一干净

员工个人卫生干净。

二、客房清洁服务的内容和方法

(一) 客房的日常清洁

(1) 确定科学的清洁工作规范和程序(如图 4-1 所示)。

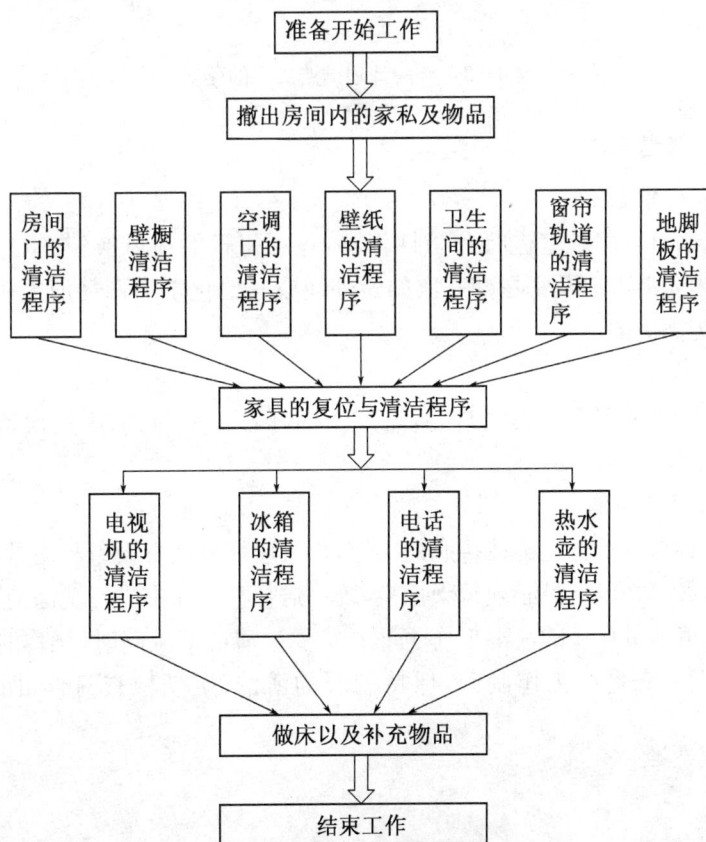

图 4-1　酒店客房日常清洁服务标准

（2）制定客房日常清洁检查的程序和标准。客房的清洁卫生质量与酒店的清洁标准和检查制度的制定密切相关,这些标准的贯彻执行也非常关键。

(二)计划清洁

客房的计划清洁是指在日常整理客房的清洁卫生的基础上,拟订周期性的清洁计划,采取定期循环的方式,对客房中平时不易做到或无法彻底清理的项目进行清洁,例如地板打蜡、地毯吸尘、擦窗、家具除尘及打蜡、清扫墙面、卫生间清洁消毒等。

具体的操作流程如图 4-2 所示。

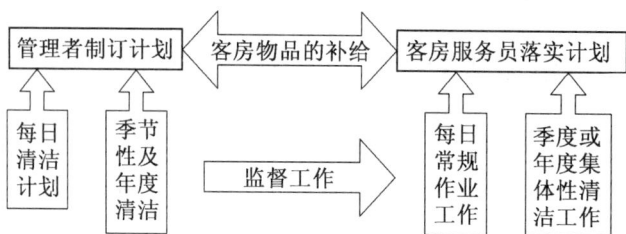

图 4-2　客房计划清洁工作的落实

(三)消毒工作

1. 客房卧室

要定期对客房卧室进行预防性消毒,包括每日的通风换气、室外日光消毒、室内采光消毒以及每星期一次的紫外线或其他化学消毒剂消灭病菌和虫害,防止传播病菌。

2. 卫生间

卫生间要做到天天彻底打扫,定期消毒,因为卫生间的用具设备极易污染,消毒工作尤其重要。

3. 茶水具与酒具

茶水具与酒具也是传播疾病的渠道,楼层应配备消毒设备与用具,以便进行杯具消毒。客房杯具必须每天撤换,统一送杯具洗涤室进行洗涤消毒。

客房清洁员自身的消毒工作也非常重要。清洁卫生间时,操作时要戴胶皮手套,上下班更换工作制服,保持制服的清洁;定期检查身体,防止疾病感染。

第五节　客房特殊服务管理

一、客房特殊服务的含义

客房特殊服务是指酒店为了满足顾客的正当的特殊要求,在财务和经营条件允许的情况下,为顾客提供的常规服务内容外的个性化服务。

顾客需求的多样性决定了客房特殊服务的多样性。特殊服务的范围十分广泛,大到专为商务旅客设立的商务楼层,小到客房部经理赠送给客人的生日贺卡,甚至一句带有客人姓名的问候,都属特殊服务范畴。

二、客房特殊服务的形式

(一) 服务设施多样性,满足不同客人对于特殊客房的需求

1. 商务楼层

商务客人已成为现代酒店的重要客源。为满足商务客人的需要,香港希尔顿酒店早在 1986 年就在其 26 层的酒店里,辟出了三个楼层为"公务旅客专用楼层"。楼层里设有大型休息室,有多种当地和国际的商业杂志与报纸供旅客阅读,还免费提供早餐、午茶和鸡尾酒;单独的接待处可为商务旅客快速办理住店和退房手续;楼层服务员还可代客购票,代约时间洽谈业务,以及提供整理行李、免费擦皮鞋等服务项目,深受商务客人欢迎。

2. 女子客房

随着从事公务的女性客人与日俱增,世界各地已有些酒店专门开设了女子客房。客房里的灯光、色调、设备都从女子的爱好与实际生活需要出发。穿衣化妆镜、化妆用品用具、挂裙架、卷发器、针线包和其他妇女专用卫生用品以及妇女杂志一应俱全。从女子最敏感的安全考虑,房间号码对外严格保密,不经客人同意外来电话不随意接进。凡此种种充分考虑女士特殊需求与爱好,深得女性住店客人的赞赏。

案例分析

女子客房能否住男性客人

某酒店今天住客特别多,到晚上9点时,几乎所有客房都有住客或被预定,这时,从酒店大门走进一位男性客人,大家都认识的本酒店的VIP顾客××制药公司的张总,要求安排一间客房,前台服务员很为难,因为到现在为止,除了一间女性客房没有出租外,其他客房都出租了,怎么办?

3. 无烟客房

吸烟有害健康,为顾客健康和环保着想,一些酒店开设了无烟客房和无烟楼层。例如,伦敦公园路希尔顿酒店把无烟楼层称为"洁净空气区"。在客房内明显位置摆放敬告房客及来访者不要吸烟的告示卡;通常置放烟缸的地方摆上一盘糖果,盘中附条提醒客人这是无烟客房。酒店还要求装修工人不得在现场吸烟,规定客房服务员不可吸烟。无烟客房的设立方便了不吸烟的客人,又不得罪吸烟的客人,值得借鉴。

(二) 针对特殊客人或者客人的特殊要求,在合理可能的原则下满足特殊对客服务

1. 病客服务

为患病的宾客提供病客服务,给予宾客必要的关怀和照料,具体如下:

(1) 发现住客生病应表示关怀,礼貌询问病情及宾客要求。

(2) 根据宾客病情轻重进行处理。如果宾客病情不严重,可请宾客到酒店医务室进行治疗;若宾客病情严重,则应立即将宾客送至医院进行救治。需要注意的是,未经专门训练的员工,不得随意搬动宾客,应立即请示上级或联系医务室。

2. 残疾宾客服务

负责残疾人客房服务的服务员,应根据其岗位的工作流程及要求,接受专业化培训,例如有关残疾人心理方面的知识培训、手语培训、残疾人的生活起居特点等知识的培训。

酒店应根据不同的残疾宾客,制定具有针对性的服务项目规程及规范。在接待残疾宾客时要注意言行得体,设身处地地为宾客着想,应尽量避免因用

语不当、举止不当对宾客带来的伤害。受过专业培训客房的服务员,能够运用娴熟的服务技巧,确保服务效力。客房服务员应注意尊重及保护残疾宾客的隐私,不能随意向他人泄露任何关于宾客残障的信息。

3. 托婴服务

托婴服务是为外出的住客提供短时间的照管婴幼儿童的有偿服务,酒店对提供服务的人员进行专业的保育知识培训以便满足住店客人的托婴申请。看护的服务人员必须具备一定的保育知识,严格按照宾客的要求照看,确保婴幼儿安全。这项服务往往属于收费服务。

课后思考题

1. 酒店客房组织结构有何特点?
2. 如何做好客房物品管理。
3. 酒店客房服务质量管理的要点?
4. 酒店客房安全要做好哪些?
5. 酒店客房特殊服务有几方面?
6. 酒店客房清扫标准有哪些?

实训练习题

全班同学开展一次特色做床比赛,看一看谁最好。

第五章　餐饮管理

本章教学要点

1. 掌握餐饮部组织结构设置的原则和依据。
2. 了解餐饮部的地位及作用。
3. 了解餐饮部的分工职能。
4. 掌握餐饮部采购及仓储管理的内容。
5. 了解餐饮部的管理特点。
6. 掌握餐饮部管理的要求。
7. 了解餐饮部的管理趋势。

导入案例

　　夏日中午,酒店宴会大厅正在举行欢迎记者午宴,百余名客人在互相交谈,舒缓的背景音乐响起。这时,一位男侍应生手托饮料盘向客人走来,一不小心,托盘上的饮料翻倒,全部洒在邻近的一位小姐身上,小姐被这突如其来的事情吓得发出了一声尖叫:"啊呀!"响声惊动了百余名客人,大家目光一齐投向这位小姐,客人身上被淋湿。这样的场合发生这样的事情,年轻的小姐显得无比尴尬。那位服务员手足无措,脸色煞白。

　　这时,公关部沈经理和杨小姐一前一后从宴会大厅不同的方向向客人走来。沈经理对站立在一边的服务员说道:"请尽快把翻倒在地毯上的饮料和杯子收拾干净。"同时对客人说:"小姐,请先随我来。"说着与小杨一起一前一后用身体为女记者遮挡着走出了宴会厅。沈经理对客人说:"小姐,对不起,发生这样的事是我们服务上的失误,请多多原谅。"客人从尴尬到气愤,抱怨不停:"你们是怎么搞的,我的衣服被弄湿了,叫我还怎么出去啊?"又道:"我第一次到你们酒店来就碰上这样的事,真倒霉。"

沈经理一面安慰客人,一面把客人带到一间空客房内:"小姐,请先洗个澡,告诉我们你的内衣尺寸,我们马上派人去取。"小姐走进浴室;沈经理到客房部借了一套干净的酒店制服;小杨把客人的衣服送到洗衣房快洗。很快,衣服取来了,客人换上了酒店的衣服,沈经理对客人说:"您的衣服我们送去快洗了,很快就会取来,我们先去用餐吧!"说着陪同客人一起到一楼餐厅单独用餐。

客人渐渐平静了,一面用餐一面与沈经理闲聊起来。

得知这件事的总经理也特意赶到一楼餐厅,对正在用餐的客人道歉:"小姐,我代表酒店向你道歉,我们的服务质量不高……"。

客人被总经理的诚意打动了,笑道:"你看,我都成了您酒店的员工了。"说着指指身上的酒店制服。

用完餐,客人回到客房,看到自己的衣服已经洗净熨好送来了,换上自己的衣服后,她满面笑容地对沈经理道谢。

"谢谢你们。虽然碰到不愉快的事,但你们入微的关怀、快捷利落的措施、妥善的安排却令人愉快,你们的真情和诚意更令人难忘。"

第一节 餐饮部的组织结构及分工职能

一、餐饮部的组织结构

组织管理学家巴克斯克先生指出:领导的职责就在于成功地设计一种组织,并委派最恰当的人选,然后致力于按照组织原则促使大家去达到目标。

为保证餐饮业务活动的顺利开展并达到预期的管理目标,就必须建立科学的组织结构,明确餐饮管理的职能。熟悉并掌握餐饮企业的组织结构有助于所有餐饮人员明确自己在企业中的位置,以便更好地沟通与协调。餐饮企业的组织结构因规模、等级、服务内容、服务方式、管理模式等方面的不同而不同。

1. 组织结构设置的原则

(1) 效率原则

餐饮部组织结构的建立目的是更加高效地完成酒店分配的业务,同时便于部门、职员间的工作沟通,以提高部门的生产效率和盈利水平。因此,效率原则是餐饮部组织结构设置的基本原则。

要做到效率原则,餐饮部在进行组织结构设计时应注意以下几点:

① 管理跨度。管理跨度是指一名上级领导直接有效地领导下属的可能人数。超过一定限度,就会降低管理效率。餐饮企业管理跨度一般为5—12人。管理跨度和与之相关的权利分配也是影响餐饮部组织设计的因素,对餐饮部的执行效率有重要影响。管理跨度小意味着直接下属少,也意味着工作负荷量较小,效率相应增高,但管理跨度太小则会增加人力资源成本;跨度太大则相反。管理跨度的宽窄需考虑的因素:下属人员的培训;授权的明确程度;工作的标准化程度;信息沟通技术。

② 岗位的科学设置。组织结构应越简单越好。组织结构过于复杂会导致效率下降和官僚主义。所以,组织机构的规模、形式和内部机构必须在业务需要的前提下,将人员精简到最低限度,用最少的人力去完成任务。精简的目的是减少内耗,提高效率,要做到不因人设岗、不设可有可无的岗位。

③ 尽量减少管理层级,加快信息传递。管理层级过多意味着命令和汇报渠道的延长,这样就会降低信息的传递速度,也会使工作效率降低。

(2)授权明确原则

管理者在给下级授权时,必须明确规定下级的职责范围和权限,并将职责范围和权限具体列在岗位描述中。授权虽然体现了一种领导风格,但为了达到酒店经营目标,授权者必须考虑组织机构的大小和特点,进行适度的分权,将要完成目标所需要的职权全部授予相关部门以使执行部门能按要求完成相应的经营任务。组织结构的等级层次合理,各级管理人员的责任明确,权利大小能够保证所承担任务的顺利完成,责权分配不影响各级管理人员之间的协调配合。

(3)授权完整原则

授权完整原则是指为达到企业经营目标所必须具备的每一种功能必须委派给一定的个人或部门。无论酒店规模的大小,采购、仓库、加工、生产、服务、会计、工程、保安、人力资源等都是必不可少的功能。所不同的是,在大的组织中,这些工作是由不同的部门来完成的,而在小的组织中,这些工作是由不同的个人来完成,甚至一个人完成几项不同的工作。

(4)权责对等原则

权利是责任的保证,责任是权利的基础。责任和权利不相适应,管理人员就无法正常地从事各项管理工作。责权对等原则要求各级管理人员的责任明确,权力大小能够保证所承担任务的顺利完成。权责分配不影响各级管理人员之间的协调与配合,也就是说,有权必有责,有责必有权。只有权责对等,餐饮管理人员才能正常地从事各项管理工作。

2. 组织结构设置的依据

(1)餐厅类型的多少:餐厅类型越多,专业化分工越细,部门及其内部人员越多,组织机构的规模越大。例如,大型酒店的餐饮部一般都设有中餐厅、西餐厅、咖啡厅、宴会厅、自助餐厅等各种类型的餐厅。相反,小型酒店餐厅较少,组织结构的规模必然较小,组织结构的具体形式也必然各不相同。

(2)餐厅接待能力的大小:餐厅接待能力是由其座位多少决定的。餐厅座位越多,规模越大,用人越多;与此相适应,厨房规模也越大;反之,餐厅座位少,组织机构的规模也相应较小。餐饮组织机构的规模和形式必须和餐厅接待能力相适应。

(3)餐饮经营的专业化程度:餐饮业主要有酒店宾馆和社会餐厅、餐馆两种类型,二者的具体组织形式也必然各不相同。酒店宾馆是一种综合性服务行业,其中的餐饮部门不是一个独立的企业,而是其组织结构的一部分,餐饮管理中所需要的工程、财务、安全、培训、人事劳动等管理工作由企业职能管理部门承担。因此,餐饮管理组织结构的规模可以相对较小。餐馆、酒家等都是独立的企业,需要建立全套组织结构,在餐厅接待能力相同的条件下,组织结构的规模则相对较大。

(4)餐饮经营市场环境:不同地区、不同企业、不同时期的餐饮经营的市场环境不同。处于卖方市场条件下的企业市场环境好,用餐客人多,餐厅座位周转快,用人相对较多,而处于买方市场条件下的企业情况则相反。因此,餐饮管理组织结构的规模和形式会随着市场环境的变化而调整。

3. 不同规模酒店的餐饮部组织结构

餐饮部组织结构的设计对于方便酒店餐饮部门的管理有着至关重要的作用,而绝大多数酒店餐饮部均配有组织机构图便于职员清楚餐饮部每个部门和个人的职责,以免重复工作以提高工作效率。一般而言,餐饮部组织结构应根据其规模或职能来进行不同的设计。

(1)小型酒店餐饮部的组织结构

小型酒店餐饮部的组织结构设计应比较简单,分工不宜过细(如图5-1所示)。

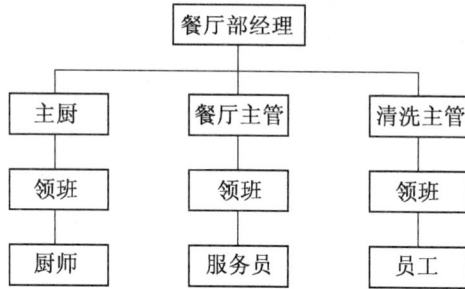

图 5-1 小型酒店餐饮部组织结构图

(2)中型酒店餐饮部的组织结构

相对于小型酒店餐饮部来说,中型酒店餐饮部分工更加细致,功能也更全面(如图 5-2 所示)。

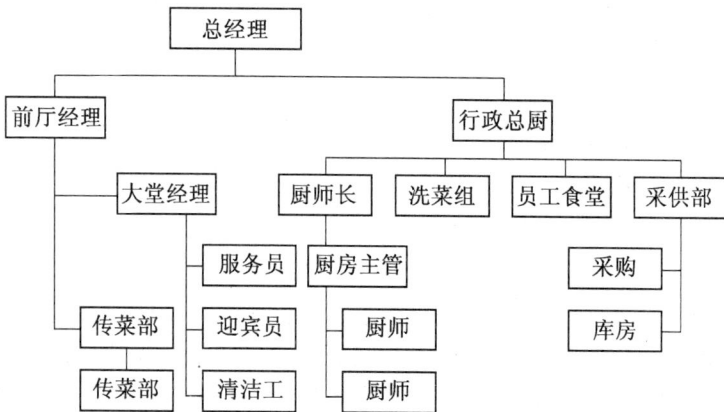

图 5-2 中型酒店餐饮部组织结构图

(3)大型酒店餐饮部的组织结构

大型酒店的餐饮部组织机构结构复杂,层次众多,分工细致。其餐饮部的采购主要是指鲜活原料、副食品以及低值易耗品的采购(如图 5-3 所示)。

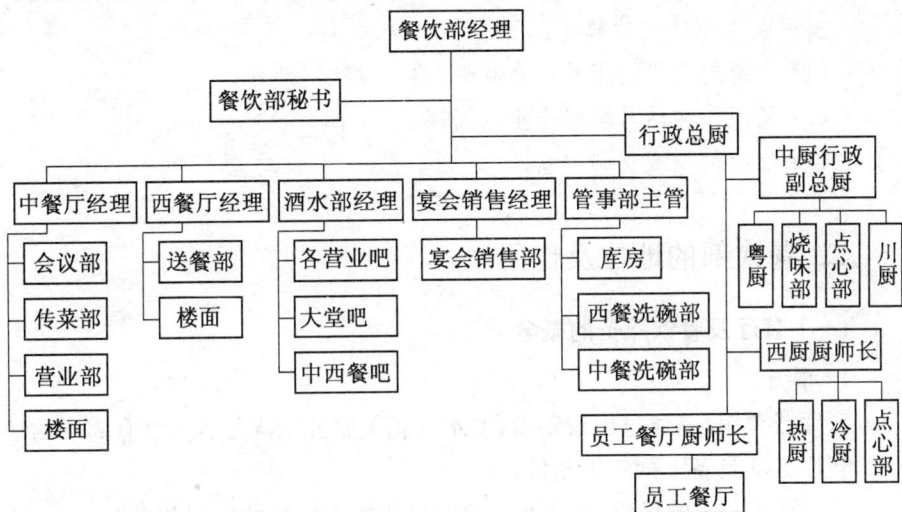

图 5-3 大型酒店餐饮部组织结构图

知识链接

组织结构扁平化

现代企业组织结构扁平化是一种普通趋势,扁平化管理是指通过减少管理层次、压缩职能部门和机构、裁减人员,使企业的决策层和操作层之间的中间管理层级尽可能减少,以便使企业快速地将决策权延至企业生产、营销的最前线,从而为提高企业效率而建立起来的富有弹性的新型管理模式。它摒弃了传统的金字塔状的企业管理模式的诸多难以解决的问题和矛盾。

扁平化组织结构的优点:

(1) 管理层次减少,节约管理费用;

(2) 缩短上下级之间的行政和感情距离,密切了上下级之间的关系;

(3) 有利于基层管理人员的成长;

(4) 有利于提高决策的民主化程度;

(5) 信息流加快,决策迅速,经营机会把握好。

扁平化组织结构的弊端：

（1）上级对下级的指导机会减少，监督与控制放松；

（2）同级的沟通与联络产生隔阂；

（3）上级的权威受到挑战。

二、餐饮部的地位及作用

（一）餐厅及餐饮服务的概念

1. 餐厅

餐厅或餐馆，是通过出售菜肴、酒水及相关服务来满足客人饮食需求的场所。餐厅必须具备下列三项条件：

（1）具备一定的场所，即具有一定的接待能力的餐饮空间和设施。

（2）能够为客人提供食品、饮料和服务。食品饮料是基础，而餐饮服务是保证。

（3）以盈利为目的。餐饮部是酒店的利润中心之一。餐饮工作者应致力于开源节流。

知识链接

餐厅的起源

Restaurant 一词，按照《法国大百科辞典》的解释，意为恢复元气、给与营养的食物与休息。餐厅是提供餐食与休憩的场所，是使顾客恢复元气的地方。餐厅的起源远在罗马时代，在罗马市有名的"喀拉喀拉"浴场，可容1 600 人，其间有许多休息室、娱乐场所，并供应餐食及饮料，此即早期餐厅的原始设备。同时，在古时的客栈、修道院也曾供给给过路者餐食与住宿，渐而独立发展为现代的餐馆。

在英国，餐馆出现在 17 世纪，当时的餐馆在一定的时间内供应餐食，群聚于同桌，不得有个别择食的自由，与现代餐馆实有差别。

1765 年，法国有一位叫 Mon Boulamge 的人开了家餐馆，供应一种 restaurant soup，并在店门招牌上写着"本餐馆正在出售神秘营养餐食"以根据顾客,其实是用羊脚煮成的汤。当时经营餐饮业者,必须参加公会,因为他未参加公会,所以同业提出抗议并控告他。但结果他胜诉,因而更替他做了一次有利的宣传。以后,就以他的汤名 restaurant 为餐馆的名称,而被广泛采用。

至于中国的餐厅起源,在唐朝诗歌中,李白、杜甫、韩愈、白居易皆曾提及有关餐馆的名称,例如:旗亭、酒家、酒肆等,可能就是早期的餐馆。清末时在北京出现了西餐厅。

（资料来源:詹益政:《酒店餐饮经营实务》,广州,南方日报出版社,2002）

2. 餐饮服务

餐饮服务,是指客人在餐厅就餐的过程中,由餐厅工作人员利用餐饮服务设施向客人提供菜肴饮料的同时提供方便就餐的一切帮助,实质上就是餐饮产品的销售服务。餐饮产品分两大部分:一是直接产品,包括餐饮实物(酒品、菜肴等)、餐厅酒吧及设施设备;另一部分是间接产品,包括用餐环境、气氛、安全、服务态度、便利等与餐饮有关的服务内容。餐饮产品的销售服务,包括实物产品的销售服务和间接产品的销售服务,具体如下:

(1) 辅助性设备设施,如桌椅、餐具、服务用品等。

(2) 使餐饮服务易于实现的产品,如菜肴、酒水等。

(3) 明显的服务,即消费者感觉到的各种利益。

(4) 隐含的服务,即消费者的心理感受或附属于服务的特征。

(二) 餐饮部的地位及作用

餐饮部是我国酒店中的主要对客服务部门,它不仅生产满足人们饮食需要的产品,而且为酒店在社会上树立良好的企业形象提供了一扇窗户;同时,还为酒店创造了较好的经济效益,是酒店收入的重要组成部分。目前,我国大多数酒店的部门中,餐饮部是吸纳员工就业、安排劳动力最多的一个部门。餐饮部门的管理、服务水平直接影响酒店声誉。而且,餐饮质量也是客人衡量、评价一家酒店质量程度和整体素质的主要指标。

1. 餐饮服务是一种重要的旅游资源

酒店产品由有形的实物产品和无形的劳务服务组成,是两者有机结合的一个整体,餐饮产品则最典型地体现了酒店产品的这一特性。餐饮产品是餐饮实物、烹饪技术和服务技巧完美结合的酒店产品,它能满足客人的生理性直接需求以及许多如心理、感情方面的间接需求。不仅如此,酒店餐饮产品集中体现了一个地区的饮食文化,客人在品尝美食的同时,可以从中了解到该地区的民风民俗、文化传统、历史沿革乃至宗教习俗。因此可以认为,餐饮产品不仅是酒店产品,而且是旅游产品的重要组成部分。换言之,餐饮不单是旅游得以进行的手段,而且可以是旅游的目的之一,具有既属于旅游设施类又属于旅游资源类的双重性质。酒店如能开发名菜名点和设计特色餐饮,必然可以吸引更多的客人。

2. 餐饮部是现代酒店的重要组成部分

住、食、行是人们外出旅行或旅游的必备条件,而住和食尤为重要。酒店、餐馆顺应旅游的产生而产生,随着旅游的发展而发展,世界各地都是如此。英国早期的不成文法就规定,旅馆必须承担为住店旅客提供住宿、餐饮和安全的义务。在古代中国,几千年前就有了"驿站",为往来旅人提供住宿和饮食服务。可见,酒店存在的前提是客人的住宿和餐饮需求。有人说,不提供餐饮服务的酒店算不上真正的酒店,此话不免失之偏颇,但至少可以这样认为,餐饮服务是酒店服务的必要组成部分,餐饮部是酒店必不可少的业务部门。只不过由于酒店的类型、规模、等级、经营重点、地理位置不同,各自餐饮部的经营规模和特点也有所不同罢了。

3. 餐饮服务水平是酒店服务水平的客观标志

餐饮服务的水平客观地反映了酒店的服务水平,餐饮服务质量直接影响酒店的声誉和竞争力。餐饮服务水平由多种因素决定,涉及餐饮服务的各个业务环节,而从客人消费的角度分析,主要由厨房烹调和餐厅服务两大因素决定。厨房烹调技术影响餐饮产品实物部分的水平,餐厅服务水平则影响着客人购买、接受餐饮产品时的精神和心理状态。餐厅服务水平除了指服务员的态度和技术,还包括餐厅的环境氛围、风格情调、餐饮器皿等的质量水平,而这一切都决定于酒店的管理水平。世界各地因餐饮服务出色而声誉鹊起并经久不衰的酒店为数甚众。在法国巴黎的一些酒店的大堂、餐厅、公共区域和客房等处,可以看到从十三、十四世纪开始酿制葡萄酒的工场场景、工具、葡萄酒酒标的绘画,以及酿制葡萄酒所需的原料标本等,这些画和实物标本使客人感受到法国这个葡萄酒王国的历史和文化魅力。在荷兰"GOLDEN TULIP SCHIPHOL"酒店里,大堂的装饰橱窗内陈列着荷兰最著名的帆船、郁金香、奶牛、山顶屋、风车、瓷器和木屐等,使初到这个国家的客人对这个国家的风土人情一目了然。利用欧洲特有的地域自然景观和浓郁的人文文化造就了酒店良好的氛围。

导入案例

某晚,餐厅包间内一席普通的家宴正在进行。在祥和的用餐气氛中,服务员小李看到老先生不停地用小勺翻搅着碗中的稀饭,对着鸡鸭鱼肉直摇头。这是怎么回事呢?是我们饭菜做得不合口味?不对呀,其他人不正吃得津津有味吗?小李灵机一动,到后厨为老先生端上了一碟小菜——榨菜丝。当小李将榨菜丝端上桌后,老先生眼前一亮,对着小李不停地称赞:"小姑娘,你可真细心,能够看出我对咸菜感兴趣,不简单。"老先生的老伴连忙说:"这里的服务跟其他地方就是不一样,我们没说到的小姑娘们都能想到、做到,以后有时间我们要经常到这里来。"

4. 餐饮部为酒店创造可观的经济效益

餐饮部是酒店重要营利部门之一,由于所处地区、档次规模、经营重点不同,各地各类酒店具体情况会有所不同。我国一般旅游酒店的餐饮收入占酒店总收入的1/3。如今,餐饮业已步入微利时代,因此,通过扩大宣传促销、开发创新有特色的餐饮产品、增加服务项目、严格控制餐饮成本和费用、增收节支等手段,可为酒店创造较高的经济效益。据2012年《中国酒店业务统计》(2011财政年度)简述版,2011年北京五星级酒店市场实现的餐饮收入水平最高,平均每间可供出租房餐饮收入为人民币175 647元,每间住客房餐饮收入为人民币734元,约占总收入的45%。相比之下,2011年上海五星级酒店市场实现的平均每间可供出租房总餐饮收入为人民币170 775元,每间住客房餐饮收入为人民币789元,约占总收入的43%。

小思考

在国内外不少地方的酒店餐饮部的营业收入高于客房收入,但纯利润却低于客房部。这是为什么呢?

这是因为在构成餐饮总成本的比例中,变动成本比重比较大,所以在餐饮营业收入财务报表上,以变动成本为主体形成的总成本在毛利中占有相当大的比重。这大大影响了餐饮部的获利能力。

5. 餐饮部为社会创造了众多就业机会

餐饮部的业务环节众多而复杂,从餐饮原材料的采购、验收、储存、发放到厨房的初步加工、切配、烹调,再到餐厅的各项服务销售工作,需要各部门、各岗位的许多员工配合和协调,才能发挥其职能作用。因此,餐饮部多工种和用工量大的特点,为社会创造了众多就业机会。

三、餐饮部分工要求

(一) 餐饮部的主要职能

1. 掌握市场需求、合理制定菜单

要满足客人对餐饮的需求,首先要了解餐饮企业目标市场的消费特点与餐饮要求,掌握不同年龄、不同性别、不同职业、不同民族和宗教信仰的客人的餐饮习惯和需求,并在此基础上制定出能够迎合客人需求的菜单,作为确定餐饮企业经营特色的依据与指南。

2. 广泛组织客源、扩大产品销售

客源是餐饮企业生存与发展的基础与前提,只有广泛组织客源,才能扩大餐饮产品的销售,因此,餐饮企业必须采取各种方法招徕并吸引客人前来就餐,从而提高餐饮企业的知名度、美誉度和经济效益。

3. 加强原料管理、保证生产需要

餐饮原料的质量直接影响餐饮产品的质量,而其价格又直接关系到餐饮企业的经济效益,因此,加强对餐饮原料的采购、验收、储存管理,既可保证厨房的生产需要,又可降低餐饮成本。

4. 搞好厨房管理、提高菜点质量

厨房是餐饮产品的生产场所,其管理水平的高低直接影响餐饮产品的质量和客人满意程度。因此,餐饮企业应搞好厨房管理,根据客人需要,合理加工餐饮原材料,组织厨师及时烹制出适销对路,色、香、味、形俱佳的餐饮产品,并加强生产过程的控制,努力提高餐饮产品的质量。

5. 抓好餐厅管理、满足宾客需要

餐厅是餐饮企业的销售场所,又是为客人提供面对面服务的领域,它使餐饮产品的价值最终得以实现。因此,抓好餐厅管理,既可满足客人的物质和精神需要,提高客人的满意程度,又可体现并反映餐饮企业的管理水平与服务质量。

6. 加强宴会管理、增加经济收入

宴会是餐饮企业产品销售的重要形式和经济收入的重要来源,其特点是产品一次性销售量较大,质量要求较高,经济效益较好。因此,加强宴会管理,包括中西餐宴会、冷餐会、酒会等的管理,是餐饮管理的重要任务之一。

7. 加强成本控制、提高经济效益

餐饮部应根据等级、客源市场的消费水平和经营目标等因素制定相应的成本标准,按规定的毛利率确定菜肴的售价,在满足客人需求的前提下,保证餐饮部的经济利益。因此,餐饮部应建立餐饮成本控制体系,加强对餐饮生产全过程,如采购、验收、库存、发放、厨房的粗加工、切配、烹制、餐厅销售等各环节的成本控制,并定期对餐饮成本进行比较分析,及时发现存在的问题及其原因,从而采取有效地降低成本的措施,最终提高餐饮企业的经济效益。

(二) 餐饮部各功能块介绍

1. 餐饮部功能组织结构

餐饮部功能组织结构,如图5-4所示。

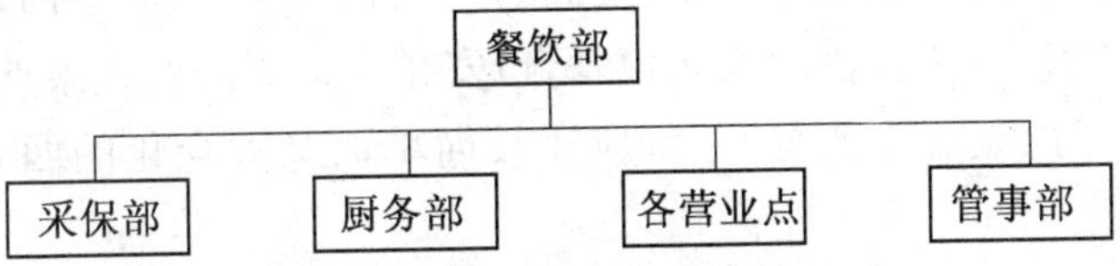

图5-4　餐饮部功能组织结构图

2. 各功能块的职责与作用

◇ 采保部:是餐饮部的物资供应部门,负责餐饮部生产原料的采购和保管工作。及时做好食品原材料的采购工作,保证餐饮部所需原料供应。负责餐饮原料的验收与保管工作。做好采购价格控制及仓库存货控制工作。

◇ 厨务部:负责餐饮产品的菜肴、点心等的烹饪加工。根据客人需求,为其提供安全、卫生、精美可口的菜肴。加强对生产流程的管理,控制原料成本,减少费用开支。对菜肴不断开拓创新,提高菜肴质量,扩大销售。

◇ 各营业点:包括各类餐厅、宴会厅、酒吧、房内用餐服务部等,是餐饮部直接对客服务部门。按照规定的标准和规格程序,用娴熟的服务技能、热情细致的服务态度,为客人提供餐饮服务,同时根据客人的个性需求提供针对性服务;扩大宣传推销,强化全员促销观念,提供建议性销售服务,保证餐厅的经济效益;加强对餐厅财产和物品的管理,控制费用开支,降低经营成本;及时检查餐厅设备的使用状况,做好维修保养工作,加强餐厅设备管理。

◇ 管事部:是餐饮运转的后勤保障部门,负责为前台提供物资用品、清洁餐具、厨具,并负责后台环境卫生的重任。根据事先确定的库存量,负责为餐

厅及厨房请领、供给、存储、收集、洗涤和补充各种餐具,如瓷器、玻璃器皿及服务用品等。控制餐具的消耗及各种费用。

(三) 餐饮部各下属机构的职能介绍

1. 餐厅部

◇ 按照规定的标准和规格程序,用娴熟的服务技能、热情细致的服务态度,为客人提供餐饮服务,同时根据客人的个性需求提供针对性服务。

◇ 扩大宣传推销,强化全员促销观念,提供建议性销售服务,保证餐厅的经济效益。

◇ 加强对餐厅财产和物品的管理,控制费用开支,降低经营成本。

◇ 及时检查餐厅设备的使用状况,做好维修保养工作,加强餐厅设备管理。

根据其所提供的食品、饮料和服务的不同,可分为以下几种:

(1) 零点餐厅:也叫点菜餐厅,是酒店的主要餐厅,供应中西菜点。

(2) 团队餐厅:主要供应团队包餐,也安排了适当的西式菜点。

(3) 咖啡厅:是小型西餐厅,供应比较简单而又大众化的西式菜点、酒水饮料。

(4) 酒吧:是专供宾客享用酒水饮料、休息和娱乐的地方,主要供应中式、西式酒类饮料和小吃。

(5) 特色餐厅:又称风味餐厅,酒店根据服务对象的不同需要,设立风味餐厅,以便发挥自己的特长,满足客人的需要。

(6) 自助餐厅:是一种快餐厅,它主要供应西式菜点,但也供应中式菜点,具有节省用餐时间、价格低廉、品种多、风味不同的优势,颇受宾客的欢迎。

(7) 客房送餐:酒店为满足宾客的需求,就要为宾客提供客房送餐服务。

(8) 外卖部:主要向本地居民,住在酒店公寓内的宾客或酒店观光的宾客提供的特色烧烤、风味菜肴、各地点心面包等。

2. 宴会部

◇ 接受宾客的委托,组织各种类型的宴会、酒会、招待会等活动,并根据宾客的要求制定菜单,布置厅堂,备餐铺台,同时为宾客提供完整的宴会服务。

◇ 宣传、销售各种类型的宴会产品,并接受宴会等活动的预定,提高宴会厅的利用率。

◇ 负责中西宴会、冷餐酒会、鸡尾酒会等各种活动的策划、组织、协调和实施等工作,向客人提供尽善尽美的服务。

◇ 从各环节着手控制成本与费用,增加效益。

3. 厨房部

◇ 负责整个酒店所有的中式、西式菜点的烹饪,负责厨师的培训,菜点的创新,食品原料采购计划的制订及餐饮部成本控制等工作。

◇ 根据客人需求,为其提供安全、卫生、精美可口的菜肴。

◇ 加强对生产流程的管理,控制原料成本,减少费用开支。

◇ 对菜肴不断开拓创新,提高菜肴质量,扩大销售。

4. 采购部

◇ 及时做好食品原材料的采购工作,保证餐饮部所需原料供应。

◇ 负责餐饮原料的验收与保管工作。

◇ 做好采购价格控制及仓库存货控制工作。

5. 管事部

◇ 根据事先确定的库存量,负责为餐厅及厨房请领、供给、存储、收集、洗涤和补充各种餐具,如瓷器、玻璃器皿及服务用品等。

◇ 负责银器及其设备的清洁与维护保养。

◇ 负责收集和处理垃圾。

◇ 负责区域卫生。

◇ 控制餐具的消耗及各种费用。

第二节　餐饮部采购及仓储管理

导入案例

采购与验收的规范管理

某酒店采购部经理遇到采购管理中一个常见的问题——采购与验收工作的矛盾。

酒店采购的物品,因没有成文的标准和明确的分工,收货组只管收货不管质量,往往到了使用时发觉不好才退货。这样,就产生了一个弊病——经常与供应商扯皮,尤其是鲜活货品,常常是公说公有理,婆说婆有理。于是,酒店将采购和收货完全分开,实行规范化管理,确立和完善了酒店物资采购的请购、报价、审批、验收及报账制度,使物资的采购、验收等环节相互制约。具体措施如下:

一、采购管理

食品的采购,请购单需由使用部门专人填写,以确定数量和规格,而采购员报质量和价格,再由主管经理批准执行。

1. 统一采购标准,并且以书面形式确定下来。该标准包括品名、规格、质量、价格、供应的方式与时间、结算的方式与时间,达不到标准的处理办法等。

2. 合理认定价格。酒店每周一派两位采购员去本地三个最大的农贸批发市场,把菜价摸上来,综合取出平均价,也就是酒店每星期的收货定价,这样相对来说成本在一周内稳定。

3. 每天填写工作日记。内容如一天的市场情况、工作情况,上哪儿去了,干什么了。每周由主管经理审阅,以此来了解员工的工作内容和成效,便于考核。

4. 根据行情定购量。采购员要经常进行市场调研,提供数据,这样工作量是大了,但有利于降低成本。

二、验收管理

酒店采购部规定,如果收货组认为不合格,采购人员不能说情。当然,收货组的人也不能建议采购员去某某地方采购。

收货后必须制表,然后输入电脑。实行电脑管理,对每日、每月酒店所需的物资购进、验收等情况进行汇总制表、归档。

如果收货合格后,营业部门在使用时如发现有质量问题,那就是收货组的责任。当然,营业部门也不能简单地否定收货组的工作。

在物品验收上,一定要核对原封样。

一、餐饮部采购管理的内容

所谓餐饮原料采购是指根据餐饮生产和经营的需求,以合理的价格购取符合酒店或餐厅质量标准的餐饮原料。

餐饮原料采购管理是指餐厅为达到最佳经营效果和管理食品成本,对本餐厅所需的餐饮原料的质量标准、价格标准和采购数量标准进行的有效管理。

搞好采购管理,可以节约物资耗用,提供价格合理、质量优良的原材料,实现尽可能少的资金占用,对降低酒店经营成本有重要意义。

1. 餐饮部采购的基本任务

对采购工作进行计划、组织和控制,保证餐饮部物资供应,直接对酒店总经理或主管经理负责;贯彻勤俭节约的方针,提高酒店的经济效益。其具体工作如下:

◇ 负责物资采购计划的编制,在职权范围内,负责制订审批物品采购申请计划。

◇ 按时并能以合理、有利的价格采购到酒店所需各项物品。

◇ 负责对本餐饮部各类物品进行采购、验收、储存和发放。

◇ 收集、分析物品在流动中各环节的情况和各方面的信息反馈,提供和改进物品管理和使用的各项措施。

2. 餐饮原料的采购方法

餐饮原料采购的方法多种多样,运用什么样的采购方法可根据餐饮经营的要求、结合市场的实际情况进行分析比较,从而选择适合本企业的最佳采购方式。目前,较常用的采购方法有以下几种:

(1) 报价采购

报价采购是指餐饮业者拟购置货品时,先寻找理想供应商或货源,再向其询价寄出征购函,请其寄上报价单或正式报价。当餐饮企业所在地目前货源充足、供货商较多,餐饮企业有稳定的大量的采购需求,餐饮企业资金运转良好的情况下,可采用这种方法。

通常卖方所寄发的报价单,其内容包括品名、数量、单位、价格、交易条件、有效期间,有时卖方为求取买方的信任,会主动提出信用调查资料供参考,有时也会寄上"样品"、"目录"及"说明书",如果报价内容买方完全同意,此项报价采购合同即算成立。

报价采购的种类有确定报价、条件式报价、还报价、更新报价等。

(2) 招标采购

所谓"招标"又称"公开竞标",它是现行采购方法常见的一种。这是一种按规定的条件,由卖方投报价格,并择期公开当众开标,公开比价,以符合规定的最低价者得标的一种买卖契约行为。此类型的采购具有自由公平竞争的优点,可以使买者以合理的价格购得理想物料,并可杜绝徇私、防止弊端,不过手续较费时,不适用于紧急采购与特殊规格的货品。

公开招标采购必须按照规定作业程序来进行,一般而言,招标采购的流程可分四大步骤,即发标、开标、决标、签订合约等四阶段。

（3）议价采购

议价采购是针对某项采购物品、品牌物料,以公开方式与厂商个别进行洽购并议定价格的一种采购方法。由于价格是双方磋商后订定,故此项采购方式又称为双方议价法。

议价采购的优点如下：

◇ 议价采购最适于紧急采购,它可及时取得迫切需要的物品。

◇ 议价采购较其他采购方式更易获取适宜的价格。

◇ 对于特殊性与规格的采购品,议价采购最适宜,且能确保采购质量。

◇ 可选择理想供应商,提高服务质量与交货安全。

◇ 有利于政策性或互惠条件的运用。

议价采购的缺点如下：

◇ 议价采购是以不公开方式进行磋商议价,容易给采购人员造成舞弊机会。

◇ 秘密议价违反企业公平、自由竞争的原则,易造成价格垄断。

◇ 独家议价易造成厂商哄抬价格的弊端。

（4）现估价采购

现估价采购是买卖双方当面估价的采购方式,取得数家供应商估价单,然后双方面商洽其中的内容,一直到双方认为满意时才签订买卖合约。此种方式因有质量、服务及交货期等问题,所以买方不一定向价格最便宜的供应商采购,但一般都已经事先做好品质调查,认为没有问题的供应商才向其索取估价单,所以如果交货期及服务等没有问题时,大部分都向价格较便宜的供应商订购。

现估价采购的优点如下：

◇ 因为收集各供应商的估价单在一起比价的关系,所以是仅次于投标方式可获得单价便宜的方式。尤其在不景气时,想要取胜同业间的竞争,此方式在价格上就会很便宜。

◇ 可以省略供应商的估价手续及为了估价所需种种资料的准备,手续上比其他方式简单。

现估价采购的缺点如下：

◇ 经营状况良好时供应商有许多的订单,所以其单价常有偏高的倾向。

◇ 估价之前,同业供应商常事先商议、协定价格,而将估价提高。

◇ 由于此方式有弹性,采购人员比较容易投机取巧。

（5）成本加价采购

当某种原料的价格涨落变化较大或很难确定其合适价格时可以使用这种方法。这里的成本指批发商、零售商等供应单位的原料成本。在某些情况下，供货单位和采购单位双方都把握不住市场价格的动向，于是便采用这种方法成交，即在供货单位购入原料时所花的成本酌情加上一定百分比，作为供货单位的赢利。对供货单位来说，这种方法减少了因价格骤然下降可能带来的亏损危险；对采购单位来说，加价的百分比一般比较小，因而也有利可图。

3. 餐饮原料采购的组织形式

餐饮原料采购，包括订货和购物两个基本环节，根据酒店的管理体系及餐饮规模和人员等情况，餐饮原料采购主要有以下三种组织形式：

（1）酒店采供部负责采购

国内大多数规模较大的餐饮企业都设立了专门的采供部，由财务部领导。这种组织形态由于采购业务归采供部统一管理，采购时相对比较规范，制度比较严密，采购成本、采购资金的管理也比较严格。但在这种采购体制之下，由于采供部门对餐厅运营状况缺乏深入的了解，采购缺乏及时性和灵活性。

（2）餐饮部负责采购

在以餐饮经营为主的企业里，食品原料采购是企业的主要采购工作。这部分企业的食品原料采购一般由餐饮部负责。在这种采购体制之下，餐饮部可以根据餐饮业务状况，灵活、及时地采购，控制数量和质量。但是由使用部门自身负责采购，缺乏制约，容易出现财务漏洞。

（3）餐饮部和采供部分工采购

由餐饮部负责鲜活原料的采购，采供部负责可存储原料和物品的采购。这种采购组织机制比较灵活，及时满足餐饮业务活动的需要，有利于采购成本的控制。其不足之处是多头采购，给管理与协调带来不少麻烦。

4. 餐饮原料采购的基本工作流程

（1）递交请购单

无论是厨房还是仓库，凡需要购买物品均需填写请购单，然后将请购单交给采购部进行采购。

（2）处理请购单

采购部接受到各厨房、仓库送来的请购单以后，组织人力将请购单进行归类、分工，然后制定订购单。

（3）征集价目表，确定供货商

采购部在采购物品之前，应把本企业的采购规格标准发放给供货商，再从不同的供货商手中获取原料的报价单,选定最佳供货商。

（4）实施采购

当采购部门决定向哪一位供货商或供货单位定购原料时,采购部要制定正式的订购单或订货记录向供货商定货,同时将交一份订货单给验收处,以备收货时核对。当供货单位或供货商将货物送上门后,则交于验收部门进行验收;当验收完毕后,凡厨房订的鲜活原料,直接交与厨房,由厨房开出领料单,仓库订的货则交与仓库进行贮藏。

（5）处理票据,支付货款

当验收完毕,验收人员必须做到以下几点:一要开具验收单;二要在供货发票上签字;三要将供货发票、原料订购单、验收单一起交于采购部,再由采购部转到财务部审核,经审核无误后,支付货款。

（6）信息反馈

信息反馈包含两个方面:一是将市场的供货行情反馈给厨房,二是将厨房使用原料后的意见反馈给供货商。这样,厨师长们就能及时掌握市场的货源情况和价格行情,便于在工作中进行有效的成本控制和新产品的开发。

5. 餐饮原料的验收管理

原料的验收是食品成本控制流程中的重要一环。尽管餐饮企业花了时间和精力制定了完整的采购规格,尽管采购人员有足够的专业知识,并且严格地遵照各项规定,按质按量并以合理的价格订购了原料物品,但如果缺少相应的进货验收控制,那么先前所做的各种努力都会前功尽弃。忽视原料进货验收,会使供货商供货马虎从事,有意或无意地短斤缺两,原料的质量也有可能不符合酒店的要求,原料的价格也可能会与原先的报价大有出入。

（1）餐饮原料验收的流程

第一,当供货单位送来食品原料时,验收员首先将供货单位的送货发票与事先拿到的相应的"定购单"核对。

第二,检验食品原料数量。验收员根据"定购单"对照送货单,通过点数、称量等方法,对所有到货的数量进行核对。

第三,检查食品原料质量。食品原料质量检验的依据是"食品原料采购规格标准"和"请购单"、"订购单"。

第四,在发货票上签名。

第五,填写验收单。

第六,退货处理。

第七,"验收章"。验收员检查完食品原料的价格、数量、质量及处理完必要的退货情况之后,可在获准接受的食品原料的送货发票上盖"验收章",把盖了"验收章"的送货发票贴在"验收单"上,以便送往会计处。

第八,在货物包装上注明发票上的信息,主要有收货日期、购价。

第九,将到货送到贮藏室、厨房。

第十,填写"验收日报表"和其他报表。

(2)餐饮原料验收的方法

◇ 按供货发票验收,这是一种较普通的验收方法。验收人员根据供货票和采购订单核对原料的项目、数量和价格,这种方法较方便快捷。但要注意的是验收人员往往直接拿着发票对照货物,而不去对照订购单,有时还可能图方便,不去逐一检查原料重量和质量。因此,采用这种验收方法,应加强监督职能。

◇ 填单验收,是企业控制验收的一种方式。企业有自制验收空白凭单,验收人员在验收时,按物品的名称、重量、数量、价格等逐一填入凭单中,然后再与供货发票相对照。这种方法可减少差错,但较费工夫。

知识链接

常见蔬菜验收标准

序号	品名	优质质量形态	劣质质量形态
1	青菜	梗白色或浅绿色,较嫩,叶子深绿色,整棵菜水份充足,无根	有黄叶,枯萎,虫蛀洞或小虫,腐烂,压伤,散水太多
2	油菜	梗短粗,呈淡绿色或白色,叶子厚肥大,主茎无花蕾,水份充足,无根	有黄叶,枯萎,小虫,腐烂,压伤,散水太多
3	韭菜	叶较宽,挺直,翠绿色,根部洁白,软嫩且有韭菜味,根株均匀,长20厘米以内	有泥土,黄叶或叶上有斑,枯萎,无尖,腐烂
4	菠菜	颜色碧绿,平嫩,叶子大、挺直,根桃红,无主茎且无柄无红色,棵株适当	有泥土,带穗,抽茎和黄叶,枯叶,干尖,腐烂和虫眼
5	生菜	颜色鲜艳,淡绿,叶子水份充足,脆嫩薄、可竖起,棵株挺直	叶子发黄,有褐色边或褐斑,干软,卷曲,脱叶

6. 餐饮原料的储存管理

餐饮原料的储存管理是管好餐饮企业的一个重要环节。许多餐饮企业对餐饮原料的储存管理混乱,引起食品饮料变质腐烂,或丢失以及被挪用,致使企业的餐饮成本和经营费用提高,而客人却得不到高质量的饮食。

（1）食品原料储藏的目的

◇ 保证菜单上所有菜品和酒水得到充足的供应而不断档。餐厅在经营过程中尽量不要出现客人按菜单点菜时不能供应的现象。为避免这种情况,餐厅就要按菜单上的菜品储存足够的原料以保证供应。

◇ 弥补生产季节和即时消费的时间差。餐饮企业所需的原材料与工业企业不一样。工业企业所需的原材料大多是无生命的,而餐饮企业所需的原材料大多是有生命的产品。这些产品中有的可以常年供应,价格也没有太大的变化;而有的产品则存在着生产的淡旺季。因此,餐饮企业为了降低成本,要在保证其不会变质的前提下,于淡季来临前,多储存一些季节性的食品原料,以弥补生产季节和即时消费的时间差。

◇ 弥补空间上的距离差。从订购、购买到交货这一采购过程不是即时完成的,它需要一个时间过程。因此,储藏必须能够保证在这几天中的原料供应,不能脱销、断档。

◇ 防止细菌的传播与生长。冷藏不但可以延长原料的保存时间,还可以防止细菌传播以及食品内部细菌的繁殖与生长。

（2）原料的储藏分类

餐饮原料因质地、性能的不同,对储存条件的要求也不同。同时,因餐饮原料使用的频率、数量不同,对其存放的地点、位置、时间要求也不同。为此,餐饮企业应将原料分门别类地进行储存。根据原料性质的不同,可分为食品类、酒水类和非食用物资类储存;按原料对储存条件的要求,又可分为干货库储藏、冷藏库储藏、冷冻库储藏等。

① 干货原料的储藏管理

干货原料主要包括面粉、糖、盐、谷物类、干豆类、饼干类、食用油类、罐装和瓶装食品等。干货食品宜储藏在阴凉、干燥、通风处。

② 鲜货原料的冷藏管理

鲜货原料包括新鲜食品原料和已加工过的食品原料。新鲜食品原料指蔬菜、水果、鸡蛋、奶制品及新鲜的肉、鱼、禽类等。加工过的食品原料指切配好的肉、鱼、禽类原料等。

新鲜原料一般需使用冷藏设备。冷藏的目的是以低温抑制细菌繁殖,维持原料质量,延长其保存期。

二、餐饮部采购管理要求

1.采购人员的工作职责和要求

采购人员的工作职责和要求包括以下几方面：

（1）必须熟悉本单位所用的各种食品与原料的品种及其相关的卫生标准、卫生管理办法及其他相关法规，了解各种原辅材料可能存在的卫生问题。

（2）在采购定型包装食品时，必须仔细查看包装标识或者产品说明书是否按《食品卫生法》第二十一条规定标出了品名、产地、厂名、生产日期、批号或者代号、规格、配方或者主要成分、保质期限、食用或者使用方法等，防止购进假冒伪劣产品。

（3）按期限完成采购任务：

◇ 当日完成鲜活原料的采购，如新鲜水产、蔬菜、水果等；

◇ 1—3天内完成干货、调料等物品的采购；

◇ 进口餐饮原料必须在1—6个月内完成；

◇ 外地餐饮原料的采购必须在10—30天内完成，现货原料必须在1—10天内完成。

（4）采购各种食品、食品原辅料时，必须向供货方索取同批产品的检验合格证或化验单，"索证"时应注意以下三个问题：

◇ 出证单位出具的证件原件和影印件是否有效，有无伪造、涂改等破绽；

◇ 食品卫生检验合格证与产品的名称、商标、批号或生产日期是否一致；

◇ 发现食品生产经营者提供的卫生检验合格证不符合食品卫生有关规定，应拒绝采购或者向当地卫生行政部门报告，也可以要求食品生产经营者重新提供卫生检验合格证。

（5）掌握必要的感官检查方法

食品的感官检查，就是通过人的视觉、嗅觉、触觉和味觉直接检查食品的形态、色泽、气味、滋味等感官性状的一种检查方法。

（6）协助验收、收藏工作，并及时交各种票据送交财务部。

（7）严格执行采购和财务制度，不私自收取回扣，不挪用备用金，转账支票不作他用。

（8）讲究职业道德，不假公济私，不营私舞弊，不徇私情。坚决抵制不正之风。

2.餐饮原料采购数量的要求

食品原料的采购数量直接影响着餐厅的供应情况和成本费用的高低。由于餐饮消费较难预测,食品原料容易变质,餐饮原料采购数量标准需要随餐厅销售量和库存量的变化而不断进行调整。

如果采购数量控制不当,采购数量过多时,会导致存货积压、占用资金、影响资金周转,增加了库存费用,并有可能造成原料腐烂、变质、损坏,使成本增加;采购数量过少,则会导致供应、库存中断,无法生产某些食品,从而引起顾客不满,影响正常销售。

① 日常采购法

这种方法适用于日常消耗量变化较大、有效保存期短需要经常采购的鲜货类原料,如新鲜肉类、禽类、水产海鲜类原料。

② 长期订货法

某些鲜货类食品原料,如面包、奶制品、某些水果、蔬菜等,其消耗量一般变化不大,消耗速度相对稳定,可以采用长期订货法进行采购。餐厅可以同一个或几个供货商商定,由供货商以固定的价格每天或每隔几天向餐厅供应一定数量的食品原料。

◇ 干货类食品原料采购的数量控制

这类食品原料不像鲜货类原料那样容易腐败,但这并不意味着可以无限制地大批量采购,这样会造成原料积压和资金占用。干货类食品原料的采购数量控制就是要使原料存货保持在一个适当的水平。通常采用的方法有两种:定期订货法和永续盘存法。

定期订货法是订货周期固定不变,即订货间隔时间不变,如一周一次或两周一次或每月一次,但订货数量可以根据库存和需要改变的一种订货方法。这是干货类食品原料采购中最常用的方法。

订货数量＝下期需要量－现有数量＋期末需存量

期末需存量是指从发出订单至货物到达验收这段时间(订购期)能够保证生产需要的数量(每一订货期末餐厅必须剩下的足以维持到下一次送货日的原料储备量)。

实例

某餐厅要每月订购桃罐头一次,消耗量平均每天 10 罐,订货期为 5 天。仓库管理员发现库存桃罐头还有 60 罐。计算这次的订货数量。

订货数量＝下期需要量(10×30)－现有数量(60)＋期末需存量(10×

5)＝300－60＋50＝290（罐）

此外，还要考虑因交通运输、天气、供应情况等方面的原因，可能造成送货延误，很多餐厅都在期末需存量上加上一个保险储备量，以防不测。这个保险储备量一般为理论期末需存量的50%，这样期末需存量实际上为：

期末需存量＝（日平均消耗量×订购期天数）×150%

永续盘存法是对所有的入库及发料采用连续记录的一种存货控制方法，通过永续盘存卡来指导采购。这种方法比定期订货法优越。但每一种原料都必须建立一份永续盘存卡，要由专门人员记录和管理，因此这种方法不方便、不经济。小型餐饮企业一般不选择这种方法，大型餐饮企业尤其是集团经营的大型酒店才会使用这种方法。

永续盘存表上记录进货和发放的数量。各种原料有预定的最高储备量和订货点量。所谓最高储备量是指某种原料在最近一次进货后可以达到但一般不应超过的储备量。所谓订货点量就是定期订货法中的期末需存量，也就是该原料的最低存量。一旦结余数量降至订货点，应填制订货采购单。

实例

某餐厅桃罐头日平均消耗量为10罐，订货期为5天，最高储备量为150罐，订货点量为75罐。12月1日，仓库管理员发现该原料现存量只有75罐，已达到定货点量，于是发出订货通知。

订购数量＝150－75＋10×5＝125（罐）

3. 餐饮原料采购质量的要求

餐饮原料的质量通常是指原料的新鲜度、成熟度、纯度、清洁卫生、固有的质地等。原料的质量要求既包括食品的品质要求，同时还包括使用要求。采购的餐饮原料应有一个明确的规格标准，作为订货、购买与供应单位之间沟通的依据。为了避免口头叙述产生的理解误差，提高采购的有效性，通常采用书面形式加以说明，这就是习惯所称的采购规格书，列出所需采购的食品原料的目录，规定对各种食品原料的质量要求。在制定采购规格书时，叙述要简明扼要、言简意明,尽量避免使用模棱两可的词语。

采购规格书的格式与内容:

◇ 食品原料名称(通用名称或常用名称);

◇ 原料用途——详细介绍物品的用途(如橄榄用来装饰饮料,猪排用来制作烤酿馅猪排);

◇ 原料概述——列出原料的一般质量指标(如猪排,里脊完整无缺,外有脂肪层,厚度 2 厘米,冰冻状态,无不良气味、无解冻、变质现象);

◇ 原料的详细说明——列出有助于识别合格产品的因素,包括产地、规格、比重、品种、份额大小、容器、类型、商标名称、净料率、式样、稠密度、等级、包装物等;

◇ 原料检验程序——收货时对应该冷藏保管的原料可用温度计测出,通过计数或称重检验数量;

◇ 特殊要求——明确表明质量要求所需的其他信息(如原料是国产货还是进口货,投标程序、包装要求、交货要求等)。

4. 餐饮原料采购价格的要求

能采购到符合酒店规定的质量要求并且具有最理想的价格的物品原料,是控制酒店经营成本最有效的方法之一。酒店餐饮成本控制是最重要、最复杂的一项工作。对采购价格进行控制是必要的,这是关系到成本控制成功与否的重要环节。采购价格的控制,要做到以下几点:

(1) 规定采购价格。通过市场价格调查,酒店对餐饮所需的某些食品原料提出采购限价,即在一定幅度范围内,规定按限价进行市场采购,不可超过限价。此工作是酒店派专业人员进行调查后,从详细、准确的信息中决定限价。限价品种一般是采购期短的酒、水果等。

(2) 规定购货渠道和供应单位。为了确保价格得到控制,一般酒店规定:酒店采购部只能从那些指定的供货单位购货,或者只许采购来自规定渠道的食品原料。因为,酒店预先已同这些单位商定了购货的价格。

(3) 控制贵重食品原料的采购权限。贵重或大宗食品原料的价格是影响餐饮成本的主体。一些酒店规定:由餐饮部提供食品原料使用需求情况报告,采购部提供供应单位的价格报告,具体选哪个供应单位由酒店管理层决定。

(4) 根据市场行情适时采购。某些食品原料在市场上供过于求,价格十分低,又是酒店大量需要者,只要质量符合要求又便于储存,可以适时购进,以备价格回升时使用。在食品原料价格偏高时,采购量尽量减少,满足需要即可,待价格稳定时再添购。

5. 餐饮原料的验收要求

为了使验收工作顺利完成，并确保所购进的原料符合订货的要求，对验收工作提出如下要求：

（1）称职的验收人员

验收员要有职业道德，必须责任心强、严格把关；诚实可靠、不徇私舞弊；有丰富的食品知识；熟悉财会制度。

（2）实用而完善的验收设备和器材

酒店一般设有验收处或验收办公室，要有足够的空地方便于卸货。为使验收工作更有效率，要有适当的设备和工具。

（3）科学的验收程序和良好的验收习惯

验收程序规定了验收工作的工作职责和工作方法，使验收工作规范化。同时，按照程序进行验收，养成良好习惯，是验收高效率的保证。

（4）经常的监督检查

餐饮企业管理人员应不定期检查验收工作，复查货物的重量、数量和质量，并使验收员明白，管理人员非常关心重视他们的工作。

6. 餐饮原料的储存要求

餐饮物品的储存是生产和销售的准备阶段，是原材料控制的重要环节，直接关系到餐饮产品生产质量、生产成本和经营效益。良好的库存管理，能有效地控制食品成本。如果控制不当，就会造成原材料变质、腐败、账目混乱、库存积压，甚至还会导致贪污、盗窃等严重事故的发生。

（1）餐饮储存管理的基本要求

◇ 保证食品原料库存数量适宜。

◇ 科学储存保管，保证食品原料的质量。

◇ 制定工作程序、严格管理制度。

◇ 做好出入库管理、完善账务手续。

（2）餐饮原料仓库要求

◇ 库房面积或容积。

确定贮藏室面积时，应考虑到企业的类别、规模、菜单、销量、原料市场的供应情况等因素。贮藏室面积既不能过大，也不应过小。根据经验，贮存区域的面积应为总面积的 10%—12%。

◇ 仓库位置。

从理论上看，贮藏室应尽可能位于验收处与厨房之间，以便将食品原料从验收处运入贮藏室及从贮藏室送至厨房。

◇ 仓库的温度、湿度、通风及照明。

所有食品仓库均应避免阳光的直射,贮藏仓库应保持空气流通。

(3)餐饮原料的冷藏要求

◇ 所有易腐败变质食品的冷藏温度要保持在 4 ℃—5 ℃以下。

◇ 冷藏室内的食物不能装得太挤,各种食物之间要留有空隙,以利于空气流通。

◇ 尽量减少冷藏室门的开启次数。

◇ 保持冷藏室内部的清洁,要定期做好冷藏室的卫生工作。

◇ 将生、熟食品分开储藏,最好每种食品都有单独的包装。

◇ 如果只有一个冷藏室,要将熟食放在生食的上方,以防生食带菌的汁液滴到熟食上。

◇ 需冷藏的食品应使用干净卫生的容器包装好才能放进冰箱,避免串味。

◇ 需要冷藏的热食品,要迅速降温变凉,然后再放入冷藏室。

◇ 需要经常检查冷藏室的温度,避免由于疏忽或机器故障而使温度升高,导致食品在冷藏室内变质。

◇ 保证食品原料在冷藏保质期内使用。

(4)餐饮原料的冷冻储藏要求

◇ 冷冻温度

食品原料的冷冻分为冷藏、速冻、冷冻储藏三个步骤。食品冷冻的速度越快越好。因为在速冻条件下,食品内部的冰结晶颗粒细小,不易损坏食品的结构组织。食品原料的冷冻储藏温度一般控制在-18 ℃——25 ℃为宜。

◇ 冷冻储藏期

食品冷冻后可以储藏较长时间,但并不等于可以无限期地储存。一般食品的冷冻储藏期在 3—6 个月。

◇ 冷冻储藏的食品原料,特别是鱼、肉、禽类,应用抗挥发性材料紧密包装,以免原料丢失水分。

◇ 坚持"先进先出"原则,所有原料必须标明入库日期及价格,并经常挪动储藏的食品原料,防止储藏过久造成损失。

◇ 不允许将食品原料堆放在地面上或紧靠库房壁放置,以免妨碍库内空气循环,影响原料冷冻质量。

◇ 使用正确的解冻方法。

切忌在室温下解冻,以免引起细菌和微生物的急剧繁殖。正确的解冻方法：一是冷藏解冻,将冷冻食品放入冷藏室内逐渐解冻;二是自来水冲浸解冻,将冷冻肉块用塑料袋盛装,密封置于自来水池中冲刷解冻;三是微波炉或红外线烤箱解冻。有些冷冻食品原料(如家禽)可直接烹烧,不需要经过解冻,这样有利于保持其色泽和外形。

(5) 饮料和酒水储藏要求

酒水库里存放各种软饮料、果汁和酒水。酒水库应设在阴凉处,库内光线不能太强,更不能有阳光直射或辐射。酒水不可与其他有特殊气味的物品一起储存,以免酒水受到污染并产生异味。酒水的储存应避免经常震动,否则酒味会发生变化。一般的酒水可以在常温下储存,有些酒水需要稳定的温度。不同的酒类需要不同的储存条件,宜采取不同的保存方法。

7. 餐饮原料的领发要求

原料的领用和发放是原料采供管理的最后一个环节,也是餐饮管理的重要环节。原料的发放和领用管理直接影响到餐饮生产过程和成本控制。

为搞好库存管理和餐饮成本的核算,原料的发放要符合下列要求:

(1) 定时发放。为使库管人员有充分的时间整理仓库,检查各种原料的库存情况,不致因忙于发料而耽误了其他工作,餐饮企业应规定每天固定的领料时间。一般酒店规定上午 8:00—10:00 和下午 14:00—16:00 为仓库发料时间,其他时间除紧急情况外一般不予领料。还有的企业规定:领料部门应提前一天交领料单,使库管人员有充分时间提前准备,以避免和减少差错。这样既节省了领料人员的时间,也使厨房管理人员对次日的顾客流量能作出预测,计划好次日的生产。

(2) 凭单(领料单)发放。领料单是仓库发出原料的原始凭证。领料单上应正确地记录仓库向各厨房发放的原料数量和金额,它有三大作用:控制仓库的库存;核算各厨房的餐饮成本;控制领料量。

(3) 先进先出。即先采购的原料先发放,后采购的原料后发放。

(4) 准确计价。原料发放完毕,保管员必须逐一为原料领用单计价。

(5) 正确如实记录食品原料使用情况。酒店厨房经常需要提前准备数日以后所需的食物,因此,如果有的原料不在领取日使用,而在此后某天才使用,则必须在原料物资领用单上注明该原料消耗日期,以便把该原料的价值记入其使用日的食品成本。

(6) 内部原料调拨的处理。大型酒店往往设有多处餐厅、酒吧,因而通常会有多个厨房,餐厅之间、酒吧之间、餐厅与酒吧之间不免发生食品原料的互相调拨转让,而厨房之间的原料物资调拨则更为经常。为了使各自的成本核算达到应有的准确性,酒店内部原料物资调拨应坚持使用调拨单,以记录所有的调拨往来。

第三节　餐饮部管理

餐饮管理是一项集经营与管理、技术与艺术、秉承与创新于一体的业务工作,与其他部门的管理相比,具有不同的特点。酒店在餐饮管理上也应独具特色,以适应管理主体的要求。

一、餐饮部管理特点

1. 产销即时性,收入弹性大

餐饮业务管理是通过对菜点的制作和对客服务过程的计划、组织、协调、指挥、监督、核算等工作来完成的。其业务过程表现为生产、销售、服务与消费几乎是在瞬间完成的,即具有生产时间短、随产随售、服务与消费处于同一时间的特点。这就要求餐饮部必须根据客人需要马上生产,生产出来立即销售,不能事先制作,否则就会影响菜的色、香、味、形,甚至腐烂变质,造成经济损失。由此可见,做好预测分析,掌握客人需求,提高工作效率,加强现场控制,是酒店餐饮管理的重要课题。

2. 业务内容杂,管理难度高

餐饮业务构成复杂,既包括对外销售,也包括内部管理;既要考虑根据酒店的内部条件和外部的市场变化,选择正确的经营目标、方针和策略,又要合理组织内部的人、财、物,提高质量,降低消耗。另外,从人员构成和工作性质来看,餐饮部既有技术工种,又有服务工种;既有操作技术,又有烹调、服务艺术,是技术和艺术的结合。这必然给餐饮管理增加一定的难度,要求我们既要根据客观规律组织餐饮的经营管理活动,增强科学性,又要从实际出发,因地制宜,灵活处理,提高艺术性。

3. 影响因素多,质量波动大

餐饮质量是餐饮管理的中心环节,但影响餐饮质量的因素较多,餐饮质量控制难度较大。

首先,餐饮是以手工劳动为基础的。无论是菜点的制作还是服务的提高,主要靠人的直观感觉来控制,这就极易受到人的主观因素的制约。员工的经验、心理状态、生理特征,都会对餐饮质量产生影响。这和客房部的作业具有明显区别,要做到服务的标准化难度较大。

其次,客人的差异大。俗话说"众口难调,"客人来自不同的地区,其生活习惯不同,口味要求各异,这就不可避免地会出现同样的菜点和服务,产生截然不同的结果。

再次,依赖性强。酒店的餐饮质量是一个综合指标,餐饮质量的好坏,不仅依赖市场的供应,而且受到酒店各方面关系的制约。菜点质量如何,同原材料的质量直接有关,对协作配合的要求也非常严格。从采购供应到粗加工、切配、炉台、服务等,都要求环环紧扣,密切配合,稍有扯皮,就会产生次品。不仅如此,它还要求工程等其他部门的紧密配合。

4. 品牌忠诚低,专利保护难

在一般餐饮消费上,客人求新求异、求奇求特的消费心理使其在餐饮消费上不断追逐新产品、新口味、新服务,常会出现"吃新店、吃新品"的一窝蜂"随新赶潮消费"现象。

另外,酒店餐饮部很难为自己的装饰、服务方式等申请专利,因此,倘若某一产品或服务能吸引客人,则仿者甚多。都市餐饮中诸多的"神秘食客",实则是各大酒店、社会酒楼派出的"情报刺探员",他们肩负着"收集餐饮新品、俏品、特品"的重任,根据所收集的信息简单模仿或是先仿后创。这一切都给餐饮管理带来了很大挑战性。因此,如何培养品牌忠诚,如何寻求专利保护成为酒店餐饮研究的重要课题。

小思考

"扬州炒饭"寻求专利保护引出的思考

"扬州炒饭"继承了周代"八珍"中"淳熬"、"淳母"的优良传统,是扬州烹饪中饭菜合一的风味品种。目前许多餐厅都做"扬州炒饭",但大多粗制滥造,有的油腻不堪,有的粘成一团,大大损害了"扬州炒饭"的形象。为确保这块牌子,根据扬州市烹饪协会发布的标准,凡挂牌供应"扬州炒饭"的餐厅必须为国家特级餐厅、市级特级餐厅、省旅游定点酒店、定点餐厅,"扬州炒饭"操作厨师必须持二级以上红案证书。但"扬州炒饭"向国家申请注册商标遭到了很多人的质问:工商机关对于注册申请首先要看其商标名称是否属于通用名词,通用名词不属于某个个人或单位,如果是通用名词一般不会予以注册。另外,餐厅注册的一般是商标名称,而不是商品名称。"扬州炒饭"作为一种各地老百姓喜闻乐见的食品,一般是以一种菜肴名称的形式出现的,不太适合作为注册商标。否则的话,餐饮业真要天下大乱。

维护餐饮业利益的同时,如何兼顾顾客的利益、社会利益,寻求"两全其美",确是一项值得研究的新课题。

二、酒店餐饮管理的基本要求

随着市场经济的完善,酒店市场日趋规范,竞争也日益升级。一家酒店要想在激烈的竞争中占据优势地位,关键取决于该酒店的竞争力,而酒店餐饮的好坏,则是酒店竞争力大小的关键因素。根据酒店餐饮的特点及地位,其管理的基本要求如下:

(一) 赏心悦目的环境

随着社会的发展,客人在酒店用餐,不仅是满足生理需要的一种手段,而且越来越多的人把它当作一种享受和社交形式。有人戏言,餐饮消费已由"口味消费"转变为"口味环境消费并重"时代。所以,对酒店而言,要满足客人的需要,不仅要有好的食物和服务,也要有一种赏心悦目的就餐环境。

要达到赏心悦目的要求,必须具备以下几个基本条件:

1. 装潢要富有特色

餐厅的装潢并不在于是否使用了高档的建筑材料,而在于餐厅是否根据不同的市场定位选择不同的装潢主题,是否通过空间分割和装饰布置等,营造了某种特定的氛围,体现了不同的文化特色。

2. 灯光要柔和协调

餐厅可通过不同的灯具造型、照度、角度等营造出温馨柔和的就餐环境,给客人带来心理上的愉悦和舒畅。

3. 陈列要合理美观

餐厅内部布局要合理有序,不同大小餐桌的布置、餐位之间的距离、工作菜台的设置、员工通道与客人通道的选择、餐台设计、口布造型等都直接影响餐厅的氛围。

4. 人员要亲切自然

作为餐饮服务主体,服务人员的形象直接体现餐厅的形象,服务人员站立位置要恰当，仪表要端庄，表情要自然，能创造一种和谐、亲切的待客气氛。

(二) 精致可口的菜点

餐饮经营的重要卖点是精致可口的菜点。菜点质量是指菜点能满足客人生理及心理需要的各种特性。客人对菜点质量的评定，一般是根据以往的经历和经验，结合菜点质量的内在要素，通过嗅觉、视觉、听觉、味觉和触觉等感官鉴定得出的。因此，菜点质量一般应具备五种特性和八个要素。

菜点质量的五种特性为：一是特色性，即酒店的菜点必须具有明显的地方特色和酒店特色，必须在发扬传统菜点的基础上，推陈出新；二是时间性，即菜点必须有时令性特点和时代气息，适应人们口味要求的变化；三是针对性，要根据不同的对象安排、制作不同的菜点；四是营养性，菜点要注意合理的营养成分；五是艺术性，即菜食的刀工、色泽、造型等要给人一种美的享受。

菜点质量的八个要素具体如下：

1. 卫生

菜点卫生，这是菜点质量的首要要素，是客人评价菜点质量的基本标准。菜点卫生首先是指菜点的食品原料本身必须是无害的，其次是加工烹制过程必须足以保证杀灭有害细菌，再次是烹制、服务必须严格按照卫生操作程序，确保不被交叉污染。

2. 气味

菜点的气味是指菜点飘逸出的气息，这是客人鉴定菜点质量的嗅觉标准，对客人的食欲有着直接的关系。菜点的气味大部分来自菜点原料本身经过烹调处理得以发挥的，当然，也可以通过调味来创造。菜点的气味，应该是芳香浓郁，诱人食欲，催人下箸。

3. 色彩

菜点的色彩是客人评定菜点质量的视觉标准，对客人的心理直接产生作用。菜点的色彩一般由动、植物组织中天然产生的色素和通过添加含有色素的调味品形成。菜点颜色以自然清新、色彩鲜明、色泽光亮、搭配和谐为佳。当然，菜点的颜色还必须考虑季节的特点和地区的差异，并注意适应消费者的审美标准和饮食习惯。

4. 形状

菜点的形状是指菜点的成形、造形，这也是客人评定菜点质量的视觉标准。菜点的形状一般由原料本身的形态、加工处理的技法以及烹调装盘的拼摆而成的。菜点的形状，应该做到刀工粗细，整齐划一，匀称和谐，点缀得体，装盘巧妙，造型优美，形象生动。

5. 口味

口味,即菜点的味道,是指菜点入口后对人的口腔、舌头上的味觉系统产生作用,给人口中留下的感受。口味是菜点质量的关键要素,是客人评价菜点质量的最主要指标。菜点口味的最基本要求是口味纯正,味道鲜美,调味适中。

6. 质感

质感,即菜点给人质地方面的印象,是客人评定菜点质量的触觉标准。它主要取决于原料本身的质量和烹调技术水平。菜点的质感一般包括韧性、弹性、胶性、粘附性、纤维性及脆性等属性。不同菜点要求不尽相同。一般来说,菜点的质感分别有酥、脆、韧、嫩、烂等要求。

所谓酥,就是菜点入口后,迎牙即散,产生一种似乎有抵抗而无阻力的奇妙感觉。脆,即菜点入口后,迎牙而裂,而且顺着裂纹一直碎开,产生一种有抵抗力的感觉。韧,就是指菜点入后带有弹性。嫩,即菜点入口否是有光滑感,一嚼即碎。烂,就是菜点入口即化,几乎不要咀嚼。菜点的质感主要取决于原料本身的质量、刀工及烹制的时间和油温的控制。

7. 温度

温度,即出品菜点的温度。同一菜点,温度不同,口感质量会有明显的差异。菜点的温度必须依据不同菜点的特点,保持恰当的温度,该冰的要冰,该冷的要冷,该热的要热,该烫的要烫。菜点的温度除了取决于烹调以外,还必须注意菜点的服务控制。

8. 器皿

器皿,即用来盛装菜点的容器,这也是客人评定菜点质量的视觉标准。器皿是否合适,不仅会影响到菜点的身价,而且有时还会直接影响到菜点本身的质量,如煲、明炉、铁板、火锅等。对菜点器皿的基本要求是,不同的菜点配以不同的盛皿、菜点的份量与盛器的大小一致、菜点的特色与盛皿相统一,以达到锦上添花、相映生辉、相得益彰效果。

以上是菜点质量的基本要素,除此之外,菜点的营养价值、菜点的名称、特殊菜点的光和声响等,均是应考虑的因素。

(三) 令人放心的卫生

餐饮卫生在餐饮管理中占据重要的位置,卫生工作的好坏,不仅直接关系到客人的身体健康,而且关系到酒店的声誉和经济效益。如果被人们视为卫生信不过单位或产生食品中毒,那后果是不堪设想的。

令人放心的卫生,必须达到两个标准:一是外观上的干净,无水迹,无异味,无灰尘,无污渍,这是视觉和嗅觉的检测标准。二是内在的卫生,即必须符合卫生防疫部门的检测标准,凡是让客人食用的食品原料必须全部达到国家的卫生标准。因此,酒店必须严格执行食品卫生法,把好食物进货关、储存关、加工关、烹饪关、服务关,并抓好餐具消毒、个人卫生和环境卫生工作,始终贯彻"重效益而不忘卫生,工作忙而不忘整洁"的基本理念,在酒店内形成"全店讲卫生,处处重卫生"的风气。

(四) 舒适完美的服务

要达到舒适完美的服务,必须使餐饮服务具有美、情、活、快四个特点。

所谓美,就是给客人以一种美的感受,主要表现为服务员的仪表美、心灵美、语言美、行为美、神情美。如仪表美,就要求服务人员应有匀称而健美的体形,健康而端庄的容貌,整洁而大方的服饰,自然而亲切的表情,稳重而文雅的举止。情,即服务必须富有一种人情味,这就要求服务员在对客人的服务中,态度热情,介绍生动,语言诚恳,行为主动。活,则主要是指服务要恰到好处。这就要求服务员不要把标准当作教条,则要根据不同的时机、场合、对策,灵活应变,在"宾客至上"这一最高准则的指导下,把规范服务和超常服务有机结合起来。快,即在服务效率上满足客人的需要,出菜速度要迅速,各种服务要及时。一般说来,出菜速度应有具体的时间标准。除了制定合理的程序外,还应注意服务手段的现代化,比如某些酒店餐厅采用电子计算机系统实施餐厅管理,不仅使差错率大为降低,而且服务效率也大大提高。

(五) 独特健康的文化

在知识经济背景下,人们的餐饮消费也附加了更多的文化要求,现代人注重的是文化品位,普通的餐饮消费行为也带上了更多的文化要求。他们在餐饮消费上告别了原先"吃大鱼,尝大肉"的生理性追求,取而代之的是"吃文化,品情节"的心理性追求,他们到酒店餐厅消费,带有购买文化、消费文化和享受文化的动机。因此,酒店在餐饮经营管理中应突出经营上的文化性。

餐饮文化可通过菜单设计、菜肴设计、内部装饰、人员形象、活动策划等加以表现和深化。值得注意的是,酒店应宏扬积极、健康的文化,包括优秀的中国传统文化,提升现代人的文化素养。

实例

传统风味经典菜

众所周知,"三十年代"是上海东西方文化交融的一个重要历史时期,不仅出现了石库门房和欧陆小洋房兼容并举,还出现了中西菜点的相互渗透。三十年代的文化不仅吸引着老上海,对年轻人同样魅力无穷。"三十年代大酒店"就着意营造这一文化氛围。店堂里采用的是三十年代的风情装潢,古色古香,包房里贴的是三十年代的电影明星照片,背景音乐是三十年代电影歌曲。餐厅还举办三十年代摩登发型演示会,每逢周六下午免费举办三十年代系列文化讲座,包括三十年代的电影欣赏,三十年代名人故居,三十年代茶馆和评弹,三十年代咖啡吧和西餐厅,三十年代滑稽戏、油画、沪剧、娱乐圈,三十年代发型和服装等介绍,供应三十年代的本帮传统经典菜肴。浓郁的文化意趣,鲜明的怀旧主题,吸引了新老顾客近悦远来。

(六)满意经济的效益

检验餐饮管理工作好坏的最终标准是效益。餐饮部的效益主要有两个方面:一是直接效益,是指餐饮部的经济效益,即盈利水平。二是间接效益,是指为客房及酒店其他设施的销售所创造的条件和对提高整个酒店的知名度和竞争力的影响,餐饮部应在谋求整体效益的基础上努力提高本部门的经济效益。

三、餐饮市场发展趋势

伴随新世纪的到来,餐饮市场上也出现了许多崭新的发展态势,敏锐把握这些新动向,是提高餐饮管理的重要前提,也是酒店提高餐饮竞争力、赢得主动权的关键因素。

餐饮市场的发展趋势可归结为以下几点:

(一)感性消费代替理性消费

在经济相对落后的时期,受制于观念、收入、产品、技术等因素,酒店餐饮在经营时强调的是向消费者提供"充足的可以充饥"的食品。当时纯粹以有形的食品作为餐饮产品的全部内涵,满足消费者最基本的功能性需求——"填饱肚子",消费者则往往由于"囊中羞涩"无法生成更高的要求,追求的仅仅是一种生理性的满足,这就是理性消费时代。

在理性消费时代,消费者购买产品或服务采用的是经济上的理性标准来决定是否购买,其消费行为是建立在经济逻辑之上的。所谓的"计划经济"时代就是典型的理性消费时代,此时人们的消费特点是"先计划,判断所花的钱是否经济"。

随着社会的进步,传统消费观念中那种"只求廉价"的消费取向开始淡化,取而代之的是感性消费,也即消费者的消费观念从原先"量"的追求转变为"质"的追求,他们开始重视产品或服务带来的心理上的满足,认为产品或服务的"情绪、心理价值"胜过其功能价值(即生理满足)。

(二) 大众消费代替公款消费

以往的酒店餐饮部曾是公款吃喝的天下。据不完全统计,有些酒店餐饮部营业收入的60%—80%都来自公款消费。公款消费不受个人需求的影响,即使价格再高,消费量也不会减少,且在消费时互相攀比,盲目追求高档次,一桌宴席往往几千元乃至上万元,深圳的一家酒楼甚至开出了188 888元的极品宴席。这在餐饮市场上形成了一种严重脱离社会经济发展实际的超常规畸形消费,浪费了国家资金,影响了酒店餐饮在普通百姓心目中的形象,使酒店失去了众多的大众消费,普通的工薪阶层对酒店餐饮只能望而却步。

近年来,国家开展大规模的"反腐倡廉",随着"八项规定"的出台,国务院及有关部门三令五申,狠刹公款吃喝风,同时,电视台的摄像机、报社的照相机、普通百姓的目光,全部"聚焦"于公款吃喝族。并且,随着各项先进的企业管理手段的引进,越来越多的企业也严格了各项非正常的开支。至此,公款消费急剧下降。

与此同时,随着国内经济的持续发展,普通百姓的个人消费能力增强。据国外经验,人均年收入在6 000元以上时,食品行业包括餐饮业进入大发展时期,我国包括北京、上海、广州、深圳、杭州等在内的许多城市已达到这一水平。在这种背景下,酒店餐饮迎来了庞大的内需市场,较之于公款消费,大众化消费市场比较稳定,众多的百姓支撑起餐饮市场的半边天,刺激酒店餐饮的持续发展,大众消费将成为餐饮市场的消费主流之一。由此,一些酒店开始放下架子,开门迎接"大众客",并喊出"民以食为天,我以民为天"的口号。

(三) 社会餐馆和星级宾馆形成互补格局

几年前,社会餐馆因其"小打小闹、不成规模"而成为"市井餐饮"、"廉价餐饮"的代名词,而星级酒店则以规模较大,设施齐全,环境优雅,服务水平专业化、规范化,可和娱乐、客房产品等结合,推出系列组合套餐,形成配套服务等优势,而使自己独领风骚,占据了霸主的地位。时至今日,社会餐馆无论是从规模上还是形象上都发生了深刻的变化,它们以其灵活的经营机制,有效的成本控制,随行就市的价格体系,鲜明的产品特色,快速的菜点翻新,便捷的采供和服务模式,跻身于现代餐饮市场,对酒店餐饮造成了较大的冲击波,掠夺了大部分的酒店客源。个性鲜明、富有经营特色的社会餐馆生意红火。

面对如此强大的竞争压力,许多星级酒店一方面开始实施精品战略,使高档餐饮更具品位,另一方面开始走出象牙塔,走进下里巴人的生活。如广州花园酒店的荔湾亭食街,以早期广州渔民的生活为蓝本,采用透露深厚平民气息的船形布局,经营各式大众饮食,日营业额保持在 7—8 万元。珠海五星级的银都食街,本着"源于大众、服务大众"的经营宗旨,推出南北小吃,家乡小炒,一些原先不登大雅之堂的小菜被厨师做得精细、雅致,深受欢迎,被大众称为"五星级大排挡"。同时,为了巩固和扩大自己的竞争优势,许多社会餐馆则向专业化、规范化方向努力。由此形成了酒店餐饮和社会餐饮相互补充,相互促进的竞争格局。

(四)突出文化兴店,主题餐饮独领风骚

著名经济学家于光远先生认为:经济发展的深层次是文化,文化是根,经济是叶,根深才能叶茂。越来越多的企业已意识到:高品位、高层次的文化是企业立足市场的基础。而中国餐饮本身就是中国文化的瑰宝,在知识经济时代,文化的回归同样也将深刻地反映在酒店餐饮上,如何创造文化性的餐饮品牌将成为酒店餐饮关注的焦点。目前,许多酒店举起了"文化兴店"的大旗,各类主题餐饮悄然兴起。如结合文学创作开设的"三国宴"、"射雕宴"、"少林素食宴"、"西游宴"、"梁山宴";结合市井文化开发百姓餐饮;结合地域特色开发博大精深的小吃文化;结合历史事件开发的"开国大典宴"等历史餐饮;结合古代餐饮文化开发"六朝餐饮";结合官宦餐饮习俗开发"满汉全席"等贵族餐饮;引进外国餐饮文化开发"异域餐饮"。这些主题餐饮由于富有深刻的内涵和情趣,给消费者以一种特殊而难忘的经历而深受消费者的青睐。

(五)餐饮休闲融为一体,边缘餐饮方兴未艾

物质条件的提高、消费意识的觉醒、精神压力的增加,使得现代消费者在餐饮消费上融入了更多的休闲需求,休闲开始注入餐饮市场。在传统餐饮经营模式的基础上,融入了更多参与性、休闲性的娱乐节目,餐饮与表演结合、餐饮与音乐结合、餐饮与运动结合、餐饮与书画欣赏结合……

此外,越来越多酒店关注到边缘餐饮的生命力。边缘餐饮多以各类特色吧的形式出现,它们以独特的卖场布置、新奇的主题文化、丰富的小吃点心满足现代人茶余饭后寻求休闲的需要。如各类茶吧、音乐流声吧、布艺吧、玩具吧、书吧、咖啡吧、网吧、舞吧、影吧、陶吧、首饰吧、特饮屋等的出现,不仅扩大了酒店的服务特色,而且赋予了酒店新的功能,使其日益成为社会交际、商业洽谈、联络感情的舞台,为酒店带来了广阔的全新发展契机。

四、酒店餐饮的基本对策

未来餐饮市场上,需求数量将持续增长、需求结构将百花齐放、需求层次将更新换代、市场竞争也将日趋激烈,这对现代酒店餐饮管理提出了更高的要求。面对未来餐饮业全新的发展趋势,酒店餐饮应在居安思危的同时,积极寻求"思变"的动力和对策,以掌握市场的主动权。

(一) 研究食客心理,做好"攻心"对策

在感性消费时代,酒店企业要深入研究消费者的心理,做好攻心对策。首先应研究影响餐饮消费者心理的各种因素,包括自然因素和社会因素,如消费者的年龄、性质、职业、受教育程度、收入、整体经济环境、餐饮消费潮流等因素,都会影响餐饮消费者的消费频率、消费取向等。其次,要分析不同年龄、不同性别、不同购买目的、不同收入、不同职业的消费者在餐饮消费上所呈现出来的个性特征。再次,酒店应根据消费者的心理设计各类餐饮产品,如菜点的命名、菜点的搭配、价格的定位、环境的布置、美食节的安排、餐饮广告的实施、服务人员的服装、服务卖场的设计等,均应迎合消费者的心理需求。最后,酒店应研究人际交往心理,并将它贯穿在餐饮服务的各个环节,如怎样以良好的风貌迎接客人、怎样与客人保持适度的情感交流、怎样对待服务过程中的各类突发性问题、怎样影响消费者做出积极的消费行为等。

(二) 扬长避短,拓展餐饮市场

面对大众消费时代,酒店餐饮应仔细研究自己的客源结构,深刻反思是否有调整客源结构的必要性以及如何调整。较长时间以来,一些高档星级酒店基本以大款和公款"两款"作为其主体客源,这两类客源在餐饮消费上往往倾向购买各类中高档餐饮产品,表现出较强的购买力,但他们的购买行为往往呈现较大的不稳定性。受这一经营定位的影响,在普通百姓的心目中往往形成了星级酒店餐饮高不可攀的刻板看法,使得酒店失去了大量的潜在客源。

酒店餐饮开发大众餐饮市场,必须客观分析自身的经营条件,扬长避短,

发挥优势。在主体客源的选择上,不应强调一窝蜂地开拓百姓市场。中低档酒店可敞开大门以相对低廉的价格和实惠的餐饮产品造就酒店的人气;一些历史较长,但设施设备相对陈旧的老酒店,并非只有改造更新迎合原有客源一种选择,而可以考虑以相对过硬的历史口碑开拓普通市民餐饮,以弥补设施设备的相对不足性。而定位较高的四五星级酒店,并非一定要屈尊求廉,开拓百姓市场,完全可以自己相对高档的客源作为主要销售对象,以确保高星级酒店餐饮的地位和品位。即使进入百姓市场,也应坚持以品质取胜的经营模式,在适当和特定的区域开发有特色的餐饮经营项目,有选择地吸引当地客源,在增加酒店收入的同时,又确保了星级酒店的档次和等级。盲目求廉和盲目求尊都应是我们需要避免的做法。关键在于酒店应准确把握开发的"尺度"、定位的"精度"。

(三) 学习社会餐馆,谋求合作道路

长期以来,领导我国餐饮发展主流的主体一直是星级酒店,它们以标准化的服务模式和高档化的餐饮产品成为我国餐饮市场上的领头羊,吸引了诸多海外旅游者和国内部分高消费的消费者。特别是三星级以上的酒店,设施设备齐全,服务条件优越,人员实力强劲,技术力量雄厚,能较好地向消费者提供其所需的各类高档餐饮。而随着餐饮形势的变化,酒店餐饮已不再是昔日的主导地位,当今领导餐饮潮流的主体是各类社会餐馆,它们以灵活的经营方式、时尚的菜点酒水、大气的经营环境争得了餐饮市场的"领头羊"地位。

面对这种发展态势,酒店餐饮首先应树立正确的竞争理念,既不能以传统的眼光对社会餐饮不屑一顾,又不能以老大心态排挤这类社会餐饮,取他人之长补自己之短,同时还可以走联手发展之路。如上海新锦江和小南国大酒店的联姻模式,为社会餐饮和酒店餐饮的共存共荣提供了一个新思路。

实例

创新联合、共谋发展

上海新锦江大酒店放下五星级的架子,同上海颇有实力的社会餐馆——小南国大酒店联姻:新锦江出租场地,小南国自主经营,借用大酒店的风水宝地拾遗补缺,开出"小南国日式烧烤",互利互惠,取长补短,开业

不久,经营初见成效。

这种联姻方式,对于酒店而言,通过租赁,每月都能获得超过餐饮部自己经营的稳定收入,也借机学习社会餐馆的经营模式。对于社会餐馆而言,走进星级酒店,其身价必然倶增,借船出海可带来可观的经济效益和社会效益。而置身于酒店规范化、制度化、科学化、个性化的优质服务大环境中,社会餐馆也强化了自身软件建设,将原先缺乏标准的服务逐步转向"规范+情感"的酒店式服务。

不过,酒店餐饮始终应坚持星级酒店的标准,不能借口灵活性而对各项标准降格以求;不能借口联营而削弱了服务的规范化和严谨性。因此,联手发展的同时要联手培训,联手提升品质,在取长补短的前提下联手推动餐饮业的发展。

(四) 树立创新理念,谋求品牌经营

在餐饮产品日益同质化、餐饮需求日益异质化的今天,创新已成为社会各行各业谋求持续发展的关键,即创新才能创造永恒。酒店餐饮应通过积极主动的目标创新、产品创新、服务创新、管理创新等途径,满足求新求异的市场需求。

1. 创新应循序渐进

创新的过程是一个凝聚大量智慧的发展的过程。对酒店餐饮而言,创新应循序渐进。酒店可首先选择一些容易操作的"点"作为创新的突破口,如通过一些视觉上的创新(绿色植物的点缀、某种特殊陈列品的摆放、器皿的创新等)创造一种新印象;然后,再向那些涉及深层问题的菜点、服务、管理等创新课题进军。切忌不顾时机和条件急于求成,否则,往往因"牵一动百"而影响餐饮业的正常运作。

2. 创新应持之以恒

创新始终是酒店餐饮的主要课题。虽然一时的创新能为酒店餐饮带来某种活力和效益,但这种活力和效益往往具有短暂性之特点。如以餐饮产品中的菜点为例,据《专利法》有关规定,可以对实现工业化生产的菜品的制作过程予以专利保护,但对无法实现计量化、标准化的菜肴只能表示遗憾。事实上,需要专利保护的独创菜肴在刀工、火候、调味品上往往难以用工业化标准来衡量。在法律保护尚存缺陷的背景下,酒店一方面应寻求法律的保护,另一方面,创新就成为一个任重而道远的持续过程。

3. 创新应树立品牌

创新的最终目的是为酒店餐饮创造一个良好的充满活力的品牌。品牌的个性主要包含视觉和文化两个层面。视觉层面的品牌往往可以通过基础创新基本达成;而文化层面的创新则属深层创新,它是品牌的根基所在。酒店可通过制度创新、活动创新、精神创新实现创造独特品牌文化的根本目的。

(五) 坚持质量第一,弘扬餐饮文化

过硬的餐饮质量始终是酒店餐饮要坚持的基本原则,也是酒店弘扬餐饮文化的资本和基础,绝对不能脱离质量谈餐饮文化。

1. 坚持质量标准

酒店应树立"质量是根本"的经营理念,切实保障各类餐饮产品的质量,无论是零点餐饮、团队餐饮、自助餐饮还是宴会产品,都应把保证质量放在首位。目前,许多酒店对宴会产品和自助餐饮的质量问题把关尚且比较严格,但在零点餐饮尤其是团队餐饮上,质量问题屡见报端。尤其是旅游团队餐饮,由于价位低、客人多、利润薄,酒店往往掉以轻心,长期以雷打不动的大众化菜谱提供大众化的餐食,不愿在菜点的灵活性、服务的周到性上下功夫,从而引起旅游团队对酒店产品的投诉,影响酒店餐饮的社会地位,损害酒店产品品牌。从长远角度出发,旅游团队是酒店重要的口碑,因此,酒店对于那些标准较低的旅游团队,要在品种的搭配上多作研究,注意菜点的数量和结构,做到大众化与特色化的有机结合,让客人吃饱、吃好。

2. 坚持质价相符

质价相符、物有所值是商品经济的基本规则,也是消费者的基本要求。酒店应根据食品原料的成本、酒店的等级档次及市场供求状况等因素进行合理的价格定位。那些用料讲究、烹制复杂的菜点,价位高点也不会引起客人的反感,而质价严重背离的菜点,自然会引起客人的不满。考虑到目标客源的复杂性,酒店应根据不同的消费需求,提供不同价位的菜点,给客人以充分的选择余地。

3. 附加文化特色

餐饮的文化特色贯穿于餐饮经营的全过程,在知识经济时代,酒店可通过组织策划各种文化性的活动增加餐饮产品的文化含量,或通过改良饮食环境提高餐饮的文化特色,或通过菜点创新实现文化兴店之目的,或通过餐饮娱乐、休闲、信息等的有机结合扩大餐饮文化内涵。

课后思考题

1. 现代酒店餐饮部组织结构设置的原则是什么?
2. 现代酒店餐饮部的地位及作用是什么?
3. 现代酒店解餐饮部如何合理分工?
4. 酒店餐饮部采购及仓储管理的内容是哪些?
5. 现代酒店餐饮部管理的基本要求有哪些?
6. 现代酒店如何把握餐饮部发展趋势?

实训练习题

组织同学走访本地经营比较好的酒店,在新"国八条"下是如何应对的?

第六章　酒店服务质量管理

本章教学要点

1. 能准确理解酒店服务质量的构成。
2. 能说出酒店服务质量管理的内容及各部门关键环节的服务质量管理。
3. 知道酒店服务质量管理体系的构成及建立该体系的措施。
4. 掌握酒店服务质量的三方评价。
5. 知道如何进行酒店标准化建设。

导入案例

不断下降的服务质量

陈林中是一位经验丰富的酒店职业经理人,新近受聘担任一家有400多间客房的高星级酒店的总经理。作为一位资历和造诣都很深的职业人士,他深知服务质量对酒店的意义。

这是一家外贸公司和一家房地产公司合资经营的酒店,开业已经四年。前两年由一境外酒店管理公司管理,合同到期后投资方接手自行管理。现在酒店内管理干部大部分来自这两家公司,也有部分其他酒店跳槽来的经理。近来,这家酒店被急剧卷入了竞争的旋涡之中,经营形势严峻,出租率下降,营收状况欠佳,服务质量大大下降。客人对服务人员的冷漠、缺乏礼貌与三言两语的草率回答、不规范的服务时常投诉。

第一个月,陈林中走遍酒店各部门了解情况,尽量同员工接触交谈。他发现员工更衣室乱七八糟,地板很脏,卫生间无肥皂、毛巾,马桶坐圈丢失,房门破损。其他员工区也同样杂乱无章,墙壁的油漆、灰泥脱落。员工食堂的伙食差,厨具变形、不洁,餐厅灯光暗淡。

　　他惊异地发现,运作了几年的一家高星级酒店竟然没有一套适合本店的管理模式,对中高层管理者没有做过一次系统的培训。陈林中向人事部了解员工录用情况,发现员工只要填一张申请表就立即安排工作;为了节省劳动力成本,从乡镇招了不少临时工,也用了一些下岗"大嫂",可岗前培训只有半天,有时甚至不进行岗前培训,职业技能可想而知;有些客房服务员时常在规定时间内完不成指标,除了顶头上司的评语外,没有工作评估;原来打算在人事部办公室外设立的布告栏从未设立过,重要人事布告没有固定张贴场所;骨干员工已流失不少,有些部门经理正在寻找合适的单位。

　　在与员工的交谈过程中,陈林中听说在班组管理中,有的主管领班以罚代管,在这种严格管理的环境下,员工工作必须小心谨慎,灵活性极小,以致无法应付多变的客人的需要。各部门还经常出现"救火"现象,日常工作缺乏计划,紧急情况频频发生。此外,他发现前台工作人员从未去过本店的客房,更不要说以客人身份在里面度过一夜,这怎能热情地向潜在客人介绍客房的特色呢? 同样,酒店8个餐厅经理只在本餐厅就餐,不了解其他餐厅的情况,也不了解其他酒店的餐饮经营情况,酒店15个部经理也同样不了解其他部门在干什么。信息不灵和缺乏协调使部门间问题成堆,而客人受害则首当其冲。

　　思考与点评:酒店经营管理不善,服务质量不断下降,陈林中该怎么解决这些问题? 他该怎么做才能让员工以在本酒店工作而自豪,使客人享受到舒适的服务? 上述酒店面临的不是单一问题,而是全局性、系统性的问题,因此应该采取全面、系统的解决方法分阶段实施。

第一节　酒店服务质量管理概述

一、酒店服务质量的概念

(一) 酒店服务

酒店服务是有形的实物产品和无形的服务活动所构成的集合体。广义的酒店服务还应包括核心服务、支持服务、延伸服务、服务的可及性及宾主关系

等内容。西方酒店认为服务就是 SERVICE,且每个字母都有着丰富的含义:

S—Smile(微笑)

E—Excellent(出色的服务)

R—Ready(时刻准备着为客人服务)

V—Viewing(将每位客人看待成贵宾)

I—Inviting(热情邀请宾客)

C—Creating(用创造性的劳动为客人服务)

E—Eye(用平等的眼光看待客人)

当然,以上定义存在一定的片面性,这不仅是因为服务难以为人们所感知从而无法准确地进行研究,而且随着服务在国民经济生活中的地位越来越重要,其范围也愈来愈广,使得研究人员无法从整体上予以概括。

(二)酒店服务质量

对酒店服务质量的概念界定,学术界及业界尚没有统一。目前存在四种不同的观点:

(1)认为酒店服务质量只局限于酒店软体服务的质量,由服务项目、服务效率、服务态度、礼仪礼貌、操作技能、清洁卫生、环境气氛等构成。

(2)认为酒店服务质量由产品质量、有形产品质量和无形产品质量三部分构成。

(3)认为酒店服务质量由酒店技术质量、功能质量、客人的期望质量和经验质量决定。

(4)认为酒店服务质量是指客人在入住酒店活动的过程中享受到服务的使用价值,是客人得到的某种物质和精神的感受。

根据国际标准化组织颁布的 ISO9004—2《质量管理和质量体系要素——服务指南》,"服务"是指"为满足顾客的需要,供方和顾客之间接触的活动以及供方内部活动所产生的结果","质量"是指"反映实体满足明确或隐含需要的能力的特征总和"。据此,酒店服务质量可以界定为"酒店以设备设施、菜肴、商品等有形产品为基础,以酒店管理者和员工的无形服务为依托,给客人带来的物质和精神需要的满足程度"。

(三)酒店服务质量的构成

国际标准化组织颁布的 ISO 9004—2《质量管理和质量体系要素——服务指南》表明,酒店服务质量主要由硬件质量和软件质量构成。硬件质量是指与酒店设施设备等实物有关的并可用客观指标度量的质量,软件质量则是指酒店提供的各种劳务活动的质量。

1. 硬件质量

酒店的硬件质量主要指酒店提供的设施设备和实物产品以及服务环境的质量,主要满足宾客物质上的需求。硬件质量的高低决定着酒店产品供给能力的大小,主要包括以下方面:

(1)酒店设施设备的质量

酒店是凭借设施设备为客人提供服务的,所以,设施设备是酒店赖以生存的基础,是酒店劳务服务的依托,反映了酒店的接待能力。酒店设施设备的质量包括客用设施设备及供应设施设备质量。客用设施设备也称前台设施设备,即直接提供给宾客使用的设施设备,如客房、康乐设施,它要求做到设置科学,结构合理;配套齐全,舒适美观;操作简单,使用安全;完好无损,性能良好。客用设施设备的舒适度是影响酒店服务质量的重要方面,舒适度的高低一方面取决于设施设备的配置,另一方面取决于对设施设备的维修保养。因此,保持设施设备的完好率,保证设施设备的正常运转,充分发挥其效能,是提高酒店服务质量的重要方面。

供应设施设备也称后台设施设备,是指酒店经营管理所需的不直接和宾客见面的生产性设施设备,如锅炉、制冷供暖、厨房设备等,要求做到安全运行,保证供应,否则,会影响服务质量。

(2)酒店实物产品质量

通常包括菜点酒水质量、客用品质量、商品质量、服务用品质量,实物产品可以直接满足宾客的物质需要,是酒店服务质量的重要组成部分。

菜点酒水是酒店餐饮部门提供的主要实物产品,在宾客的消费中占有重要地位,尽管不同客人对饮食的需求各不相同,但对饮食的安全、卫生、健康营养的需求是相同的。所以,酒店要了解客人的饮食喜好,保证饮食安全卫生,以保证菜点酒水的质量。

客用品是酒店直接提供给宾客消费的各种生活用品,如客房的一次性消耗品和棉织品。客用品质量应与酒店星级相适应,避免提供劣质客用品,给客人留下不好的印象;客用品数量应充足,能够满足客人需求,且供应要及时;酒店必须保证客用品的安全与卫生。

商品是指酒店为满足宾客购物需要提供的实物产品,商场部提供的商品质量的优劣也影响到酒店服务质量。酒店的商品要做到花色品种齐全、陈列美观、价格合理,更重要的是要注重信誉,杜绝假冒伪劣,同时要满足宾客的购物偏好。

服务用品是指酒店在提供服务过程中服务人员使用的各种用品,如客房的清洁剂、餐饮部的托盘。它是提高服务效率、满足宾客需要的前提,也是提供优质服务的必要条件。服务用品质量要求品种齐全、数量充裕、性能优良、使用方便、安全卫生。

(3)服务环境质量

是指酒店的服务气氛给宾客带来感觉上的美感和心理上的满足感。酒店服务环境质量主要表现在大堂、餐厅、酒吧、客房楼层、商场等场所,其中,大堂的环境气氛尤为重要。酒店的环境应与酒店的星级相适应,做到宁静、和谐、舒适、温馨,力求典雅,富有文化气息。此外,酒店的建筑风格、装潢装饰、背景音乐以及员工的仪容仪表也是酒店环境服务质量的构成要素,它在满足宾客物质方面需求的同时又可以满足其精神享受的需要。

2. 软件质量

酒店产品的软件质量是指的就是无形的服务,通常包括以下九个方面:

(1)服务项目

服务项目是酒店为满足客人需要而规定的服务范围和数目。酒店服务项目的多少既反映了服务的档次也直接关系到顾客接受服务的便捷程度。酒店服务项目的设置有两个原则:一是满足主要客源的普遍需求,二是符合酒店的人力、物力和财力条件。服务项目设置切忌赶时髦、摆花架子,有些酒店花了不少钱增设服务项目却无宾客问津,而有些简单的服务项目,如大堂提供墨水、邮票等零星物品却被许多酒店忽视了。

(2)服务效率

服务效率是指员工在服务过程中对时间和节奏的把握,它应根据宾客的实际需要灵活掌握,要求员工在宾客最需要某项服务之前及时提供。因此,服务效率并非仅指快速,而是强调适时服务。

(3)服务态度

服务态度是指酒店服务人员在对客服务中所体现出来的主观意向和心理状态,其好坏是由员工的主动性、创造性、积极性、责任感和素质高低决定的。服务人员应具备宾客至上的服务意识并能主动热情、耐心周到地为宾客提供服务。服务态度的好坏是宾客关注的焦点,是软件质量的关键所在,直接影响到酒店的服务质量。

(4)礼仪礼貌

礼仪礼貌包括服装服饰、仪容仪表、语言、习俗礼节等方面。如员工需按岗位要求着装,说话声音要适中,语调平缓,用词恰当;员工要懂得国际国内约定俗成的礼节,知道国家和民族的禁忌;要给客人亲切友好、热情周到、富有人情味的感觉。

（5）职业道德

职业道德是人们在一定的职业活动范围内所遵守的行为规范的总和。在酒店服务过程中,许多服务是否能让客人满意取决于员工的事业心和责任心。因此,职业道德不可避免地影响到酒店服务质量。

（6）操作技能

操作技能是指服务人员在不同场合、不同时间、对不同宾客提供服务时,能视实际情况灵活运用操作方法和专业技能以取得最佳的服务效果,从而显示出服务人员的技巧和能力。它是酒店提高服务质量的技术保证。

（7）清洁卫生

酒店的清洁卫生包括大堂、客房、餐厅、酒吧、公共区域卫生、食品饮料卫生、客用品卫生、员工个人卫生等内容。尽管酒店有不同星级和类型,客人千差万别,但对清洁卫生的要求却基本一致,清洁卫生直接影响到宾客的身心健康,是优质服务的基本要求,酒店必须保证。

（8）服务时机

服务时机即在什么时间提供服务,包括营业时间和某一项服务行为提供的时间,如商务中心开放时间、何时为客人提供整理房间服务,它在一定程度上反映了酒店服务的适应性和准确性,要求酒店能根据宾客的需求适时提供恰当好处的服务。

（9）安全保密

安全保密与清洁卫生一样,是所有宾客的共性需求。酒店必须制定严格的安全保障制度,创造安全的氛围,给宾客以安全感,同时也保障了员工及酒店本身的安全。

知识链接

顾客关注和感知服务质量的十个关键性要素

1. 干净——洁净、清爽、明亮、舒适
2. 安全——没有风险和疑虑
3. 礼貌——尊重、周到、亲和及友善

4. 信赖——涉及绩效与可靠性的一致

5. 沟通——用顾客听得懂的语言表达和用心倾听顾客陈述

6. 理解——有站在客人的立场上考虑问题的工作习惯

7. 效率——员工提供服务的准确性和时效性

8. 产品的有形性——服务过程中体现产品的专业性

9. 环境的可接近性——易于接触和方便联系

10. 服务意识的被感知——员工有期望提供优质服务的本能性和服务习惯

小故事

微笑服务：酒店永远的招牌

在内地一家酒店，一位住店台湾客人外出时，有一位朋友来找他，要求进他房间去等候，由于客人事先没有留下话，总台服务员未答应其要求。台湾客人不悦，公关部王小姐刚要开口解释，怒气正盛的客人就指着她鼻子尖，言词激烈地指责起来。王小姐默默无言地看着他，让他尽情地发泄，脸上则始终保持一种友好的微笑。直到客人平静下来，王小姐才心平气和地告诉他酒店的有关规定，并表示歉意。这位台湾客人离店前与王小姐辞行，激动地说："你的微笑征服了我，希望我有幸再来酒店时能再次见到你的微笑。"

（四）酒店服务质量的特点

要准确理解酒店服务质量，还应正确认识其特点，与一般的商品比较，酒店服务质量具有以下特点：

1. 酒店服务质量构成的综合性

从酒店服务质量的构成可以看出，酒店服务质量是由很多具体产品和劳务活动构成的，既包括有形的实物产品，也包括无形的服务，具有综合性。因此，在酒店服务与管理过程中必须有整体观念，既要重视设施设备方面的质量，又要重视实物产品的质量，更要重视劳务本身的质量。

2. 酒店服务质量呈现的短暂性

酒店的优质服务是由一次次的具体劳务活动完成的,每一次具体服务的显现时间都是短暂的,因此服务人员必须十分重视每一次具体服务活动,要根据服务程序的要求,针对客人特点提供优质服务。

3. 酒店服务质量的关联性

酒店的每一次服务活动都不是独立存在的。酒店规模越大,服务活动之间的联系越广泛。从整个酒店看,服务质量在保证设备设施和实物产品的前提下,又包括前厅服务质量、客房服务质量、餐饮服务质量等具体内容。这些内容以客人的活动规律为线索,互为条件、互相依存,形成一条服务链。因此,酒店服务与管理人员必须具有系统观念,从客人的活动规律出发,加强各个服务环节之间的衔接和协调,树立整体形象,同时也要重视各个服务链内部的衔接和协调。

4. 酒店服务质量对人员素质的依赖性

酒店服务是由服务人员来完成的。酒店服务是面对面的复杂劳动,较之其他劳动有更高的要求。酒店服务人员不仅要有娴熟的服务技能、广博的服务知识,还要有很好的沟通能力和应变能力,因此,酒店应致力于服务人员素质的培养,进行职业道德、语言艺术、形体语言、礼节礼貌、职业知识、职业技能、职业习惯等方面的培训;还要充分调动广大服务人员的主动性、积极性和创造性,培养服务人员的工作责任心和自我管理能力。

5. 酒店服务质量评价的主观性

酒店服务质量的评价具有很强的主观性,因为顾客在酒店消费过程中所获得的物质和精神需要的满足程度最终是由顾客本人来评价的,受顾客自身的经历、教育水平、兴趣爱好等多方面的影响。

二、酒店服务质量管理的内容

酒店服务质量管理涵盖了酒店的各个部门、各个环节。通常情况下管理人员认为服务仅仅体现在服务的过程,而忽略了服务的设计环节,实际上高品质、高水准的服务应该从设计环节开始。完整的服务质量管理应该包括下述四个方面:

(一) 服务项目设计的质量管理

酒店所提供的服务产品看上去是无形的且繁琐复杂的,但实际上可以通过对具体服务的划分、设计,将其变为具体并且有条理的。对于酒店来说,把顾客的需求和愿望正确地变为特定的服务,实际上就是服务的设计和开发工

作。通常,将核心服务项目的设计进行细分,包括以下几个环节:

(1) 进行市场调查,弄清顾客需要。

(2) 根据市场需求,制定并且实施服务规范、服务提供规范。

(3) 明确质量的主要因素:发现为客人提供优质服务的必要项目。

(4) 在新的服务项目得到实施、推广以后,应该采取措施收集市场的反馈信息,以便做进一步的修改,完善服务质量。

(5) 管理顾客的期望:销售不要超过客人潜在预算。

(6) 指导客人享受服务:如果客人知道服务设施多一些,投诉就会减少。

(二)质量文化与质量体系的的建立

酒店服务质量管理是全方位、全过程、全员性的管理,所以,酒店的所有员工都要树立服务质量意识,将服务质量视为酒店的生命线。要在酒店建立质量文化,使服务质量成为每周高级例会和部门例会的议题。同时,酒店要有一套完整的质量体系,这套体系应包含各岗位操作程序规范、质量检查周期及标准、服务质量改进方法和措施一系列的内容。

(三)服务的过程质量管理

服务无法跟有形产品一样,生产出来以后经检验合格再投放市场,产品不合格可以退货;顾客接受了不合格的服务之后不能"退货"。服务的这一特点对服务的过程质量控制提出了更高的要求。酒店服务过程质量控制是指采用一定的标准和措施来监督和衡量服务质量管理的实施和完成情况,并随时纠正服务质量管理目标的实现。酒店服务运作过程质量的管理有三个特点:① 全方位,是指酒店的每一个岗位都要参与服务质量管理;② 全过程,是指酒店每一岗位的每一项工作从开始到结束都要进行服务质量管理;③ 全体人员,是指酒店所有员工都要参与服务质量管理。

按照服务的全过程,酒店服务过程质量管理分为三个阶段:

1. 服务预备过程的质量管理

服务预备过程的质量管理主要是指酒店在接待宾客前的各项服务准备工作质量的管理,是提高服务质量的前提条件,其根本目的是贯彻预防为主的方针,为提供优质服务创造物质技术条件,做好思想准备。酒店各部门的服务性质不同,事前准备工作的内容、形式、时间也不同,因此要根据不同情况进行控制。服务预备过程的质量管理主要包括酒店各种资源整合与配置及人员培训。

资源整合与配置主要是将酒店的人力、物力、财力、能源、信息等资源进行整合,并充分发挥各要素的积极作用,以保证服务过程所需资源要素的质量。人员培训是要根据服务方式与操作程序、质量检查标准等文件和规章制度对各岗位人员进行培训,使其认识和了解自己的岗位职责和质量职能,保证服务人员真正理解和掌握服务过程质量管理文件的内容,使他们的知识、技能和态度能满足酒店的服务质量要求。

2. 服务过程的质量管理

服务过程质量管理是指在接待宾客过程中的各项服务工作的质量管理,包括岗位人员管理、设备物品质量管理、关键环节质量管理、服务方式变更管理和环境质量管理。

岗位人员管理要做到密切关注员工的行为和情绪变化,要求员工能按各项文件和标准的要求进行操作并做好原始记录,发现问题应立即按规定程序采取有效措施予以解决。

设备物品质量管理首先应保证有专业人员或有资格使用的人使用服务设备,严格按操作规范去做,同时做好设备使用记录。其次,对集体使用的物品,如客房的低值易耗品和清洁用品,应设专人保管,按规定领用并做好相关记录,以避免出现"你不管,我不爱护,大家财产不心痛"的现象。最后,设施设备的管理应与工程部订立维修保养合同,由专人负责,对各项设施设备建立档案,定期检查、维修,发现问题和隐患及时纠正、修理并记录在案,以保证各项设备物品的安全卫生。

关键环节质量管理是对服务过程中与顾客接触的对服务质量有重要影响的服务点或服务过程进行管理,如总台的入住和结账以及餐厅的引座、点菜,对这些关键环节要做到严格按规范操作,防止失误。

服务方式变更管理是指在服务过程中为了满足顾客个性化和特殊需求,服务方式发生了变更时的质量管理,如客房服务中某些项目的增减、宴会服务程序的变更。在对服务方式进行变更时需要征得顾客同意并经部门经理批准,每次服务方式变更后要对相应的服务进行评价,以验证服务方式变更的有效性,每次的变更都要形成文件,以便制定新的标准。

环境质量管理是指客人消费环境和员工工作环境的质量管理,对客人的消费环境,要注意各营运点空间区域的合理分布与分割、绿化、声、光及各种装饰物的合理组合,以营造出舒适温馨的环境氛围。员工工作环境的好坏直接影响到其工作质量,酒店要为员工营造能激发员工积极性、创造性的工作环境,让员工能为宾客营造有较强情感性与可感知性的服务软环境。

3. 服务结束的反馈过程质量管理

服务结束的反馈过程质量管理主要是指通过各种方式征集顾客服务消费后的意见和反映，根据酒店服务产品的质量反馈信息，分析提高酒店服务质量的方法与手段，以便在未来的服务质量计划中提高质量标准，包括质量反馈信息管理、纠正措施和预防措施管理及新标准的制定。

质量反馈信息管理主要是对服务质量信息的收集、分析、管理和使用。酒店通过顾客意见单、意见征询表、客人投诉和员工服务工作记录、质量管理部门检查记录等形式收集信息，并进行归类、整理、分析，总结质量管理的成功经验。

纠正措施和预防措施管理是指酒店发现服务质量问题后为解决其引起的负面影响或潜在影响而采取措施的管理过程。在纠正措施和预防措施管理实施过程中应注意：酒店出现服务质量问题的原因可能是多方面的，往往会涉及多个部门和个人，所以，在制定纠正和预防措施前要对可能的原因进行全面彻底调查，认真分析，明确责任，并针对质量问题产生的主要原因制定措施。

新标准的制定是指要把服务过程质量管理的成功方案和有效措施纳入相应的质量程序文件和服务程序、服务流程说明书中，使其成为新的服务规范和服务标准。

(四) 服务的关键环节质量管理

酒店进行服务质量管理，必须抓住关键环节、关键时刻的管理。所谓关键环节、关键时刻是指酒店在接待客人过程中直接与客人打交道的时间。酒店服务中的关键环节包括客人入住和离开酒店，以及客人在客房、餐厅、商场和康乐中心享受服务的时间等。加强服务关键环节的控制是酒店服务质量管理的重中之重。

1. 前厅服务关键环节的质量管理

前厅部是酒店的窗口部门，其主要工作包括客房预订、接待入住、离店结账等业务内容，同时也担负着大量直接为客人服务的日常工作，如迎宾服务、行李服务、问讯服务、电话总机服务、客史档案建立以及接受和处理客人投诉等。在前厅服务过程中，客房预订、入住接待和离店结账是关键环节。

客房预订是酒店与宾客建立良好关系的开始。客房预订工作要求预订人员熟悉酒店的客房产品和预订流程，要有较强的销售能力。酒店要有系统、规范的订房系统和管理制度及服务标准，能做好与相关部门的协调，指定专人负责订房信息的记录、存储与归档，制定科学合理的超额预订比例及补救措施。入住接待服务是前厅工作的关键阶段，在质量管理时应做到严格遵循接待服务程序,做好客史档案记录,也要能根据宾客的要求提供个性化服务。离店结账是宾客离开酒店的最后印象,在服务质量管理时要做好基础的客账记录、保持与客房部的沟通,尽可能简化结账手续,提高工作效率,缩短宾客等待时间。

2. 客房服务关键环节的质量管理

客房是宾客休息、停留的场所,是宾客在酒店停留时间最长的区域,在服务质量管理过程中,关键的环节是客房清洁卫生和服务项目质量管理。

客房清洁卫生质量管理应制定科学的工作规范、检查制度和标准,实行服务员自查、领班普查、主管巡查、经理抽查、定期检查的检查机制,定期做好清洁用品的更换、维护和保养,做好客用品的消毒工作,以保证客房的清洁卫生。客房服务项目主要有迎送客服务、洗衣服务、会客服务、擦鞋服务、用品租借服务、托婴服务等,做好这些项目的服务质量管理首先应完善相关服务程序和标准,同时了解宾客特殊需求,为宾客提供"标准化+个性化+情感化"的服务。

3. 餐饮服务关键环节的质量管理

餐饮产品是酒店产品的主要组成部分,其质量不仅与菜肴、酒水、餐具等实物产品有关,还与餐饮消费环境、清洁卫生有关。在餐饮服务过程中,迎领、点菜、出菜和餐间服务是关键的环节。

迎领服务质量管理要注意指导和培养迎宾,根据宾客需要和当天客情进行准确引座,并注意引座的操作规范和服务礼仪。点菜服务质量管理应制定一套行之有效的点菜规范和流程,要求服务人员熟悉菜品,明确点菜顺序,懂得推荐菜肴,做好点菜记录。出菜服务质量管理主要是对菜品制作时间、出菜线路、菜品组合的管理。餐间服务是餐饮服务最重要的环节,在餐间服务过程中,管理者要关注员工,及时指导其按规范操作,为其排忧解难,要关注客人,及时处理客人的特殊要求和投诉,要关注用餐环境,为宾客提供良好的就餐氛围。

4. 康乐服务关键环节的质量管理

康乐服务是酒店依托各种康乐设施设备为宾客提供专业化的健身康体、休闲娱乐服务的总称,依酒店星级的不同,康乐服务的要求也不同。在康乐服务过程中,健身康体项目的技术服务与指导、运动伤害和急救等紧急情况的应对和处理、场所与宾客安全是关键环节。

康乐服务质量管理首先要做好人员的甄选工作,要聘用具有一定专业技能和从业经历的人员,并对其进行培训,使他们准备掌握各种器械的操作方法,能给宾客相应的指导;同时,也要对服务人员进行医疗保健和急救处理等进行专业培训,以保证宾客能得到及时合理的救助。场所与宾客安全管理主要是做好现场的巡视和防盗工作,以防止危险事件的发生。

知识链接

酒店服务的39个关键时刻

　　酒店伙伴公司(Hospitality Partners)是一个总部设在美国马里兰州贝塞斯达的酒店管理公司。它制定了独特的"关键时刻"服务策略,既阐明了酒店优质服务的简单性,也阐明了酒店优质服务的复杂性。公司的经营宗旨是使顾客满意,不论他们是客人、资产所有人,还是员工。从客人的角度,实现公司的宗旨的手段是,创造一个良好的环境,使客人在这个环境中有宾至如归的感觉,可以了解到各种信息,可以得到娱乐,可以得到关心,也不会出现烦恼。虽然酒店伙伴公司管理的酒店都共享这一宗旨,但是每个酒店都以自己独特的方式来实现这一宗旨。

　　有一家酒店与一家购物中心共用一个停车场,客人到达后常常搞不清应该在什么地方停车。酒店工作人员便和购物中心的管理人员合作,将车场的墙面画上五颜六色的漫画,标明哪一区域是酒店的停车处,哪一区域是购物中心的停车处。另一家酒店的员工使用了一张标题为"你来自何地?"的地图,为客人营造了一种宾至如归的氛围。这幅大地图用来装饰前台后面的墙壁,客人登记入住后,前台服务员就会在地图上插一个别针,标明该客人的家乡。这就使每个客人都受到个性化的欢迎接待,因而使客人感到自己是这个大"家庭"中的一员。

　　酒店伙伴公司的服务策略把公司经营宗旨中的"原因和方式"与每天工作中的"时间和地点"联系起来。酒店员工有机会使顾客感到愉快的时间和地点就是公司在酒店服务周期中确定的39个关键时刻。这39个关键时刻被分别排列在一个被称为"跳舞的顾客游戏"的棋盘上,酒店伙伴公司用这种游戏来训练员工。酒店伙伴公司把这39个关键时刻的每个时刻都看作一次服务机会。这39个关键时刻指:酒店总机接到电话、客房预订部接到电话、销售部接到电话、提供信息或为客人订房间、客人到达酒店门前、客人走在大堂里、行李员向客人问好、销售经理向客人问好、客人登记入住、陪同客人去房间、客人进入房间、行李员巡视房间、客人打开电视、客人要求叫醒服务、客人要求送餐服务、送餐到房间、客人需要熨斗和熨衣服、客人阅读客人服务手册、客人给家人打电话、客人去酒吧、客人点饮料、客人付款、客人就寝、客人接到叫早服务、客人洗澡、客人给前台打电话询问信息、客人去吃早餐、领座员向客人问好、餐厅招待向客人问好、客人点餐、给客人上餐、客人用餐、客人付账、客人向前台询问信息、客人回到房间、客人打电话请求帮助拿行李、行李员帮助客人提行李、客人退房、客人索要账单收据。

（资料来源：Robert H. Woods、Judy Z. king：《酒店业质量管理》，北京，中国旅游出版社，2003）

三、酒店服务质量管理的基本要求

酒店需要的人与人、面对面，随时随地提供服务的特点以及酒店服务质量特殊的构成内容使其质量内涵与其他企业有着极大的差异性。实施酒店服务质量管理要遵循以下几个基本要求：

（一）以人为本，内外结合

酒店的质量管理一方面必须坚持顾客至上，把顾客的需要作为酒店服务质量的基本出发点；另一方面，酒店管理者心中必须装有员工，注重员工的塑造、组织和激励，以提高员工的素质，并使其达到最佳组合和积极性的最大发挥，从而为保证质量的稳定提高奠定良好的基础。

（二）全面控制，"硬、软"结合

酒店服务质量构成复杂，要提高服务重量，必须树立系统观念，实行全员、全过程和全方位的管理，既注意硬件设施的建设和完善，更要重视智力投资，抓好软件建设。

（三）科学管理，点面结合

酒店的服务对象是人，来酒店消费的顾客既有共同需求，又有特殊的要求。作为酒店，既有酒店的共性，不同的酒店又有自己的特点。所以，酒店的服务质量，既要注重顾客的共同需要，又要注意照顾顾客的特殊要求；既要坚持贯彻国家的服务标准，抓好面上的管理，又要根据自己特点，具体情况具体处理，确立具有特色的服务规范和管理办法。

（四）预防为主，防管结合

酒店服务具有生产和消费同一性的特点。所以，要提高服务质量，就必须树立预防为主、事前控制的思想，防患于未然，抓好事前的预测和控制。同时，各级管理者要坚持走动式管理,强化服务现场管理,力求把各种不合格的服务消灭在萌芽状态。

案例分析

"投降"的客人

某天晚上,老沈正在宴请远道而来的老朋友小李一行。在点菜时,服务员小陈热心地向老沈推荐应时的大闸蟹,老沈欣然接受。当大闸蟹上桌时,小陈又热情地向小李等人介绍本地大闸蟹的特色,在座的客人们非常满意小陈的服务。在客人们津津有味地品尝大闸蟹时,小陈走近小李说:"对不起,先生,给您换一下餐碟好吗?"此时的小李右手拿着半只螃蟹,见状后忙侧身让开,为避免碰到小陈,小李还把右手举过了肩膀,小陈发现餐碟中还有半只螃蟹时,便提醒小李:"先生,还有半只螃蟹呢。"小李又连忙用左手拿起另半只螃蟹。双手各拿半只螃蟹的的小李为不影响小陈更换餐碟而成举手投降状,一旁的老沈看到后便打趣地说:"小李,是不是喝不下酒而向我投降了?"小李一听,忙自嘲地说:"我是向漂亮的服务员小姐投降。要说到喝酒,我哪会怕你。等小姐换好餐碟,我好好与你喝几杯。"等小陈换好餐碟,小李果真要与老沈喝酒,老沈也不甘示弱。当两人干完第一杯后正凑在一起说着话时,小陈过来说:"对不起,先生,给您倒酒。"小李和老沈不约而同地向两边闪,小陈麻利地为两人斟满酒,两人又干了一杯,然后又凑在一起说话,小陈又不失时机地上前说:"对不起,先生,给您倒酒。"此时的小李忽然对着小陈大声怒吼道:"没看到我们正说着话吗?"小陈一脸茫然,不知该怎么办才好。

思考:大部分酒店的餐厅服务规程明确规定:当客人餐碟中的骨刺杂物超过三分之一时必须及时撤换;当宾客杯中酒水不足三分之一时应及时添至八分满。服务员小陈按照规定操作,有错吗?你怎样看待本案例中小陈的行为,并谈谈你对酒店标准话建设的看法。

第二节 酒店服务质量管理体系

一、酒店服务质量管理体系的含义

酒店服务质量管理是全方位、全过程、全员参与的管理。酒店服务质量管理体系包括酒店服务质量保证体系、酒店服务质量监控体系、酒店服务质量评价体系。其中,质量保证体系是质量管理的目的,质量监控是质量管理的手段和方法,质量评价是质量管理效果的反映。三者相辅相成,共同构成了酒店服务质量管理体系。

(一)酒店服务质量保证体系

1. 质量保证体系的含义

ISO9000:2000 标准指出:质量保证作为质量管理的一部分,使致力于提供质量要求会得到满足的信任。中国质量管理协会对质量保证给出的定义是:"企业对用户在产品质量方面提供的担保,保证用户购得的产品在寿命周期内质量可靠。"质量保证体系是由质量管理和质量保证活动中的相关要素构成,并通过相应的制度、规章、方法、程序、机构等手段把质量管理和质量保证活动加以系统化、标准化、制度化的系统过程。

目前在世界上应用比较广泛的两个质量保证体系是国际标准化组织 ISO发布的 ISO9000 族质量标准和 ISO14000 族质量标准。

2. 酒店服务质量保证体系

酒店服务质量保证体系是政府、社会和酒店自身对保证服务质量进行有计划、有组织的活动所建立的质量管理体系。其核心是通过有计划、有组织的活动保证酒店服务质量,以达到满足顾客需求的目的。可见,酒店服务质量保证体系是质量保证能力的证明,是为了保证服务质量并向政府、社会、顾客等利益相关者证实其具备质量保证能力的管理体系。

酒店服务质量保证体系是一个动态的复合系统,系统中的各要素有机联系、有机结合,共同为达成顾客满意的目标服务。酒店服务质量保证体系的要素见表 6-1。

表 6-1

序号	一级要素	二级要素（举例）
1	质量原则	质量方针、目标、文件
2	质量职责	组织结构、职能
3	政策法规	
4	设备设施	
5	质量文化	
6	人员素质	
7	质量管理机构	质量机构设置、质量培训机构
8	服务项目开发	
9	服务规范	编制服务规范、服务提供规范、服务控制规范
10	服务产品设计	
11	服务提供	
12	质量控制	制定标准、服务过程控制
13	信息管理	
14	质量评价	顾客评价、酒店企业评价、第三方评价
15	质量改进	质量测量、质量分析、质量提高措施

摘自：郑向敏《酒店质量控制与管理》科学出版社，2008:78-79

（二）酒店服务质量监控体系

酒店服务质量监控体系是酒店通过成立服务质量监控机构、建立服务质量监控指标，对服务质量进行测量、监督，以保证酒店能够提供优质服务的体系。

1. 酒店服务质量监控的内涵

酒店服务质量监控是服务质量管理的重要组成部分，它是对与服务质量有关的关键活动、服务质量特性的监督与控制手段做出的规定。通过实施服务质量监控，可以确保有效控制每个服务过程，使提供的服务能满足顾客的需要和酒店的服务规范。

2. 酒店服务质量监控的层次

（1）自我监控

自我监控是指服务提供者对所从事的活动进行自检、自纠，并作为测量服务提供过程的一个组成部分。自我监控可以分为服务人员自检和服务人员所在部门的自检,两种方式既可以单独使用也可以结合使用,自检结果一般以适当的记录方式加以证实和保存。

（2）部门巡检

部门巡检是各职能部门对所主管的岗位、区域提供服务的活动进行监督和控制,一般由部门的领班、主管和经理执行。巡检须保持一定的频度,把重点放在与顾客直接接触的服务活动方面。

（3）专项检查

专项检查是指酒店质检部门定期或不定期对服务过程进行的测量和控制。质检部门通过对自检、巡检结果的分析,组织顾客意见调查,进行专项评价等对服务过程进行测量、监督和控制。

（4）顾客参与监控

顾客对酒店服务评价关系到其在酒店消费的满意度。酒店通过发放调查表、询问式调查、顾客座谈会联谊会等形式对服务质量进行定期调查,并把调查结果与酒店自身的评估进行比较,可以找出差距,采取改进措施。此外,酒店在服务提供过程中可以将顾客的随机性评价记录下来为服务质量监控的参考。

（5）政府与行业参与监控

酒店业是一项涉及多行业的综合性服务业,政府和行业参与监控能提高酒店加强服务质量管理的自觉性。我国酒店业的政府主管部门是国家和各地市的旅游局,旅游局通过星级评定和访查等方式对酒店业进行监控。同时,食品卫生部门、消防部门也对酒店进行一定程度的监控。

酒店服务质量监控体系是酒店行业规范为基础,以酒店自身的监控为主,酒店行业及其相关行业、政府、顾客共同参与的系统。它主要的目的是规范酒店的行为,保证酒店服务质量,最终让宾客获得满意的消费经历。

3. 酒店服务质量评价体系

（将在本章第三节详细讲述）

二、酒店服务质量管理体系的建设

酒店服务质量管理体系建设是有效实施酒店服务质量管理有力保障。酒店服务质量管理体系的建立可以从思想观念、制度建设、管理人员队伍建设、员工管理等方面入手。

（一）全员树立服务质量管理的思想观念

行之有效的酒店服务质量管理体系,必须是全员参与的,酒店从上到下都应统一思想,树立服务质量管理的思想观念。全体员工要自觉树立优质服务的理念,做好对客服务的每一项具体而细小的工作。只有全员高度树立了服从质量管理的思想,酒店的各项服务质量管理工作,检查考评制度才能落实到位,才能保证酒店服务质量管理体系的良好运行。比如,中层管理人员决不能认为质检部发现本部门存在的各种服务质量问题是给本部门挑毛病或过意不去的思想,而应该看成是在帮部门经理发现了自己已没发现的服务质量问题,是在帮助本部门完善工作,提高服务水平。各部门工作人员都必须无条件地对部门存在的服务质量问题加以改进、完善和提高。只有在层层管理、逐级负责、垂直领导的过程中,树立全员质量管理的思想观念,酒店服务质量才能提高。

(二)建立严密的服务质量管理制度

无论是新筹建的酒店,还是正在运营中的酒店,都必须首先建立起一套严密而严肃的酒店服务质量管理规章制度。制度是酒店人员管理、服务质量管理的核心准则,是保障酒店良好运营、给客人提供优质服务的法典。国内许多知名酒店,如南京金陵酒店、广州白天鹅宾馆、北京王府酒店等,在筹建之初就着手制定了完善而严密的服务质量管理规章制度,这些制度保证了酒店服务管理体系的良好运行和服务工作程序的落实到位。

1. 制定科学的岗位操作标准和流程

酒店服务过程强调标准化和个性化的统一,要使宾客满意,首先要保证服务人员的操作是标准和规范的。各岗位的操作标准和流程是进行服务质量管理的基本依据和准则,酒店要以星级评定为基本蓝本,根据酒店各项管理制度,以顾客需求为中心,制定简单、明确、可操作、易于员工理解的标准和流程,以保证服务质量管理"有据可查,有法可依"。

2. 建立完善的质量检查督导系统

酒店在制定岗位操作标准和流程后,还应建立起一套全方位、立体化的服务质量检查督导系统,建立和完善日检、周检、月检等质量检查制度,以保证服务质量管理工作的贯彻执行。酒店每日的检查工作除常规的服务员自检、领班全查,主管巡查和经理抽查外,有些酒店的质检部工作人员会进行例检。周检工作一般由质检部经理牵头,带领各部门主管、领班进行检查。月检工作在每月底的最后一天,由质检部、总经办牵头由总经理(或常务副总)带领各部门经理,对酒店各部门、各岗位进行全方位的服务水平、卫生保洁、设备养护、节能降耗、安全防火、服务人员仪容仪表、礼节礼貌、外语水准等工作,实施全面督导检查。

在进行日常三级质检督导工作的同时,还可以聘请业内同行,旅游局星评员、酒店常住客对酒店的服务质量进行明查、抽查、探访和暗访。通过广泛收集各方面意见,改进和提高酒店的整体服务质量管理水平。

3. 实施严明的质检奖惩条例

酒店服务质量管理,一靠预防,防患于未然,杜绝发生质量事故;二靠检查督导控制,实行日检、周检、月检;三靠奖惩制度。

在酒店服务质量管理中,要由总经理室统一布署,全员参加,各部门建立质检奖惩条例起草小组,让酒店全体人员共同参与制定《服务质量管理奖惩条例》,这也是对全体员工进行《服务质量管理奖惩条例》培训学习和教育的过程,变传统的事后劣质服务质量处罚管理为预防服务质量管理。《服务质量管理奖惩条例》一旦制定,从酒店总经理到普通员工都必须无条件遵照执行,在质检纪律面前做到人人平等、不留情面、不流形式、不打折扣,该奖则奖、该罚则罚,使之成为酒店服务质量管理、保障优质服务的一张电网,谁触犯了它,它就要处罚谁。

(三) 建设高素质的管理人员队伍

1. 培养对服务质量管理高度负责的工作态度

管理人员队伍素质的高低影响到酒店服务质量管理水平的高低,拥有一支具有高度质量意识、服务意识、对质量管理工作高度负责的管理人员队伍是酒店优质服务质量的保证。

纵观国外酒店职业经理人,他们在进入酒店前,就进行了严格的专业技能和服务质量标准化、规范化、优质化的教育和培训。酒店要想保证其服务质量的优良,就必须从"头"抓起,首先培养一批勇于负责,有高度敬业精神、开拓精神、酒店意识、质量意识的经理人。广州白天鹅宾馆、南京金陵酒店、深圳南海酒店、成都西藏酒店、北京王府酒店之所以能在这么多年的发展历程中保持服务质量的优质化、精品化、一致性,关键是有了一批对酒店服务质量检查工作、督导工作、管理工作高度负责,常抓不懈的高层管理队伍和职业经理人,他们视酒店的优质服务为自己工作的生命线。

2. 有督导检查管理到位的工作力度和工作作风

许多酒店的总经理和部门经理认为,抓服务质量是质检部的事,把自己游离于抓酒店整体服务质量管理工作之外。酒店虽然制定了一整套服务质量管理制度、奖励处罚条例,但由于酒店总经理及个别管理人员服务质量管理意识不到位、工作力度不强,致使服务质量督导检查工作在酒店中流于形式。请看以下情景:

情景一:部门经理与大堂副理在酒店大厅,当着客人的面不说普通话,而使用方言进行信息传递,甚至对客服务使用方言。

情景二:服务人员在餐厅电梯间见到老总和两位前来就餐的客人,服务员向老总问好,对宾客却视而不见,事后,老总也没去纠正服务人员在礼貌服务中的错误。

情景三:客房女服务员在对客服务时,把传呼机别在工裙上,在给客人开夜床时(客人在房间),传呼机嘀哒嘀哒响,而领班就在楼道,却对服务人员的行为视而不见,也没前去制止。

从以上三件小事,我们可以看出,酒店服务质量的优劣,与管理人员的自觉性、工作力度、督导检查、管理到位是密不可分的。在深圳的某四星级酒店,发生过这样一件事,客房服务员正在楼道清洗地毯,有位客人从房间走出来,领班见到客人,微笑着问好!而服务员则低头工作。客人走后,领班对服务员说:"小王,你为什么不向客人问好!你已是来酒店工作四个多月的员工了,记住见到客人一定要问好!下不为例……"从这件小事,我们可以看到服务质量好的酒店,它的质量管理工作一定是细微的、到位的。

(四) 建立新型的管理者与员工关系

酒店服务质量管理不是单独靠管理者的努力就能实现,还需要广大员工的积极配合,从某种程度上说,一线员工服务水平的高低决定了酒店服务质量的优劣。因此,管理者要与员工形成新型的关系。

1. 提倡团队精神

当各种服务质量标准制定出来以后,除了严格要求员工保质、保量的完成工作外,团队精神也是服务质量的关键,在酒店服务中各个部门、各个岗位都是不可分的整体,客人的评价对象是整个酒店,而不是某个部门、某个人。我们提供给客人的服务产品是整体产品,而不是零件。因此,团队协作是为客人提供优质服务的关键,酒店管理人员要培养员工的团队精神。

2. 进行全方位的培训

酒店的从业人员应有较高的综合素质、有较宽的知识面、有文雅的谈吐及整齐的仪表。从业人员的素质将直接影响服务质量。因此,行之有效的培训是服务质量的关键。

要经常对员工进行思想教育,使员工树立正确的职业观,使其真心实意地热爱本职工作。更为重要的是要对员工进行技能培训。员工的服务技能是服务质量的保证,随着客人需求的变化、新设备的应用、新式菜品的推出等,员工每天都将面临新的挑战,这就要求每一个员工不仅要有较高的素质和较全面的业务知识,还要能适应变化。培训是让员工适应变化的重要方法,通过班前会、工作中或专题的培训,让员工了解酒店最新的服务,使其每天有在进步,从而在工作中做出更好的成绩。

3. 合理授权

员工是酒店的一线服务人员,他们与顾客的接触最多,管理者应该对员工合理授权,让员工在对客服务过程中有一定的话语权和决策权,这可以提高服务的灵活性,有助于提高顾客的满意度。

总之,酒店要建立起一套行之有效的服务质量管理体系,并保持服务质量的一贯优良,需要酒店全体工作人员高度树立服务质量思想观念,并为之付出艰辛努力,进行长期不懈追求才能达到的目标。

第三节　酒店服务质量评价

一、酒店服务质量评价体系

(一) 酒店服务质量评价的内容和准则

1. 酒店服务质量评价的内容

酒店服务质量评价主要是对酒店服务质量构成的各要素以及服务的全过程进行评价,如酒店的硬件设施设备、酒店的软件水平,具体来说包括以下方面:

(1) 酒店服务的过程

酒店服务的过程的评价主要考察酒店服务中的各环节顺序是否科学、合理,是否保持服务活动的逻辑顺序和对服务资源的协调利用。通过对酒店服务过程、作业流程的规定与评价,可以发现和改正服务工作中的协调性与行动顺序上的问题,以不断改善服务质量,满足宾客需求和方便员工操作。

(2) 酒店服务结构

该项酒店服务质量评价主要评价酒店为客人提供服务的酒店组织结构和酒店服务项目结构。酒店组织结构包括服务管理结构和服务运作结构,前者的评价主要考察酒店的组织设计的科学性、人员结构的合理性和管理的效率性;后者的评价主要考察酒店岗位设置的合理性、服务流程的科学性和服务操作的标准性。服务项目结构的评价主要考察酒店服务项目设置和服务提供的市场性、经济性和宾客满意性。

（3）酒店服务结果

服务结果是酒店服务质量评价的重要范围之一。服务结果不仅是客人评价酒店服务质量的重要方面，也是酒店进行服务质量管理的主要内容。酒店服务质量评价所考察的酒店服务结果包括"酒店服务会导致哪些状况的改变？""顾客满意吗？"等涉及酒店服务最终结果的问题。通过对服务结果的某些指标（比如投诉率）的分析可以评判酒店服务质量的好坏。

（4）服务质量影响

酒店服务质量影响是酒店服务结果的延伸，也是酒店服务质量评价的重要范围。酒店服务质量评价从两个方面考察服务质量的影响：一方面是酒店服务对客人的影响，这是酒店服务最直接、最重要的影响；另一方面是酒店服务质量对酒店社区公众的影响。一家提供优质服务质量的酒店必然会在本社区中形成良好的公众形象，积极参加社区活动，同时也深受宾客的好评，能通过宾客的口碑宣传吸引更多的宾客。

2. 酒店服务质量评价的准则

（1）可操作性

酒店服务质量评价的可操作性与服务质量标准的可操作性密不可分。酒店不仅要规定酒店各工种岗位的人员素质要求和岗位职责，还应将质量管理中的各标准加以定量化和程序化，使之更具操作性。

（2）系统性

酒店服务质量评价应是一个完整的系统。既要有作为服务对象的顾客评价，也要有提供服务的服务者本身进行的自我评价，还要有既不是服务对象也不是服务提供者，即不存在"利益"驱动的第三方评价。只有完整、系统的评价体系，才能保证评价结果的全面性和科学性。

（3）市场导向性

酒店服务质量评价应该随着酒店服务的变化而变化。各酒店在建立服务标准时，应坚持方便客人的宗旨，在实际做法上强调从客人的需要出发，改进不合理的标准和程序。教育员工树立"顾客第一"的市场导向观念，以标准服务客人，由此，服务质量的评价工作也应该坚持"顾客第一"的市场导向，不断调整评价依据，并以顾客满意为最终的评价结果。

（4）国际性

作为酒店质量管理体系的重要组成部分，酒店服务质量评价工作应逐步完善体系，注重与国际先进水平的接轨。

（二）酒店服务质量评价的要素

酒店服务质量可以用可靠性、反应性保证性、移情性和有形性五个基本要素来评价。

1. 可靠性

可靠性是指酒店准确地履行服务承诺的能力。可靠性要求酒店在提供服务的过程中不折不扣、严格按服务规范操作，使发生服务差错的可能性降到最低，确保宾客的消费权益不受损害。可靠性也是宾客在消费过程中最重视的一个要素。

2. 反应性

反应性指帮助宾客并迅速提供各种服务的愿望及反应的快慢程度。研究表明，在服务过程中，等候时间的长短是影响宾客感知服务质量优劣的重要因素，让宾客等待或不及时解决问题很容易引起宾客的不满意。因此，酒店服务在提供各项服务时，应尽可能减少宾客的等待时间。

3. 保证性

保证性是指酒店员工所具有的知识、技能、礼节及表达出自信与可信的能力。它包括完成服务的能力、对宾客的礼貌和尊重、与宾客有效沟通的能力等。酒店员工亲切友好的问候和微笑服务能缩短宾客与新环境的距离，员工娴熟的操作技能和应变能力可使宾客倍感放心与安全。

4. 移情性

移情性是指酒店对宾客的关注与尊重程度，酒店要设身处地为宾客着想并对他们给予充分关注。酒店员工的友好态度、对宾客无微不至的关怀能满足其情感上的需要，可以提高其满意度。

5. 有形性

有形性是指有形的设施设备、环境、人员的可视性和无形服务的有形化，是酒店员工对宾客细致服务和关心的有形表现。由于服务的无形性，酒店需要在有形的设施设备等硬件上花心思，力求给宾客带来美的享受。

（三）酒店服务质量评价体系的构成

全面、系统的酒店服务质量评价体系由评价主体、评价客体、评价媒体三方构成。

1. 评价主体

即由谁来评价。评价主体应包括顾客、酒店及第三方。其中，顾客评价是服务质量评价的最终目的；酒店评价是提高酒店服务质量、进行顾客评价的参考和第三方评价的依据;以第三方为主体的评价则是整个酒店服务质量评价体系的基础。

2. 评价客体

即评价什么内容。评价客体应当包括酒店服务质量的各个方面:由设施设备、服务用品、环境、实物产品等构成的硬件服务质量;由服务项目、服务过程中的服务意识与态度、礼仪礼貌、服务方法与技巧、安全与卫生等构成的软件服务质量。

3. 评价媒体

即评价的表现形式、各评价主体反映评价结果的渠道。通过顾客意见调查表可以反映顾客的满意程度。酒店以奖惩制度、服务承诺、专项质量管理等来反映其评价结果,第三方则以行业公报、升级降级等奖惩方式对评价结果进行公开。

(四) 酒店服务质量的三方评价

1. 顾客方

顾客是酒店服务质量的最关键评判者,顾客对酒店服务质量的评价反映出顾客对酒店的满意度与忠诚度。顾客作为酒店服务的购买者和接受者,其对酒店服务质量的评价是酒店管理者做决策的重要依据,是酒店发展的动力。因此,由服务的接受者来评价服务提供者的工作与质量是最直接、最无可厚非的。

(1) 顾客评价的影响因素

酒店服务质量最终由客人的满意程度来体现,影响顾客满意度的因素归纳起来有顾客预期的服务质量、顾客经历的服务质量和顾客的感知价值三方面。

顾客预期的服务质量是指顾客以往酒店消费的经验,加上各种管道的宣传以及自身的心理偏好所形成的对未来酒店服务的预期。顾客预期的服务质量受酒店的市场营销、酒店的品牌形象、其他顾客的口碑宣传、顾客自身的情况的影响。

顾客经历的服务质量是由其所实际经历的消费过程所决定的,评价自身所经历的服务质量往往比较主观。一般而言,顾客经历的服务质量受到酒店服务标准化及个性化程度的影响。

顾客的感知价值是指顾客所感受到的价值相对于自己所付出的货币价格的服务质量。在一定条件下,顾客感知的价值越高则其满意度也越高。酒店有必要深入研究酒店自身的价值链以及顾客的价值链,用服务创新来提升顾客的满意度,为培育酒店的核心竞争力奠定基础。

（2）顾客评价的形式

① 顾客意见调查表。具体做法是将设计好的有关酒店服务质量具体问题的意见征求表格放置于客房内或其他易于被客人取到的营业场所。

② 电话访问。电话访问可以单独使用，也可以结合销售电话同时使用。电话访问可以根据设计好的问题而进行，也可以没有固定问题，因此自由度与随意性比较大。

③ 现场访问。其做法是抓住与顾客会面的短暂机会尽可能多地获取顾客对本酒店服务的看法与评价。

④ 小组座谈。小组座谈是指酒店邀请一定数量的有代表性的顾客，采用一种聚会的形式就有关酒店服务质量方面的问题进行意见征询、探讨与座谈。

⑤ 常客拜访。常客的购买频率越高，购买数量大，因而其顾客价值和对酒店的利润贡献率也最大。因此，酒店管理者也应该把常客作为主要目标顾客和服务重点，对常客进行专程拜访，显示出酒店对常客的重视与关心，而对酒店富有忠诚感的常客也往往能对酒店服务提出有益的宝贵意见。

（3）顾客评价的模型

顾客评价可以用描述性的语言，也可以通过对顾客满意度的测量来反映顾客评价。当前，已为国内外学界所普遍认可的测量方法是由美国营销专家柏拉所拉门、塞登尔和贝利提出的 SERVQUAL 模型以及克罗宁和泰勒在此基础上提出的 SERVPERF 模型。

SERVQUAL 模型表示如下：$SQ = \sum (Pi - Ei)$。其中，SQ 为 SERVQUAL 模型中顾客感知的总的服务质量；Pi 为顾客体验的第 i 个问题的得分；E 为顾客期望的第 i 个问题的得分。SERVQUAL 模型是较为科学、实用的质量评估方法，对服务质量的评估进行了系统的处理，得到了很多人的认可。但不可否认，该模型还有许多要发展和完善的地方，如该模型从理论到实际观察都没有表现出预期与结果的差别的基础是什么、关于对期望有不同理解、以差异分数描述服务质量的可行性等。

SERVPERF 模型由克罗宁和泰勒两位学者共同提出，以服务表现为核心，即在评估服务质量时不考虑顾客期望的因子，而用服务表现来评估服务质量。也就是说，顾客只须就服务的体验和服务属性的重要性打分，而不必给服务期望打分。用模型表现为：服务质量＝服务表现；服务质量＝服务表现×权重。

（4）顾客方评价的特点

① 顾客评价的多元性。由于顾客消费需求各种各样，顾客的素质也相差

悬殊,因此顾客对酒店服务质量的评价必然呈多元性。

② 顾客评价的被动性。客人一般不主动评价。客人只有在特别满意或特别不满意的情况下,才会主动表扬、批评或投诉,在大多数情况下,并无外在的表示。对此,酒店除应采取必须的措施诱导与刺激宾客积极参与评价外,还可从投诉率、回头率等角度进行综合分析与评估。

③ 顾客评价的模糊性。顾客对所提供服务的评价通常以主观评定为主,同时,一般客人也不了解酒店服务规范、程序和评价的尺度,他们通常是依据主观的感受和体验就酒店服务给出模糊评价。

④ 评价兴奋点的差异性。兴奋点的差异性使得不同的顾客关注不同的服务要素,也就是说顾客对各类服务要素的评价和感知有着不同的权重。

案例分析

> 某三星级酒店一行15人由总经理率领慕名来到本市一家酒店用晚餐。他们此行的主要目的是想学习该酒店的管理和服务,看看菜肴如何。
>
> 晚7时他们来到单间"春"厅,虽有预订,因多来了几个人,使得服务员和领班手忙脚乱地加椅子和餐具。人们还没有坐下,一客人指着墙上那幅字,问服务员写的是什么? 服务员答:"不清楚。"又问领班,答:"不知道。"入座后,客人点菜,问:"最近咱们餐厅推出什么特色菜没有?"领班回答:"不清楚,我到厨房问一下告诉你。"客人点完菜,领班把菜牌一收离开了。15分钟后才开始上凉菜。客人们发现转盘底下爬出一只蚂蚁,叫服务员赶快处理;同时,一客人从啤酒杯里打死一只小虫子后,让领班换一只杯子,换后,客人觉得更换的这个杯子似乎就是刚才那个杯子,因为杯子里有手拿过的痕迹,要求再重新换一个。领班不情愿的拿来一个与原来杯子不同的高脚杯,往桌子上"砰"地一放,客人讲:"怎么是这种杯子?"领班答:"杯子没有了,这才是喝啤酒的杯。"
>
> 席间,客人流露出对领班的不满,就对服务员讲:"您服务得不错,你们那个领班真不像话。"后来领班也就没有出现了。结账时客人提出要打折,一位自称是部长的小姐讲:"我做不了主,得上报。"客人中的主人(即总经理)对那个部长小姐开玩笑地讲:"你可得注意,这个人不好惹(指要求打折的同事),他是黑社会的头儿。"部长小姐回敬道:"没关系,我们敢开这么大

一个店，就不怕有人来捣乱。"10分钟后，部长小姐把投诉客人叫出去了。餐饮部经理(一个老外，会讲中文)出面说："可以考虑打折，但只能打八五折。"，客人讲："不行，你们服务出现这么多问题，菜肴也不好，怎么也得打六折。"餐饮部经理讲："我做不了主，得上报。"这样僵持不下，10分钟又过去了。最后值班经理(酒店的人力资源总监)来了，听了投诉经过后说："你们讲的那个领班服务不好我知道，她不代表我们酒店。你们不能指责服务员，你们是人，他们也是人。"最后，以八折达成协议。可是，客人一看账单觉得价格不对，打折下来应为3 200多元，怎么是3 600多? 仔细一算，发现将基尾虾和另一个菜按两份结账。这下客人火了，客人说："本来是想来考察，学习学习，没想到不仅没学到东西，反而让人生气。钱不在多，关键是要一口气。"

思考：

(1) 请列出整个服务过程出现了哪些问题?

(2) 从本案例暴露出来的问题，谈谈如何提高该店的服务质量?

2. 酒店方

酒店是服务的提供者，由于酒店服务具有生产与消费同一性，因此酒店应注重服务的事前、事中与事后评价，以保证酒店服务质量。酒店对服务质量的评价本身就是酒店服务质量管理的重要环节之一。酒店组织通过自我评价，在了解服务实际提供情况的基础上，不断修正与完善服务质量标准，避免出现顾客不满意或不合顾客需要的情况。

(1) 酒店方评价的组织形式

为了做好酒店服务质量评价工作，需要建立相应的评价机构。有的酒店设立专门的质检部门承担服务质量评价工作，有些酒店只在培训部或总经理办公室内设立相应的检查评价机构，有些酒店则采用非常设服务质量管理委员会来执行服务质量的评价工作。这几种组织形式各有利弊，酒店到底采用哪种组织形式，应根据自身的具体情况来决定，如考虑整个酒店的管理方式是集权式还是分权式，酒店服务质量考察所面临的主要问题是缺乏权威还是缺乏技术还是部门重视程度不够等。总之，最适合解决自身问题的组织形式才是最好的形式。

(2) 酒店方评价的形式

在实践中，酒店自我评价服务质量的形式大体上可以归纳为以下几种：

① 酒店统一评价。这种评价形式是由酒店服务质量管理的最高机构组

织定期或不定期实施。在这种形式的评价中,要注意对不同部门的重点考核,要注意评价的均衡性,要注意服务质量评价的严肃性。此外,对影响酒店服务质量的员工素质及出勤状况的考评也往往由酒店统一进行。

② 部门自评。部门自评是指按照酒店服务质量的统一标准,各个部门、各个班组对自己的服务工作进行考核与评价。酒店自我评价应该是多层次的,大致可以分为三个层次:第一层是店级的,第二层是部门级的,第三层是班组、岗位级的。店级的考评不可能每日进行,但又必须保证服务质量的稳定性,因此,部门和班组的自评就显得尤为重要。

③ 外请专家考评。外请专家考评,不仅能使质量评价表现出较高的专业性,同时这些专家还会带来其他酒店在服务质量方面的经验,有利于酒店质量管理的改进。此外,这些"局外人"在协助酒店进行自我服务质量评价时,会帮助酒店发现一些被内部考评人员"麻痹"掉问题。

④ 随时随地"暗评"。随时随地"暗评"是由酒店中高层管理者来实现的,即将服务质量考评工作融入酒店管理人员日常巡视和考察中。

⑤ 专项质评。专项质评是指酒店针对特定的服务内容、服务规范进行检查与评估。酒店通常对自己的优势服务项目在特定的时间内开展专项质评,并以服务承诺或服务保证的方式向顾客显示质评后的服务效果。

(3) 酒店方评价的特点

① 评价的全方位性。酒店服务质量的高低取决于各部门每一位员工的工作结果,对服务质量的评价不仅是对被服务者的需求质量进行评价,还要对酒店的各种工作质量进行评价。

② 评价的全过程性。注重过程性的考评,不仅仅是对面对客人所进行的服务,还包括之前所做的准备工作和之后的善后工作,更有利于服务质量考评后的总结与完善工作。

③ 评价的片面性。由于考评人员长期处于一个固定的环境之中,酒店自我评价难免会出现"不识庐山真面目"的情况。同时,还会因为走过场、搞形式等原因,使内部考评人员"麻痹"、"忽视"本酒店服务质量中的一些重要问题。另外,不论是哪层次的考评,酒店自我评价一般都是事先通知的,因此,可能会因经过过多的"装饰"而缺乏真实性。同时,也存在各部门、各班组之间的相互包庇现象,所以酒店自我评价反映出的是酒店服务质量临近最高水平的一个基本状态。

3. 第三方

第三方指除顾客和酒店组织以外的团体和组织。目前我国酒店服务质量评价的第三方主要有国家及各省、市、县的旅游行政部门和行业协会组织。第三方作为独立于利益相关者评价主体能够客观地对酒店服务作出评价,其评价结果较能让大众信服。第三方评价也是实行行业管理和推行标准化工作的重要途径。

(1) 第三方评价的形式

第三方对酒店服务质量的评价主要形式有以下几种:

① 资格认定。在我国,酒店的涉外资格有定点与否和涉外与否两种资格。

② 等级认定。目前,我国酒店业存在两大等级认定体系:星级酒店体系与等级酒店体系。

③ 质量认证。质量认证是指由可以充分信任的第三方证实某一鉴定的产品或服务的质量符合特定标准或其他技术规范的活动。

④ 行业组织、报刊、社团组织的评比。这是由第三方的代表,通过各种不同的形式与方法对酒店服务质量进行评价的方式。

(2) 第三方评价的特点

① 客观性和权威性。第三方评价比较不会受偏好和利益的影响,评价结果较为客观。此外,酒店的资格和等级认证与评定工作是由国家、各省市旅游行政管理部门履行的职能,其评定后的结果将在国际旅游市场上分别代表整个中国旅游酒店服务质量的形象,所以他们的评价具有权威性。

② 局限性。一般而言,第三方评价只局限于产品或服务的主要功能、基本特征和通用要素,同时,因为必须要考虑到整个酒店行业的现有水平,评价标准不可能定得太高,所以表现出局限性。

③ 重结果性。以星级评定为例,"星级评定标准"主要是针对结果进行评价,反映的质量要求方面的预定的差异,并不表示比较意义上的质量优良程度,它更强调酒店的功能与费用的关系。高星级酒店可能存在不满意的服务质量,低星级的酒店也可能提供满意的服务质量。

④ 滞后性。第三方评价一般是遵循标准进行的,但标准不是万能的,需要不断丰富与更新,而标准的更新往往是滞后的,通常一个标准要 3—5 年才修订一次,这可能导致酒店所提供的服务与市场需求的部分脱节现象。

知识链接

酒店服务质量评价体系的评价指标

酒店服务质量的评价指标一般包括以下几点：

（1）顾客满意指标，如顾客满意率、平均顾客满意度、顾客投诉率、投诉回复率、二次购买率等。

（2）服务硬件质量指标，如房间数量、设施设备档次与数量、设备完好率、设备维修率等。

（3）服务软件质量指标，如服务限时、服务人员高素质率、服务人员外语水平等。

（4）酒店经济指标。酒店经济指标可以包括利润总额、销售利润率、利润增长率、资产利润率等。

知识链接

酒店服务质量评价体系的定量评价模型

设酒店服务质量为 Q，顾客评价结果为 C，酒店评价结果为 H，第三方评价结果为 G，那么酒店服务质量评价体系的模型可以用下式表示：

酒店服务质量 $Q = a * C + b * H + c * G$（其中 a、b、c 为分数，且 $a + b + c = 1$）

顾客评价 $C = \sum$ 各评价因子 * 因子的权重（$\sum$ 因子权重为 1）

酒店评价 $H = \sum$ 各评价因子 * 因子的权重（$\sum$ 因子权重为 1）

第三方评价 $G = \sum$ 各评价因子 * 因子的权重（$\sum$ 因子权重为 1）

各方评价因子及其权重的具体确定可以根据实际情况由各方自行确定，从而得出各自评价的具体结果。酒店服务质量评价体系模型中三方评价结果前的系数确定，可以用德尔菲法。

二、酒店标准化建设

(一) 标准化的含义

国家标准(GB/T 3925.1—83)对标准的定义是"对重复性事物和概念所做的统一规定,它以科学、技术和实践经验的综合为基础,经过有关方面协商一致,由主管机构批准,以特定的形式发布,作为共同遵守的准则和依据"。标准化则是指在经济、技术、科学、管理等社会实践中,对重复性事物和概念,通过制定、发布和实施标准达到统一,以获得最佳秩序和社会效益的活动。

(二) 酒店推行标准化的必要性和意义

在酒店服务过程中,存在大量重复性的劳动,标准代替了在实践中可能的因人而异的经验服务,从而在某种程度上消除了酒店从业人员因个人主观因素造成的酒店最终服务的随意性、不可预知性。所以,酒店很有必要推行标准化建设。

在酒店服务过程中将重复性的操作行为规范化标准化主要有两种益处:一是将日常操作规范化标准化,用共同的行为标准代替了在实践中可能的因人而异的经验服务,从而在某种程度上消除了酒店从业人员因个人主观因素造成的酒店最终服务的随意性、不可预知性,有利于稳定酒店服务质量。值得我们明确的是,酒店制定的标准在一定程度上也是酒店在长期的经营实践中大多客人对酒店服务期望的总体阐述和表达,因此,酒店的标准化在某种程度上保证了宾客的基本共性需求,有利于消除宾客的不满意。二是酒店推行标准化,各岗位有了流程和标准,服务人员经过培训,遵循各类标准执行,有利于提高工作效率。同时,也使酒店从业人员在以后的实践中有不断完善的可能。令人满意的酒店服务质量是一个精益求精的追求过程,规范化、标准化的操作行为为从业人员不断的反省、改进提供了一个客观的参考依据,从而最终形成了每一位从业人员可以共同遵循的标准。

(三) 酒店标准的内容

酒店推行标准化,要求酒店根据质量标准,并结合酒店实际,制定企业内部的标准体系。酒店内部的质量标准一般分为以下三个方面:

1. 工作标准

工作标准是酒店对部门、各类人员的基本职责、工作要求、工作程序、工作规范、考核办法等所作的规定。如前厅部经理岗位职责、餐厅点菜操作规范,工作标准是衡量酒店服务质量的基本依据和准则。

2. 技术标准

技术标准是酒店对服务所要求达到的程度和水准所作的规定,一般包括设备设施质量标准、实物商品质量标准和服务质量标准。技术标准是行业对就酒店服务的基本要求,每个酒店都应该以行业标准为基础制定自己的技术标准。

3. 管理标准

管理标准是酒店对管理的规则、规章、程序及其他管理事项所规定的标准,它是标准的标准,是酒店经营管理过程中的纲领性文件。

(四)酒店标准化建设的注意事项

1. 标准制定的科学性和严密性

标准的科学性是指各项标准必须以科学、技术和实践的综合成果为基础,把标准的目标定在一个合理的水平上,要有定性标准又要有定量标准,并尽量使用定量标准。严密性是指在酒店运转的每一个环节,哪怕是极小的一个环节,都要有明确、详细的标准,否则就会出现管理或服务的"真空地带"及相互扯皮的现象。

2. 标准的实用性和协调性

酒店要以顾客需求为中心,结合酒店实际,在衡量成本和收益的基础上,制定简单、明确、便于员工理解和操作的标准。各项标准应相互协调,不能存在冲突,否则会造成标准执行时的矛盾。

3. 标准实施的严肃性和灵活性

酒店的标准一旦制定,就应该遵照执行,任何人不得随意更改,且要坚持对标准的实施情况进行检查和考核,以保证标准的权威性。但是,酒店推行标准化并不意味着酒店服务工作的机械化,标准在实施过程中也要注意灵活性。标准化本身是为了更好地满足普遍的客人对酒店服务的期望,并在赢得客人满意的同时最终赢得酒店的经济和社会效益。在实际中,虽然客人在相当大的层面上有其共同的需求标准,但不同的客人对酒店服务的现实需求的期望值是围绕着酒店制定的服务质量标准上下浮动的曲线。这就要求酒店从业人员在遵循标准的同时应具备必须的判断能力,使酒店服务质量在标准化和不确定性的客人现实需求中寻找完美的平衡。

案例分析

> 一天19:00,韩国客人金先生入住某酒店,办理手续后,行李员将客人引领进房间,按服务规程想给客人介绍一下酒店设施,金先生却对他说:"没事了,我想休息一下。"行李员忙向客人告辞离开了房间。金先生想着已经与几个重要客户预约好在20:00开始的宴会,想先洗个澡,洗去旅途的疲乏。他在卫生间,正准备放水时,却听到门铃声,金先生犹豫了一下,连忙跑出卫生间,对着房门说:"请等一下。"然后以最快的速度穿好衣服,开了门,却发现一个客房服务员站在门口,对金先生说:"你好,先生,这是我们酒店的欢迎茶。"客人看着放在盘子里沏好的茶和小毛巾,却一点也没有乐于接受的样子,只说了一句:"放在桌上吧。"然后看了看手表,问服务员:"还有什么事吗?"服务员说:"没有了,希望你居住愉快。"然后告辞而去。金先生等服务员离开后,到卫生间放好水,脱了衣服正准备进浴缸,却又听到三声门铃响。金先生只好又穿好衣服打开门,看到一位行李员正微笑着站在门口,对金先生说:"这是今天晚上的报纸,祝你居住愉快。"金先生叹叹气收下了报纸。刚过一会儿,门铃又响了……
>
> **分析:**这位服务员严格按照酒店标准化的服务内容进行服务,但这还是不是优质的服务?一名优秀的服务员,必须努力提高本身素质,在服务实践中坚持将规范的原则性与灵活性有机结合。当然,这需要服务员在实践中长期积累,努力摸索,刻意提高。

4. 标准化建设的持续性

标准制定后不是一成不变的,因为顾客的需求在不断改变,我国的星级酒店评定标准在不断修订,酒店的各项标准也应该随着市场需求的变化、行业的发展而不断改进,这样才能保证酒店标准化建设的持续性。

知识链接

与酒店相关的标准体系

GB/T14308—2003 旅游酒店星级的划分与评定	国家标准
酒店服务指南(已立项国家标准)	国家标准
旅游酒店计算机管理系统技术规范(已立项国家标准)	国家标准
GB/T 13391—2000 酒家酒店分等定级规定	国家标准
GB/T 12455—1990 宾馆、酒店合理用电	国家标准
GB/T 21084—2007 绿色酒店	国家标准
LB/T 006—2006 星级酒店访查规范	行业标准
LB/T 003—1996 星级酒店客房客用品质量与配备要求	行业标准
LB/T 001—1995 旅游酒店用公共信息图形符号	行业标准
LB/T 007—2006 绿色旅游酒店	行业标准
SB/T 10230—1994 酒店(酒店)管理规范	行业标准
SB/T 10268—1996 旅馆业开业的专业条件和技术要求	行业标准
SB/T 10420—2007 酒店业星级服务人员资格条件	行业标准

三、酒店质量管理体系认证

1. 质量认证

质量认证是第三方依据程序对企业产品、过程或服务符合规定要求给予书面保证。质量认证的对象是产品和质量体系,前者称产品认证,后者称体系认证。质量认证是由第三方进行的活动,目前我国质量认证的第三方机构都是由国家认可的组织来承担。质量认证的基础是"规定的要求",即国家标准或行业标准。无论实行何种认证,都必须有适用的标准。

酒店服务质量认证是第三方根据酒店服务质量标准,对符合要求的酒店进行资格认证,并颁发相应的质量认证证书的活动,它属于体系认证。目前我国酒店服务质量认证主要采用国际通用的质量认证标准与体系。

2. 质量管理体系认证

我国目前有三种质量管理体系的认证：贯彻 ISO9000 国际标准的质量管理体系认证（QMS）、贯彻 ISO14000 国际标准标准的环境管理体系认证（EMS）和贯彻 OHSAS18000 国际标准的职业健康安全管理体系认证（OHSMS）。这里主要介绍 ISO9000 国际标准的质量管理体系认证。

（1）ISO9000 族标准

ISO9000 族标准（简称 ISO9000），是指由国际标准化组织（International Organization for Standardization）的质量管理和保证技术委员会发布的所有标准，也是我国推荐采用的国家标准。该标准是适用于世界上各种行业对各种质量活动进行控制的国际通用准则，"9000"是一个族标准的概念，它包括三套模式标准，即"9001"、"9002"、"9003"，分别针对不同企业，覆盖面也不一样。共有四版的质量管理体系的标准：1987 版、1994 版、2000 版、2008 版，2008 版 ISO9001《ISO9001:2008 质量管理体系要求》于 2008 年 11 月 15 日由国际标准组织发布。它的四个核心标准如下：

ISO9000:2005 质量管理体系　基础和术语

ISO9001:2008 质量管理体系　要求

ISO9004:2000 质量管理体系　业绩改进指南

ISO19011:2002 质量/环境审核指南

（2）ISO9001 国际标准质量管理体系认证的一般步骤

① 确定质量管理目标和质量方针

将管理目标分解并通过质量目标表现。质量管理目标包括组织目标、职能目标、过程目标和工作目标。质量目标不可以定得太高，无法落实，不同阶段要确定出不同的质量目标和质量方针。

② 分析产品（服务）质量影响要素和质量管理流程

影响产品（服务）质量的要素主要包括人员、机械、物料、法律、环境五个方面。影响质量的管理过程包括研发、生产、检验与监督、供应商管理、仓储和销售和售后服务过程。

③ 质量管理体系文件的编纂与实施

第一，成立编纂小组，编纂《质量手册》。质量手册是描述一个企业质量管理体系的文件，应在对企业现状及战略进行认真分析的基础上按照 ISO9001 标准的要求，从质量管理体系的设计，控制要素的选择、质量职能的确定等环环衔接，建立起对产品服务全过程全方位进行管理的控制系统。

第二，其他文件的编纂。如程序文件、质量策划文件、质量记录等。

第三,审核和批准质量管理文件。审核和批准质量管理文件应有权限的规定,审核工作可为同级审核或上下级审核。通常部门内操作性文件由部门负责人批准,管理制度或跨部门文件由企业最高层批准。

第四,培训管理。质量管理文件在批准后都应留有相应的时间进行相关人员的培训工作,然后才能生效。培训工作必须有培训计划、培训记录和培训考核。

第五,文件的实施。质量管理文件在实施前应验证其有效性,否则不能实施。在实施过程中培训工作和宣传工作到位,使很多阻力和冲突降低到最低限度。

第六,质量管理体系的审核和评审。文件实施后应定期做好该项工作,由企业高层管理者和内部外部审核专家针对质量管理体系存在的问题,提出好的建议,使质量管理体系不断完善。

3. 酒店ISO9001质量管理体系的建立步骤

酒店有较为完善的星级标准,某种程度上说星级标准更具体、更切实际,ISO9001是应制造业而生,在酒店业中有必要引入吗?事实上,两者形式不同,其实质是一致的。星级标准更多强调的是一种结果,而ISO9001则更注重过程,它是保证这一结果得以实现的可靠途径,两者相辅相成,互为因果、互相支持。ISO9001通过一套有效的文件体系来规范酒店的行为,并通过定期内、外部评价,以达到持续改进的目的,从而使酒店的服务质量更为完善。因此,ISO9001不仅可作为酒店管理活动的行为准则,更为酒店获取顾客及社会公众的认同和信赖提供了有力保证。酒店建立ISO9001质量管理体系的步骤分为以下四个阶段:

（1）质量体系建立的组织策划阶段

这阶段所要做的工作是建立质量体系的各项准备工作,为质量体系的建立打下良好基础。工作内容包括:建立领导组织机构,明确各机构层次的责和权;进行各个层次的培训,学习ISO9001标准,统一思想;制订工作计划,建立工作机制对质量管理体系工作内容进行分解与贯彻。

（2）质量体系的总体设计阶段

这个阶段是对质量体系进行规划、分析和设计的过程。质量体系总体设计的要求包括:有明确的质量方针和目标,有符合GB/T19004—2000及SO9004:2000的规定和要求,有结合酒店实际、能解决产品或服务以及现有体制存在问题的系统分析并符合全面质量管理和科学组织设计原理。质量体系总体设计的内容包括质量体系及质量保证的概念、定义、内容、功能、种类等,质量体系的目标、各个过程的分目标及其关联关系,质量体系的外部环境及内部环境的关系,质量体系的层次和结构,以及提醒过程要求的行为和习惯。

（3）质量体系的建立阶段

在质量体系的建立阶段,由管理者代表对酒店现有组织结构的适用性进行评价,提出建立和完善组织机构的议案,由总经理批准新成立的组织机构,按 ISO90001 标准,规定质量责任和权限,并配备质量体系的资源。

（4）质量体系文件的编制阶段

质量体系文件是指系统阐述质量方针和质量体系的全部过程、要求和规定的文件。它包括质量手册、程序文件、质量计划以及质量记录等。

课后思考题

1. 酒店服务质量由哪些方面构成?

2. 你怎么样看待酒店服务质量的特点。

3. 如何做好酒店各部门关键环节的质量管理?

4. 建立酒店服务质量管理体系需要做好哪些工作?

5. 我们可以从哪些方面去评价酒店的服务质量,如何评价?

6. 酒店服务质量评价体系是怎样构成的? 酒店的三方评价各自的特点是什么?

7. 酒店标准化建设过程需要注意哪些问题?

8. 酒店有必要引入 ISO9001 质量管理体系吗? 为什么?

实训练习题

走访一家酒店,找出该酒店服务过程中出现的问题,并提出改进措施。

第七章　酒店安全管理

本章教学要点

1. 熟悉酒店安全的概念及特点。
2. 熟悉酒店安全管理的主要内容。
3. 熟悉酒店安全管理的方法及手段。
4. 酒店设备安全包含哪几方面内容。
5. 酒店消防安全管理包含哪几方面内容。

导入案例

贵阳凯宾斯基酒店集体失窃

2012年5月6日下午,贵阳凯宾斯基大酒店发生失窃案,10多名客人放在包房里的挎包被翻开,近2万元财物不翼而飞。

刘女士是贵州广电旅行社员工。当天下午,她们30多人到凯宾斯基举行活动,地点是酒店3楼一间大厅,她们的包和衣服,放置在距离大厅20米左右的文秀阁5号包房里。晚上7点40分左右,有员工发现挎包失窃了。单位活动是下午5点30分左右正式开始,活动结束是7点40分左右。"我与另一同事走进包房时,发现包和皮夹是翻开的,一检查才发现自己的100多块现金没了。"刘女士说。其他同事听说后,也赶紧检查了自己的东西。初步统计,10多人的包被翻过,丢失财物有项链、吊坠、戒指、手机、现金等,核算价值大概在17 000元以上。一同失窃的雷先生回忆说,活动开始前,他们有3个人在包房,期间陆续有人进出,一女同事始终在房间内。"大概6点30分左右,女同事要出去时问酒店服务员要不要锁门?服务员说不用锁,让服务员看门又遭到了拒绝,没想到后来就出事了。"雷先生说最后出门的女同事告诉他。另一失窃员工回忆,活动结束后,有礼仪进去拿过一次东西,现场靠近门口桌子上的包没有被翻,房间里面的包几乎都被翻遍了。

这家旅行社负责人说,失窃案发生后,他们第一时间报警,而且要求查看包房附近的监控摄像,但酒店方说只能看到电梯出口画面,无法查看包房内情况。当晚,凯宾斯基大酒店的负责人表示:等待警方的调查结果,是哪边的责任,就由哪边承担。对于酒店的说法,举办活动的旅行社负责人说,酒店应该立即给出个说法,最好在当晚就拿出一个方案。最终,酒店方提出到会议室协商解决,但等了30分钟左右,酒店方仍无人出现,旅行社方先行离去。

目前,警方已到现场进行了调查取证,案件正在进一步调查当中。

第一节　酒店安全管理的含义及内容

一、酒店安全管理的含义

酒店既是为住店客人及社会公众提供各种服务的场所,又是酒店管理者组织和开展各项经营活动的场所。人们长期以来一直认为酒店能为客人提供相当安全可靠的环境。这个安全环境已经从多年前宾馆旅店的牢固墙壁和紧锁的房门变成了许多现代物业的电子锁、火灾喷淋装置、烟雾检测器和闭路监控电视。酒店开展各项经营活动都要以安全为基础。只有在安全的环境里,各种服务活动才能开展,并确保其质量;也只有在安全的环境里,酒店的经营管理活动才能取得理想的社会效益及经济效益。

酒店安全是指在酒店所涉及的范围内所有人、财、物的安全以及工作和生活都没有危险、不受任何威胁生理、心理的安全环境。

酒店安全所保护的对象指在酒店所控制的范围内的所有人员及所有财产。"所有人员"不仅指在酒店合法登记入住的客人、合法在酒店参加各种活动的客人,而且包括酒店的合法员工,以及合法在酒店内的其他人员。"所有财产"不仅指住店客人及其他客人的财物,而且包括员工的财物和酒店的财产。

酒店安全有五层含义:

（1）酒店客人、酒店员工的人身及财物以及酒店的财产和财物，在酒店的控制的范围内不受侵害。

（2）酒店内部的服务及经营活动秩序、工作及生产秩序、公共场所秩序保持良好的安全状态。

（3）酒店内不存在会导致对酒店客人及员工的人身和财物以及酒店财产造成侵害的各种潜在因素，确保酒店员工和客人的心理安全。

（4）确保酒店客人的隐私和名誉安全。保护酒店客人的住店信息及个人生活习惯等隐私。名誉安全指客人住店期间不会因酒店的行为或他人的行为而受到名誉或人格的损害。

（5）确保酒店的信息网络不被各种病毒及黑客攻击，不会造成酒店网络的瘫痪或信息流失，保证酒店网络正常工作，信息正常流动。

二、酒店安全管理的主要内容

2010 年由中国旅游出版社出版的《旅游酒店星级的划分与评定释义》中明确了酒店安全管理的具体内容：

（1）星级酒店应取得消防等方面的安全许可，确保消防设施的完好和有效的运行。

（2）水、电、气、油、压力容器、管线等设施设备应安全有效运行。

（3）应严格执行安全管理防控制度，确保安全监控设备的有效运行及人员的责任到位。

（4）应注重食品加工流程的卫生管理，保证食品安全。

（5）应制订和完善地震、火灾、食品卫生、公共卫生、治安事件、设施设备突发故障等各项突发事件应急预案。

酒店的安全管理工作是酒店其他工作的前提和基本保证，也是酒店各项服务得以顺利进行的基础，虽然酒店安全管理有着幅度大、难度大的特点，但它有着维系酒店经营的重要性，适时的安全管理，能给酒店带来一定的经济效益，它是确保宾客和员工满意的基础，同时也是提高竞争力、建立品牌、争取客源、开拓市场的基础。

第二节 酒店安全管理的方法及手段

导入案例

安全源于规范化的科学管理

——访西安香格里拉金花酒店安全部经理金哲

西安香格里拉金花酒店的安全体系,由酒店的总经理、安全部经理、各部门经理三部分成员组成。酒店的总经理为安全责任人,安全部经理是安全负责人,各部门经理为安全委员会成员。酒店的每一位员工都有义务配合安全部门的工作。为做好安全管理工作,酒店制定了严格的安全责任制,把酒店安全作为全体员工的共同目标。安全责任制要求酒店的每一位员工在工作时间对自己所在岗位的安全负责,遵守岗位责任制。在危险发生时,有责任对处在危险区域的人员进行救护及疏散、配合安全部搞好安全工作。要求安全部通过日常的管理、监督、检查来保证酒店安全,处理各种安全事件、检查酒店区域是否存在着安全隐患,安全责任制明确规定了安全部乃至每一位员工的安全责任,权责明确使安全管理更加规范化,从而将安全事故的发案率降到了最低,保证了酒店的正常运营。

香格里拉酒店集团对下属的所有酒店实行统一的安全管理,制定统一的保安计划和安全检查程序。每年对下属各酒店的安全工作按照统一的标准进行检查和评估,并将其与酒店全体管理人员的经济收入联系在一起。集团统一的保安计划要求下属酒店加强员工的日常警觉性,强调每位员工的保安责任;每家香格里拉酒店及商务酒店都要定期进行保安审查,每家酒店所有的安全人员必须参加安全工作培训,接受严格的练,掌握各类紧急事故的应变能力。香格里拉酒店集团的保安使命宣言是:努力保护每一位客人、员工和业主应有的利益,以期达全世界最完善之酒店保安系统。

西安香格里拉金花酒店制定的新员工培训条例中就有针对每一位新入店的员工严格的安全培训内容。要求他们掌握基本的安全防范知识,要求员工对诸如发现火情如何报警、如何灭火、如何正确疏散客人等;加强员工的岗位培训,提高他们识别犯罪分子的能力;对员工进行职业道德教育和违纪违规教育;通过在培训时讲解社会上的一些典型案例和惨重的火灾事件,强化员工的安全意识。安全部的员工还要接受更加详细、严格的专业培训,包括掌握各类紧急事故的应变能力,学习怎样通过闭路监控系统发现可疑情况,如何处理进出口报警,如何处理煤气泄漏及报警、报警器的使用方法以及二氧化碳灭火系统的使用范围、区域及有关报警控制系统、灭火、报警的原理等内容;所有新员工只有在培训考核中成绩合格者才能正式上岗。为了加强员工的安全意识,防止因安全管理人员的思想松懈带来的安全隐患,安全部应为保安人员制定详细的工作描述,他们要负责完成巡查、禁止闲杂人员进入酒店、保证消防设备正常运行、及时发现和处理各种安全隐患、检查停车场的车辆门锁是否锁好等一系列工作。

要做好安全工作,首先要加强安全管理人员的职业道德教育,加强他们的安全防范意识。因为安全工作要开展,没有安全管理人员的积极配合和工作就不能取得好的安全管理效果。

为了落实香格里拉集团新的保安计划,西安香格里拉金花酒店从硬件上增加了投入。安全部购买了金属探测器,以快速处理无人认领的邮件包裹和可疑物,并在举行大型活动时,对进入场地的人随身携带的包进行检查,从而遏制恶性爆炸事件的发生;同时花费 100 万元左右改造了酒店的视频监控系统,将原有的录像带淘汰,使用硬盘录像,并将监控探头由原来的 78 点增加到 145 个点,安排监控室专人 24 小时值班;加强对电子巡更系统、紧急呼叫系统、煤气泄漏报警系统、进出口报警系统、监视系统、烟感、喷淋、消防栓、紧急广播系统、无线对讲系统的管理和使用。

一、酒店安全管理的原则

1. 顾客至上,安全第一

酒店是以服务为宗旨,酒店前台后台的一切工作都是为了消费者,为顾客服务,使客人满意,是酒店一切工作的出发点。而安全工作是其他一切工作的保障,如果安全得不到保证,其他工作都无法顺利进行。因此,确保客人的人身财物安全是酒店对客服务的不可缺少的组成部分,也是确保酒店服务质量不可缺少的一环。

2. 预防为主

酒店的主要安全事故有治安和社会影响事故、交通事故、火灾伤害事故、电气事故、食物中毒事故等。宾馆酒店属于公共场所，客流量大，酒店事故一旦发生，很难在事发当时立即制止。而酒店安全事故频频发生，不但对旅客和酒店造成无法挽回的损失，而且给国家造成重大的经济损失。因此，酒店的安全管理工作应以预防为主，加强防范，严堵漏洞，及时察觉各种不安全因素，预防和制止可能出现的各种不安全因素、治安事故及犯罪案件，而不是事后处理或弥补。

3. 外松内紧

酒店24小时处于营业状态，酒店既要热情接待每一位进店的客人，又要防止不良分子进店作案，因此，在酒店安全管理工作中要注意外松内紧的原则。酒店安全工作在形式上应自然、气氛缓和，让客人在酒店应该感觉到舒适、祥和、安静，否则会给客人带来不安。但是，安保人员和相关管理人员应有高度警觉性，严密防范，密切注意，以确保酒店客人和财产安全。外松和内紧是不可分离的整体，表面上是外松，而实质是内紧。

4. 全员参与

酒店做好安全管理必须依靠全体员工每个人的共同努力。安全管理工作是一项系统工程，它涉及酒店的所有部门、各个工作岗位和每位员工。全体员工在日常的工作中，都应密切注意，细致观察，及时发现各种事故苗头，因为酒店员工与客人接触最多，也最熟悉酒店的内部情况，只有依靠广大员工，群防群治，才能查漏补缺，及时消除不安全因素。

二、酒店安全管理的方法

1. 合理分工，理清管理职责

酒店安全管理必须要明确统一指挥系统，理清管理职责，特别是酒店主要领导必须做到守土有责，亲自上手，合理分工，层层把控，这是有效应对和处理安全事故的关键。由于酒店安全管理涉及酒店各个方面，既有内部的各个部门，又有顾客和公众，还有政府与媒体，当安全事故突然发生时，作为酒店第一责任人必须肩负起统一指挥、加强协调的重任，只有这样，才能做到快速应对事故。在酒店安全管理过程中，必须提前明确在事故一旦出现时所有人员的分工、责任、工作步骤、处理方法，要明确处理问题的决策程序、信息的发布要求、应对的职责权限。只有对各层级都提前理清工作要求和原则，才会在事故处理中忙而不乱，使事故始终在统一的指挥下有序地加以处理。

2. 科学管理，健全制度规范

酒店的安全事故既有其偶然性，也有其必然性；既有普遍性，也有特殊性；既有其突发性，也有其规律性。这就要求酒店必须提前建立一整套比较科学完善的制度规范，这对于防范、应对、解决安全事故具有重要的作用。酒店在建立安全管理制度规范方面必须要依靠工作实践和管理智慧的长期积累，要善于未雨绸缪。首先，制度规范要从提前防范上下功夫；其次，制度规范要从建立预案和建立培训制度上下功夫，做到人人知晓制度，人人遵守制度；第三，制度规范要从解决问题上下功夫，在发生事故时，将事故应对的组织机构、组织原则、处理程序、媒体联络方式提前明确，才会做到在事故爆发时酒店从容应对，快速反应并控制事态发展，使其进入一个有序可控状态。

3. 加强内部安全管理，重视员工的安全培训

酒店是为宾客提供住宿、餐饮、娱乐、休闲等服务的服务场所，具有一定的开放性，每天迎接着来自四面八方的客人，出入人员较为繁杂，而客人又以商务客和旅游客为主，所带资金和财物较多，正成为外来犯罪分子和内部不法员工进行犯罪活动的目标。如果酒店在安全管理上出现漏洞，便给不法分子提供可乘之机，这直接影响到客人的人身安全和财产安全，影响到酒店的声誉。

4. 完善硬件系统，主动防控危机

宾馆酒店在防控安全事故过程中，除了要强调加强制度建设和对员工加强培训外，根据本酒店的实际情况还应安装配备必要的安全硬件设备设施，这也是非常重要的一项措施。因为宾馆酒店结构复杂，而人又具有一定的生理周期，因此在消防、监控等方面"人防不如技防"，要把"人防和技防相结合"。比如，酒店一定要在所有重要场所及关键点安装非常完善的闭路监控系统。闭路监控系统在安全管理过程中有时能够起到主动防控安全的作用。

三、酒店安全管理的技术手段

酒店安全管理的技术手段是运用现代先进技术，构建实用、可靠、先进、经济的安全技术防范体系，维护旅馆的治安秩序，提高旅馆的安全技术防范能力和安全管理水平，保障旅客的人身、财产安全。设有 15 间(套)客房或 50 个床位以上的酒店，其安全技术防范系统应以"实用、可靠、先进、经济"为总体设计思路，做到各系统设计先进、系统性能稳定、经济性良好、操作方便，同时应充分考虑系统的可扩展性与兼容性。中高档旅馆的安全技术防范系统，应达到技防功能较齐全、系统设备的配置较完备、技术水平较高的要求。酒店安全技

术防范系统建设所用的设备、产品和材料，必须符合国家法规和现行相关技术标准的要求，并经检验、生产登记批准或认证合格的。酒店重要部位的报警系统和视频监控系统应实现与当地公安机关的联网。

（一）安全系统设备基本配置要求

序号	项　目		安装区域或覆盖范围	配置要求
1	视频监控系统	彩色摄像机	三星级以上(含)旅馆、酒店的正门外	强制
2			候车区	强制
3			与外界相通的楼栋出入口	强制
4			地下停车场(库)与外界相通的出入口	强制
5			地下停车场(库)层与层之间的车辆通道	强制
6			停车场(库)内	强制
7			地下停车场(库)电梯厅	强制
8			电梯轿厢、底层楼梯出入口、地下停车场(库)楼梯出入口	强制
9			其他楼层电梯厅、楼梯出入口、非客房通道	推荐
10			面积大于60平方米的前厅(大堂)	强制
11			配电间、水泵房等重要设备间	强制
12			会客厅、餐厅、酒吧、会议厅、咖啡座、功能转换层及康乐设施场所的楼层电梯厅、楼梯出入口和主要通道	强制
13			舞厅、KTV等娱乐场所门口	强制
14			客房通道	强制
15			自动扶梯出入口	强制
16			各层安全出口、疏散出口	强制
17			总台接待处	强制
18			收银处	强制
19			外币兑换处	强制
20			贵重物品寄存处	强制

序号	项 目		安装区域或覆盖范围	配置要求
21			重要工作室的通道	强制
22			购物中心	强制
23			商务中心出入口	强制
24			商务中心主要通道	推荐
25			旅馆外围周边或广场	强制
26			重要管理人员办公室	推荐
27			高层酒店顶层出入口	推荐
28			安防中心控制室	强制
29		人脸识别系统终端	总台接待处	推荐
30		控制、记录与显示装置	安防中心控制室	强制
31		入侵探测器	建有围墙(栏)周界封闭屏障处	强制
32			重要管理人员办公室	强制
33			重要物品库	强制
34			财务室	强制
35			设备层	强制
36			水泵房和房屋水箱部位	强制
37			配电间等重要设备间	强制
38	入侵报警系统	紧急报警装置	总台接待处	强制
39			收银处	强制
40			外币兑换处	强制
41			重要工作室	强制
42			重要物品库	强制
43			财务出纳室	强制
44			贵重物品寄存处	强制
45			小件行李存放处	强制
46			安防中心控制室	强制

（续表）

序号	项　目		安装区域或覆盖范围	配置要求
47		防盗报警控制器	安防中心控制室及相关独立的设防区域	强制
48		电子地图	安防中心控制室	强制
49	出入口控制系统		客房	强制
50			贵重物品寄存处、小件行李存放处	推荐
51	停车库(场)管理系统		出入口	推荐
52			停车场(库)出入口(道闸)	强制
53	声音复核装置		总台接待处、收银处、外币兑换处	推荐
54	电子巡查系统	巡查点	配电房、锅炉房、电梯机房、空调机房、总机房、电脑房、油库、停车场(库)、避难层、各楼层出入口及其他重要部位	强制
55		控制、记录、显示	安防中心控制室	强制
56	电话通信系统	来电号码显示	对外公开的直线电话	强制
57		来电通话记录	对外公开的直线电话	推荐
58	实体防护	防盗门、金属防护门	财务室、重要工作室、重要物品库	强制
59			客房门	强制
60			安防中心控制室	强制
61		防盗保险箱	财务室	强制

（二）各子系统技术要求

1. 视频监控系统

（1）摄像机的安装应符合以下要求：

① 监控图像应减少俯视现象；

② 应减少或避免图像出现逆光；

③ 摄像机监控范围内的光照度应满足监控目标的要求。

与外界相通出入口安装的摄像机还应符合以下要求：

① 固定焦距、方向；

② 监视区域内不应有盲区；

③ 录像回放(白天和夜间)能清晰显示人员的体貌特征、机动车的牌号。

（2）正门外安装的摄像机，其监控范围应能覆盖门外街面或广场，监控图像应能清楚显示门外街面或广场上的人员活动情况。

（3）旅馆前厅(大堂)监控图像应能清晰显示区域内人员的体貌特征和活动情况，并避免出现监控盲区。

（4）电梯厅安装的摄像机，其监控范围应能覆盖整个电梯前室大厅(包括消防梯、人行梯、紧急出口处等)，不应有盲区，监控图像应能清晰显示电梯厅内人员的活动情况和体貌特征；安装于楼梯口的摄像机，其监控图像应能清晰显示上下楼梯人员的特征。当楼梯口与电梯厅处在同一区域且通过同一个进出口的，可通过电梯厅安装的摄像机实施统一监控。

（5）电梯轿厢内的摄像机，应安装在电梯门一侧上方，其监控图像应叠加电梯楼层显示，图像清晰无干扰。

（6）自动扶梯口的监控图像应能清晰显示上下人员的面部特征。

（7）安装于主要通道的摄像机，其监控范围应覆盖主要通道的道口，监控图像应能清晰显示进出通道口人员的体貌特征和大致来去方位。

（8）客房通道内安装的摄像机，其监控范围应覆盖客房通道的全程，监控图像应能清晰显示客房通道内人员的体貌特征，且能分辨出旅客进出的房间。

（9）总台接待处(包括商务办公楼总服务台)、收银处、兑换外币处和贵重物品存放处安装的摄像机，其监控图像应能清楚显示对来客的接待过程。收银处、兑换外币处的监控图像应能清晰显示旅客的面部特征。

（10）矩阵切换和数字视频网络虚拟交换/切换模式的系统应具有系统信息存储功能，在供电中断或关机后，对所有编程信息和时间信息均应保持。

（11）系统应具有时间、地址的中文字符叠加、记录和调整功能，字符叠加不应影响对图像的监视和记录效果，字符时间记录应准确。

（12）系统应采用硬盘录像机进行 24 小时实时记录，监控图像信息和声音信息应具有原始完整性。

2. 入侵报警系统

设有独立围墙的场所，宜安装周界报警系统；大楼顶层宜安装周界报警系统或设置实体防护。

3. 出入口控制系统

（1）系统的各类识别装置、执行机构应保证可操作性和可靠性，应有防尾随措施，对非法进入的行为应发出报警信号。

（2）对非法进入的行为或连续 3 次不正确的识读，系统应发出报警信号，系统安装部位的报警声压不小于 80 dB(A),报警持续时间不小于 5 min。

(3) 各层安全出口、疏散出口安装出入口控制系统时,应与消防报警系统联动。在火灾报警的同时应自动释放出入口控制系统,不应设置延时功能。疏散门在出入口控制系统释放后应能随时开启,满足紧急逃生时人员疏散和消防人员顺利进入实施灭火救援的要求。

(4) 系统应具有人员的出入时间、地点、顺序等数据的设置,以及显示、记录、查询、打印等功能,字符时间记录准确,记录保存时间应不少于 30 天。

(5) 系统的各类识别装置的安装高度宜离地 1.5±0.1 m。

(6) 系统其他要求应符合 GB50396、GA/394 的规定。

4. 停车场(库)管理系统

系统应满足以下功能要求:

地下停车场(库)出入口应使用自动挡车器控制车辆进出;

地下停车场(库)出入口应具备车辆出入识别、比对、控制功能;

地下停车场(库)应具备车位电子显示功能;

自动挡车器宜使用非接触式卡片进行开关控制;

系统应具备车辆进出记录及收费功能。

5. 电子巡查系统

(1) 系统信息采集点(巡查点)装置安装离地面高度宜为 1.4±0.1 m,便于识读。

(2) 系统的设置应符合以下要求:

① 巡查点的安装应牢固、隐蔽;

② 系统应能准确记录预定区域、路线巡查的时间(年、月、日、时、分、秒)、地点、人员信息;

③ 采集装置或识读时应有声、光或振动等提示信号,识读响应时间应小于 1 s;

④ 采集装置存储巡查信息量应不少于 4 000 个点。在断电时,所存储的巡查信息不应丢失,信息保存时间应不少于 30 天;

⑤ 应具有巡查违规记录提示,并有扩容余量。

(3) 系统其他要求应符合 GA/T644 要求。

此外,还有声音复核装置、电话通信系统、安防中心控制室、实体防护装置。

第三节　酒店设备安全管理

导入案例

安全化是酒店持续发展的有力保障

2011 年夏天,国家旅游局组织全国 25 名国家级星评员赴美国进行了为期三周的酒店专业培训。培训之后,参加培训的人员写出了自己的感受和收获,并将其发表在中国旅游报上(12 月 7 日)。美国之行的启示中有一条就是"安全化是酒店持续发展的有力保障"。

美国社会对酒店消防安全极为重视,1980 年拉斯维加斯米高梅大酒店火灾发生后,美国联邦、州和地方政府加大了对宾馆、酒店的消防安全监管,实行了更为严格的消防安全标准。酒店业也自觉地开展了行业自律,积极推广应用自动喷水灭火、火灾自动报警技术和阻燃装饰材料。

从他们对消防安全管理的主要做法来看,主要有以下几方面:

1. 制定和施行了严格的消防安全法规、标准,如内华达州强制要求所有建筑高度超过 16.7 米的宾馆和 3 层及 3 层以上的新建建筑安装自动喷水灭火系统。

2. 全面推广应用火灾报警、自动喷水灭火技术。在米高梅大酒店火灾后的 30 年里,拉斯维加斯市又发生过几百起高层宾馆火灾,但得益于自动喷水灭火系统等完善有效的建筑消防设施,再未发生导致人员死亡的火灾。

3. 消防部门加强对宾馆从建设到使用的监督管理。米高梅大酒店火灾发生后,内华达州各地的消防部门开始聘用建筑消防安全方面的专业人员,介入新建项目消防设施和安全疏散设施的设计审查,并对施工现场开展监督检查,从源头上提高了建设工程的消防安全水平。同时,美国各地消防部门在防火检查中也将宾馆、酒店作为重点,美国消防协会专门制定了涵盖 25 个问题的宾馆消防安全检查项目清单,明确了宾馆消防安全检查的重点。

4. 酒店住宿业自觉开展消防安全行业自律。希尔顿、万豪、凯悦等酒店管理集团要求在美国以外开设的宾馆也必须达到美国本土的消防安全条件,对于不拥有产权的加盟店也不例外,从而促进了先进的酒店消防安全管理标准在世界范围的推广,也促进了国际酒店业消防安全水平的整体提高。从我们参观的一些酒店来看,安全提示和应急处置提示都很醒目,防毒面罩和逃生器材摆放有序,公共区域的消防器材均存放在方便取用的位置,并有详细的检查记录。

5. 加强员工和顾客的逃生能力培训。美国酒店定期组织员工进行应急演练,并且发动住店的客人参与。

宾馆酒店人员密集、流动性大,而且建筑结构复杂、可燃易燃装饰材料多、用火用电集中,一旦发生火灾,极易造成重大人员伤亡。近年来,我国多次发生造成重大影响的宾馆酒店火灾。美国酒店业对消防安全的重视以及其管理体制和酒店行业的自律机制值得我们学习和借鉴。

一、酒店设备管理的含义

"工欲善其事,必先利其器。"酒店要为宾客提供优质服务,设备设施是先决条件,是酒店经营的物质基础,是为客人提供食宿及相关各类服务的依托。酒店的设备种类多、分布广、投资高、功能齐全,而且设备运行工作繁重、技术性强,不仅直接构成酒店固定资产,其运行费用也是酒店经营费用的重要组成部分。

酒店的设备管理就是围绕着酒店设备物质运动形态和效用发挥而开展的管理活动。酒店设立工程部来负责酒店设备管理,保证酒店的设备正常运转,发挥良好的效用,以支持全酒店给营管理活动的顺利开展。

酒店设备管理是指根据酒店经营的总目标,运用各种方法和措施,如经济的、技术的、组织的,对设备从投资决策、采购、安装、使用、维护、改造一直到报废为止整个过程进行全面的、综合的、全员的管理,保证设备的寿命周期费用、使用费用、维修费用、后勤支援费用等达到最经济,从而保证设备综合效率是最佳的。

二、酒店设备管理的特点和原则

(一) 酒店设备管理的特点

现代酒店具有超前消费性质,在很多方面引领潮流、体现时尚,以为客人

提供生活享受为主,所以酒店设备管理与一般工商企业设备管理比较,具有以下明显特点:

(1)资本投入大,资金回收期长。现代酒店用豪华、舒适的设施没备来创造优良消费环境和享受成分。其设施设备投资巨大,大多要占酒店总投资的65%—70%以上,少则几千万元,多则上亿甚至十几亿、几十亿元。为此,酒店必须加强设备管理,保证完好率,不断提升设施设备利用率。

(2)精神损耗为主,更新周期较短。酒店设施设备在业务经营过程中存在两种损耗:一是物质损耗,二是精神损耗,即因设备陈旧、新设备出现、消费时尚改变等引起的精神上的感觉,以精神磨损为主。酒店应该尽力做好各种设施设备的维护保养,力争延长精神损耗周期和改造周期,才能提高设备使用的经济效果。

(3)设备质量要求高,维持费用高。酒店设备不仅数量多、投资大、社会消费性强,而且质量要求高。酒店设备维持费用主要体现在两个方面:一是能耗大,现代酒店大多数采用中央空调系统,大量使用电器设备,照明要求高,用电量大,一座星级酒店的能耗费用占总营业收入的8%—18%;二是维修费用高,由于酒店采用先进设备,特别是进口设备,而酒店本身又缺乏维修的技术力量,所以酒店在设备维修方面的支出也是很高的。

(4)涉及范围广泛,管理协作性较强。酒店设备数量众多,且分布在各个部门,不可能单纯地依靠工程部的员工来进行设备的保养与维修,必须依靠各部门在设备管理过程中进行管理协作。

(二)酒店设备管理的原则

设备管理是酒店管理的一个重要组成部分,为了维护设备的安全完整,发挥其运行性能,提高使用效率,管好、保养好设备,保证酒店企业经营活动的顺利进行、提高酒店经济效益,必须遵循以下原则:

(1)设备管理必须在酒店总经理的统一领导下,按照固定资产管理办法,将设备设施归口有关部门按管理、使用、保养、维修的职能和要求进行全员管理,认真贯彻各级岗位责任制和安全操作规程,并落实到部门、班组及个人,设备管理考核指标纳入使用部门评比考核内容,对成绩显著的给予奖励,对玩忽职守、造成设备事故者给予批评和严肃处理。

(2)酒店设备设施管理范围主要有供热设备、供冷设备、供电设备、水、煤气管道设备、电梯、起重设备、厨房设备、维修机械设备、监控设备、消防设备、办公设备、弱电设备及酒店设施等,对这些设备设施的管理,必须采用先进的科学管理方法进行使用管理、运行管理、维修管理等全过程管理。

（3）建立酒店设备管理体系网络。设备管理要正确执行国家和地方职能部门有关方针、政策及规定，对酒店主要设备和设施的设计、选型、购置、安装、验收、培训、使用、操作、维修、改造、更新、直至报废进行全过程综合管理工作。

（4）设备设施维护保养分为例行保养、一二级保养、计划维修、计划大修。主管部门根据所管辖的具体设备设施，制定《设备设施一、二级维护保养年度计划》、《设备设施年度大修计划》、《设备设施年度维修计划》、《设备设施例行保养项目》，并在每年月11月份对上述三个计划和项目作一次修改和调整。

（5）维护保养人员要不断学习各岗位各个设备的业务知识和专业知识，做到"四懂三会"（四懂：懂结构、懂原理、懂性能、懂用途；三会：会使用、会维护保养、会排除故障），使设备设施能长期、安全、稳定运行，延长设备使用期限，并经常处于良好的工作状态。坚持"预防为主"和"维护与计划检修相结合"的原则。

（6）加强对设备管理和操作及维修人员进行多层次、多渠道的专业技术和管理知识的教育培训工作，不断提高业务技能，并坚持培训合格后方能上岗操作。坚持对司炉工、电梯维修操作工、锅炉水处理工、电（气）焊工、电工、高空作业等特殊工种持证上岗操作。

（7）严格遵守设备购置、开箱验收制度，设备安装验收管理制度，设备报废制度，设备运行交接班制度等制度。

（8）必须严格按照《工程设备管理》模式的要求，设备设施在运行、维修、大修、保养、检查的全员管理过程中，做好各种记录工作并按月、年完整保存。

三、酒店设备管理的内容

酒店设备管理的内容包括：从计划添置设备开始，对设备购置、安装、调试、使用、维护、更新改造，直至报废的全过程管理。

（1）计划。由设备使用部门提交设备采购单，设备管理部门对购置设备提供相关技术参数，例如技术、价格、适用性、可靠性、维修性评价、投资回收评价信息，对符合条件的设备进行筛选，最终提出最佳设备采购计划。

（2）购置、安装、调试。酒店设备的选择和购置是酒店设备管理的第一个环节，既要根据经济、技术、经营上的需要，还要考虑酒店的等级规格，以适应消费需求，提高服务质量，搞好酒店经营，同时也要对设备的安装、调试全过程进行管理与监督。

（3）使用。对酒店各部门使用设备提供技术指导，并实施监督管理的职能。正确、合理地使用设备，能使设备减轻磨损，保持良好的工作性能，更好地发挥设备的效能。

① 对设备使用部门的要求做到：操作者应严格贯彻设备操作规范和工艺规范，不得超负荷使用设备。

② 对设备操作人员的要求做到"四会"：会使用、会维护、会检查、会排除故障。

③ 对设备使用人员的纪律要求做到：凭证操作，定人定机，严格遵守操作规程；保持设备的清洁，按规定加油，没完成润滑不开车，没完成清洁不下班；严格执行交接班制度，做好交接班和运转情况的记录；管理好工具、附件，避免其遗失、损坏；设备运行时不得离开岗位，发现异常应立即停车检查，并及时通知维修人员检修。

（4）维护。对所有设备定期或不定期进行保养、维修；对有故障的设备进行及时维修，以保证设备正常运行。设备维护保养既是设备管理的重要内容，也是酒店全面质量管理的重要一环，应当十分重视。

① 设备的日常维护保养

设备在日常使用过程中，由使用部门当班保养：班前应对设备各部分进行检查，并按规定加润滑油。规定的"点检"项目应在检查后进行记录，确认正常后才能使用设备。设备运行中要严格按操作规范正确使用，注意观察其运行情况，若发现异常要及时处理，操作者不能排除故障应协同维修技术人员检修。下班前用15—20分钟认真清扫和擦拭设备，并将设备状况记录在交接本上，办理交接班。

除了使用部门的日常维护保养外，工程部门也应对设备进行日常的保养。工程部门每天应有一定的维修技术人员到各部门对设备设施进行检查和维护保养，如发现问题应及时解决。

② 设备的定期维护保养

定期维护保养是由工程部承担的定时间、定对象、定内容、定工作量的维护保养。工程部应根据设备运行的时间、环境、结构等因素来确定保养时间。例如，吸尘器每日使用后由使用者对其进行日常维护保养，但每隔3—4个月必须在专业维修技术人员的指导下对吸尘器电机整流子进行清理，更换炭刷，并每年对电机轴承进行换油等。

定期保养重要的是制订计划。该计划由工程部提出，由工程部经理和各使用部门协调后决定。计划应充分注意设备状况和酒店的淡旺季。定期维修后，维修技术人员应把设备状况、维护保养工作情况登记在设备设施定期维护保养情况表中。

（5）更新改造。随着使用年限的增加，设备的磨损会日益加剧，维修的间隔期越来越短，维修费用不断增加，同时设备的性能和生产率也不断地降低，再进行维修已不经济，必须进行设备的改造和更新。采用新技术对旧设备进行改造，用先进的新设备更换旧设备，以提高设备的技术装备素质。

① 编制改造、更新计划

根据酒店的实际情况和设备的具体技术状态，首先确定需改造、更新的重点。确定了设备改造、更新的重点之后，按照酒店经营目标的要求，编制设备的改造、更新计划。

② 进行技术、经济分析

对每一台列入改造、更新计划的设备，都应进行技术的、经济的可行性分析。因为设备使用到最佳期以后不一定立即报废，可以通过大修或技术改造来恢复设备的技术性能。

③ 编制设备技术改造任务书

确定了设备技术改造的项目后，要编制设备技术改造任务书。

④ 设备改造、更新的实施

设备改造、更新项目被批准后，由工程部组织实施。如技术改造任务重、使用的技术复杂，可委托专业单位承担。

第四节　酒店消防安全管理

导入案例

火灾启示：快捷酒店快速发展隐忧

"如家快捷酒店"醒目的招牌下是狭窄不堪的通道，水果摊、装卸货物的三轮车熙攘嘈杂，明黄色的墙体、如家的 logo 和零乱的电线交织在一起，多台空调冷凝器下成堆的可燃物品，楼体后部几乎与一座老式建筑物紧贴在一起。这是 2010 年 4 月底《中国经营报》记者在北京如家交道口店看到的情景。

　　而颇具意味的是,2011 年 4 月 25 日,北京大兴旧宫镇南小街一栋四层楼房发生火灾,死亡 18 人,受伤 24 人。5 月 1 日,吉林通化如家一酒店发生火灾,死亡 10 人,受伤 41 人。由此引发了各地对建筑物消防安全工作的又一轮强调和排查。

　　公安部强调,全国消防部队要依法开展消防监督抽查,深入开展消防安全"五大"活动,坚决查处各类火灾隐患和消防违法行为。北京则在消防检查中又陆续查出多家快捷酒店存在消防安全隐患,其中就包括如家交道口店,其 3 号楼已经被查封。

　　近几年,连锁快捷酒店在全国疾速扩张,大肆跑马圈地,而在行业蓬勃发展的背后,却埋下了诸多的危险和隐忧。

安全隐患频现

　　2011 年 5 月 4 日,记者再次来到如家酒店交道口店。从街边通到如家的短短的一条小街依旧"热闹非凡"。如家酒店外墙上一条红底白字的横幅非常打眼,上书:构筑"防火墙"平安你我他。酒店东面一条斜向东北的通道,围墙上贴着"消防区域,禁止停车,后果自负"的警示,旁边还有一张黄色的说明称此路段绝不能停车,如发现停车将进行清理,后果自负。这些崭新的告示每隔 5—6 米就有一份,但是在这条短短的十几米的道路上仍然靠墙停着几辆三轮车和自行车。

一、酒店消防管理的含义和要求

1. 酒店消防管理的含义

　　新中国成立以来,我国政府颁布了大量的消防法规和政策。早在 1957 年就颁布了《消防防监督条例》。1984 年 5 月 13 日颁布了《中华人民共和国消防条例》,同年 3 月 12 日还颁布了《古建筑消防管理规则》。1986 年 6 月颁布了《高层建筑消防管理规则》。1998 年 4 月《中华人民共和国消防法》(以下简称《消防法》)正式颁布,进一步阐明消防工作的方针和原则,明确消防工作贯彻预防为主、防消结合的方针,坚持专门机关与群众相结合的原则,实行防火责任制。2009 年 5 月 1 日,重新修订后的《消防法》施行。

　　酒店消防管理是指酒店在消防管理机关的指导、监督下,应认真贯彻"预防为主"的工作原则,具体做好酒店火情、火警、火灾的预防及日常的防火安全管理。

2. 酒店消防管理的要求

酒店在消防管理工作过程中,必须要贯彻执行国家消防法规,健全酒店内部消防管理制度;健全消防组织机构,明确专门管理人员,防火要落实岗位责任制,经常性地开展防火知识的宣传教育和培训工作;认真配置好消防设施、设备、器械,坚持定期检查,确保它们始终处于临战实用、完好有效的状态;应争取处理方案完好,从报警、灭火、疏散到善后处理等各方面都有明确的程序,使各部门、各岗位上的人员临危不乱,遵守统一的指挥,按既定的程序作出相应的反应,各司其职,将人员和财产的损失减低到最小程度。

没有一家酒店能够保证,火灾永远不会在该酒店发生。酒店的消防管理工作的重点应放在预防上,以预防为主,防消结合,还要做好应付各种突发情况发生的准备。只有在事前做好充分的准备工作,才能够临阵不乱。

二、火灾的预防

酒店火灾的发生率虽然很低,但是后果极其严重。它不仅直接威胁店内人员的生命和酒店的建筑物和财产,而且会破坏酒店的声誉。酒店必须制定一套完整的预防措施和处理程序,防止火灾的发生。

(一) 火灾发生的原因

火灾往往是人们粗心大意、马虎疏忽造成的。了解火灾发生的原因,可以防患于未然。

1. 易燃、可燃材料被大量使用

酒店大量的内部装饰材料和陈设用具大都采用木材、塑料和棉、麻、丝、毛及其他纤维和化学合成材料这些有机可燃物质,一旦发生火灾这些材料燃烧猛烈,蔓延迅速,形成立体燃烧,受灾面积大。

2. 电线短路或电器设备故障,引发的电器火灾

酒店内电器设备众多,如果各部门及客人违反酒店规定,私自无限度地增加电器设备,往往会使供电线负荷运转,造成电源短路,引发火灾。酒店内电器设备因安装不良或一次性使用时间过长,会导致短路或元件发热而起火。酒店内线路老化,电压超过线路额定电压,使导线绝缘被击穿,电线陈旧或损坏,线芯裸露等情况都会引起火灾。

3. 大量使用易燃液体和可燃气体做燃料

酒店大量使用酒精、液化石油气、天然气等可燃液体、气体,这些易燃易爆物品必须小心使用,否则引发火灾危害甚大。

4. 随意吸烟

客人醉酒吸烟或睡觉前床上吸烟,不慎或乱扔未熄灭的烟头和火柴梗,员工在厨房或库房等禁止吸烟的地方吸烟,员工在打扫卫生时将未熄灭烟头倒入垃圾袋或吸入吸尘器等行为都会引起火灾。

5. 防火安全系统不健全、缺乏防火常识

在众多经营者头脑中,效益是最重要的,轻视防火安全的现象还有不同程度的存在,有些还相当严重。有些酒店的防火安全系统没有按照消防法标准进行配置,配备的消防产品不合格或过期没有更换,没有对员工进行消防安全培训,导致员工连最起码的火灾报警和灭火器材使用常识都不懂,出现火情后自身难保,根本谈不上救灾灭火。

(二) 制定、落实消防安全管理制度

1. 设置消防控制中心

消防控制中心的工作人员要熟悉并掌握各类消防设施的使用性能,保证扑救火灾过程中操作有序、准确迅速。做好消防值班记录和交接班记录,处理消防报警电话。按时交接班,做好值班记录、设备情况、事故处理等情况的交接手续。无交接班手续,值班人员不得擅自离岗。发现设备故障时,应及时报告,并通知有关部门及时修复。非工作所需,不得使用消控中心内线电话,非消防控制中心值班人员禁止进入值班室。上班时间不准在消控中心抽烟、睡觉、看书报等,离岗应做好交接班手续。发现火灾时,迅速按灭火作战预案紧急处理,并拨打 119 电话通知公安消防部门并报告部门主管。

2. 各部门的防火巡查、检查制度

落实逐级消防安全责任制和岗位消防安全责任制,落实巡查检查制度。消防工作归口管理职能部门每日对公司进行防火巡查。每月对单位进行一次防火检查并复查追踪改善。检查中发现火灾隐患,检查人员应填写防火检查记录,并按照规定,要求有关人员在记录上签名。检查部门应将检查情况及时通知受检部门,各部门负责人应每日消防安全检查情况通知,若发现本单位存在火灾隐患,应及时整改。对检查中发现的火灾隐患未按规定时间及时整改的,根据奖惩制度给予处罚。

3. 消防设施、器材维护管理制度

消防设施日常使用管理由专职管理员负责,专职管理员每日检查消防设施的使用状况,保持设施整洁、卫生、完好。消防设施及消防设备的技术性能的维修保养和定期技术检测由消防工作归口管理部门负责,设专职管理员每日按时检查了解消防设备的运行情况。查看运行记录,听取值班人员意见,发

现异常及时安排维修，使设备保持完好的技术状态。做好各类消防设施和消防设备定期测试、普查换药工作（每个烟、温感探头至少每年轮测一次；消防水泵、喷淋水泵、水幕水泵每月试开泵一次；正压送风、防排烟系统每半年检测一次；室内消火栓、喷淋泄水测试每季度一次；每年在冬防、夏防期间定期两次对灭火器进行普查换药等）。

烟、温感器　　　　　　　　　喷淋头

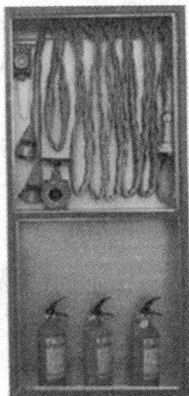

4. 安全疏散设施管理制度

各部门应保持疏散通道、安全出口畅通，严禁占用疏散通道，严禁在安全出口或疏散通道上安装栅栏等影响疏散的障碍物。应按规范设置符合国家规定的消防安全疏散指示标志和应急照明设施。应保持防火门、消防安全疏散指示标志、应急照明、机械排烟送风、火灾事故广播等设施处于正常状态，并定期组织检查、测试、维护和保养。严禁在营业或工作期间将安全出口上锁。严禁在营业或工作期间将安全疏散指示标志关闭、遮挡或覆盖。

消防安全疏散指示标志、应急照明

5. 用火、用电、燃气和电气设备的检查和安全管理制度

严格执行动火审批制度,确需动火作业时,作业单位应按规定向消防工作归口管理部门申请"动火许可证"。动火作业前应清除动火点附近5米区域范围内的易燃易爆危险物品或作适当的安全隔离,并向保卫部借取适当种类、数量的灭火器材随时备用,结束作业后应即时归还,若有动用应如实报告。如在作业点就地动火施工,应按规定向作业点所在单位经理级(含)以上主管人员申请,申请部门需派人现场监督并不定时派人巡查。离地面2米以上的高架动火作业必须保证有一人在下方专职负责随时扑灭可能引燃其他物品的火花。未办理"动火许可证"擅自动火作业者,本单位人员予以记小过二次处分,严重的予以开除。

应按规定正确安装、使用电器设备,相关人员必须经必要的培训,获得相关部门核发的有效证书方可操作。各类设备均需具备法律、法规规定的有效合格证明并经维修部确认后方可投入使用。电气设备应由持证人员定期进行检查(至少每月一次)。

6. 易燃易爆危险物品和场所防火防爆制度

易燃易爆危险物品应有专用的库房,配备必要的消防器材设施,仓管人员必须由消防安全培训合格的人员担任。易燃易爆危险物品应分类、分项储存。化学性质相抵触或灭火方法不同的易燃易爆化学物品,应分库存放。易燃易爆危险物品入库前应经检验部门检验,出入库应进行登记。库存物品应当分类、分垛储存,每垛占地面积不宜大于一百平方米,垛与垛之间不小于1米,垛与墙间距不小于0.5米,垛与梁、柱的间距不小于0.5米,主要通道的宽度不小于2米。易燃易爆危险物品存取应按安全操作规程执行,仓库工作人员应坚守岗位,非工作人员不得随意入内。易燃易爆场所应根据消防规范要求采取防火防爆措施并做好防火防爆设施的维护保养工作。

(三)进行消防安全宣传、培训、演练工作

每年以创办消防知识宣传栏、开展知识竞赛等多种形式,提高全体员工的

消防安全意识。定期组织员工学习消防法规和各项规章制度,做到依法治火。各部门应针对岗位特点进行消防安全教育培训。对消防设施维护保养和使用人员应进行实地演示和培训。对新员工进行岗前消防培训,经考试合格后方可上岗。工作需要员工换岗前必须进行再教育培训。消控中心等特殊岗位要进行专业培训,经考试合格,持证上岗。至少每半年进行一次灭火和应急疏散预案演练,组织全员学习和熟悉灭火和应急疏散预案,演练结束后应召开讲评会,认真总结预案演练的情况,发现不足之处应及时修改和完善预案。

(四) 发现火灾隐患,及时整改

在防火安全检查中,应对所发现的火灾隐患进行逐项登记,并将隐患情况书面下发各部门限期整改,同时要做好隐患整改情况记录。各部门对存在的火灾隐患应当及时予以消除。在火灾隐患未消除前,各部门应当落实防范措施,确保隐患整改期间的消防安全,对确无能力解决的重大火灾隐患应当提出解决方案,及时向单位消防安全责任人报告,并由单位上级主管部门或当地政府报告。对公安消防机构责令限期改正的火灾隐患,应当在规定的期限内改正并写出隐患整改的复函,报送公安消防机构。

(五) 建立消防安全工作考评和奖惩制度,激发酒店全体人员的消防安全意识

安全工作人人有责,但是面对潜在的未知的风险,很多人常常麻痹大意,很少人能严格执行各项消防安全制度,因此必须建立相应的消防安全工作考评和奖惩制度,从而激发酒店全体人员的消防安全意识。

三、火灾的处理

(一) 火灾和灭火器类型种类

1. 火灾的分类

火灾依据物质燃烧特性,可划分为 A、B、C、D、E 五类。

A 类火灾:指固体物质火灾。这种物质往往具有有机物质性质,一般在燃烧时产生灼热的余烬。如木材、煤、棉、毛、麻、纸张等火灾。

B 类火灾:指液体火灾和可熔化的固体物质火灾。如汽油、煤油、柴油、原油、甲醇、乙醇、沥青、石蜡等火灾。

C 类火灾:指气体火灾。如煤气、天然气、甲烷、乙烷、丙烷、氢气等火灾。

D 类火灾:指金属火灾。如钾、钠、镁、铝镁合金等火灾。

E 类火灾:指带电物体和精密仪器等物质的火灾。

2. 灭火器的分类

灭火器的种类很多,按其移动方式可分为手提式和推车式,按驱动灭火剂的动力来源可分为储气瓶式、储压式、化学反应式,按所充装的灭火剂则又可分为泡沫、干粉、卤代烷、二氧化碳、酸碱、清水等。

(1) 泡沫灭火器适应火灾及使用方法

适用范围:适用于扑救一般 B 类火灾,如油制品、油脂等火灾,也可适用于 A 类火灾,但不能扑救 B 类火灾中的水溶性可燃、易燃液体的火灾,如醇、酯、醚、酮等物质火灾;也不能扑救带电设备及 C 类和 D 类火灾。

(手提式)泡沫灭火器使用方法:可手提筒体上部的提环,迅速奔赴火场。这时应注意不得使灭火器过分倾斜,更不可横拿或颠倒,以免两种药剂混合而提前喷出。当距离着火点 10 米左右,即可将筒体颠倒过来,一只手紧握提环,另一只手扶住筒体的底圈,将射流对准燃烧物。在扑救可燃液体火灾时,如已呈流淌状燃烧,则将泡沫由远而近喷射,使泡沫完全覆盖在燃烧液面上;如在容器内燃烧,应将泡沫射向容器的内壁,使泡沫沿着内壁流淌,逐步覆盖着火液面。切忌直接对准液面喷射,以免由于射流的冲击,反而将燃烧的液体冲散或冲出容器,扩大燃烧范围。在扑救固体物质火灾时,应将射流对准燃烧最猛烈处。灭火时随着有效喷射距离的缩短,使用者应逐渐向燃烧区靠近,并始终将泡沫喷在燃烧物上,直到扑灭。使用时,灭火器应始终保持倒置状态,否则会中断喷射。(手提式)泡沫灭火器存放应选择干燥、阴凉、通风并取用方便之处,不可靠近高温或可能受到曝晒的地方,以防止碳酸分解而失效;冬季要采取防冻措施,以防止冻结;并应经常擦除灰尘、疏通喷嘴,使之保持通畅。

(推车式泡沫灭火器)使用方法:使用时,一般由两人操作,先将灭火器迅速推拉到火场,在距离着火点 10 米左右处停下,由一人施放喷射软管后,双手紧握喷枪并对准燃烧处;另一人则先逆时针方向转动手轮,将螺杆升到最高位置,使瓶盖开足,然后将筒体向后倾倒,使拉杆触地,并将阀门手柄旋转 90 度,即可喷射泡沫进行灭火。如阀门装在喷枪处,则由负责操作喷枪者打开阀门。由于该种灭火器的喷射距离远,连续喷射时间长,因而可充分发挥其优势,用来扑救较大面积的储槽或油罐车等处的初起火灾。

(2) 空气泡沫灭火器适应火灾和使用方法

适用范围:基本上与化学泡沫灭火器相同。但抗溶泡沫灭火器还能扑救水溶性易燃、可燃液体的火灾如醇、醚、酮等溶剂燃烧的初起火灾。

使用方法:使用时可手提或肩扛迅速奔到火场,在距燃烧物 6 米左右,拔出保险销,一手握住开启压把,另一手紧握喷枪;用力捏紧开启压把,打开密封或刺穿储气瓶密封片,空气泡沫即可从喷枪口喷出。灭火方法与手提式化学泡沫灭火器相同。但空气泡沫灭火器使用时,应使灭火器始终保持直立状态、切勿颠倒或横卧使用,否则会中断喷射。同时应一直紧握开启压把,不能松手,否则也会中断喷射。

(3)酸碱灭火器适应火灾及使用方法

适应范围:适用于扑救 A 类物质燃烧的初起火灾,如木、织物、纸张等燃烧的火灾。它不能用于扑救 B 类物质燃烧的火灾,也不能用于扑救 C 类可燃性气体或 D 类轻金属火灾。同时也不能用于带电物体火灾的扑救。

使用方法:使用时应手提筒体上部提环,迅速奔到着火地点。决不能将灭火器扛在背上,也不能过分倾斜,以防两种药液混合而提前喷射。在距离燃烧物 6 米左右,即可将灭火器颠倒过来,并摇晃几次,使两种药液加快混合;一只手握住提环,另一只手抓住筒体下的底圈将喷出的射流对准燃烧最猛烈处喷射。同时随着喷射距离的缩减,使用人应向燃烧处推近。

(4)二氧化碳灭火器的使用方法

灭火时只要将灭火器提到或扛到火场,在距燃烧物 5 米左右,放下灭火器拔出保险销,一手握住喇叭筒根部的手柄,另一只手紧握启闭阀的压把。对没有喷射软管的二氧化碳灭火器,应把喇叭筒往上扳 70°—90°。使用时,不能直接用手抓住喇叭筒外壁或金属连线管,防止手被冻伤。灭火时,当可燃液体呈流淌状燃烧时,使用者将二氧化碳灭火剂的喷流由近而远向火焰喷射。如果可燃液体在容器内燃烧时,使用者应将喇叭筒提起,从容器的一侧上部向燃烧的容器中喷射,但不能将二氧化碳射流直接冲击可燃液面,以防止将可燃液体冲出容器而扩大火势,造成灭火困难。推车式二氧化碳灭火器一般由两人操作,使用时两人一起将灭火器推或拉到燃烧处,在离燃烧物 10 米左右停下,一人快速取下喇叭筒并展开喷射软管后,握住喇叭筒根部的手柄,另一人快速按逆时针方向旋动手轮,并开到最大位置。灭火方法与手提式的方法一样。

使用二氧化碳灭火器时,在室外使用的,应选择在上风方向喷射。在室外内窄小空间使用的,灭火后操作者应迅速离开,以防窒息。

(5)干粉灭火器适应火灾和使用方法

碳酸氢钠干粉灭火器适用于易燃、可燃液体、气体及带电设备的初起火灾;磷酸铵盐干粉灭火器除可用于上述几类火灾外,还可扑救固体类物质的初起火灾。但干粉灭火器不能扑救金属燃烧火灾。

灭火时,可手提或肩扛灭火器快速奔赴火场,在距燃烧处 5 米左右,放下灭火器。如在室外,应选择在上风方向喷射。使用的干粉灭火器若是外挂式储压式的,操作者应一手紧握喷枪、另一手提起储气瓶上的开启提环;如果储气瓶的开启是手轮式的,则向逆时针方向旋开,并旋到最高位置,随即提起灭火器。当干粉喷出后,迅速对准火焰的根部扫射。使用的干粉灭火器若是内置式储气瓶的或者是储压式的,操作者应先将开启把上的保险销拔下,然后握住喷射软管前端喷嘴部,另一只手将开启压把压下,打开灭火器进行灭火。有喷射软管的灭火器或储压式灭火器在使用时,一手应始终压下压把,不能放开,否则会中断喷射。

干粉灭火器扑救可燃、易燃液体火灾时,应对准火焰要部扫射,如果被扑救的液体火灾呈流淌燃烧时,应对准火焰根部由近而远,并左右扫射,直至把火焰全部扑灭。如果可燃液体在容器内燃烧,使用者应对准火焰根部左右晃动扫射,使喷射出的干粉流覆盖整个容器开口表面;当火焰被赶出容器时,使用者仍应继续喷射,直至将火焰全部扑灭。在扑救容器内可燃液体火灾时,应注意不能将喷嘴直接对准液面喷射,防止喷流的冲击力使可燃液体溅出而扩大火势,造成灭火困难。如果当可燃液体在金属容器中燃烧时间过长,容器的壁温已高于扑救可燃液体的自燃点,此时极易造成灭火后再复燃的现象,若与泡沫类灭火器联用,则灭火效果更佳。

使用磷酸铵盐干粉灭火器扑救固体可燃物火灾时,应对准燃烧最猛烈处喷射,并上下、左右扫射。如条件许可,使用者可提着灭火器沿着燃烧物的四周边走边喷,使干粉灭火剂均匀地喷在燃烧物的表面,直至将火焰全部扑灭。

泡沫灭火器的使用方法
主要适用于扑救各种油类火灾、木材、纤维、橡胶等固体可燃物火灾。

		5. 右手抓筒耳,左手抓筒底边缘,把喷雾朝向燃烧区,站在离火源 8 米的地方喷射,并不断前进,兜圈着火墙喷射。直至把火扑灭。
1. 右手握着压把,左手托着灭火器底部,轻轻地取下灭火器。	3. 右手捂住喷嘴,左手执筒底边缘。	

（续表）

2. 右手提着灭火器到现场。	4. 把灭火器颠倒过来呈垂直状态,用劲上下晃动几下,然后放开喷嘴。	6. 灭火后,把灭火器卧放在地上,喷嘴朝下

二氧化碳灭火器的使用方法

主要适用于各种易燃、可燃液体、可燃气体火灾,还可扑救仪器仪表、图书档案、工艺器和低压电器设备等的初起火灾。

1. 用右手握压反。	3. 除掉铅封。	5. 站在距火源二米的地方左手拿着喇叭筒,右手用力压下压反。
2. 用右手提着灭火器到现场。	4. 拔掉保险销。	6. 对着火焰根部喷射,并不断推前,直至把火焰扑灭。

干粉灭火器的使用方法

适用范围:适用于补救各种易燃、可燃液体和易燃、可燃气体火灾,以及电器设备火灾。

1. 右手握着压把,左手托着灭火器底部,轻轻地取下灭火器。	3. 除掉铅封。	5. 左手握着喷管,右手提着压把。
2. 右手提着灭火器到现场。	4. 拔掉保险销。	6. 在距火焰2米的地方,右手用力压下压把,左手合着喷管左右摆动,喷射干粉覆盖整个燃烧区。

推车式干粉灭火器的使用方法 主要适用于扑救易燃液体、可燃气体和电器设备的初起火灾。本灭火器移动方便,操作简单,灭火效果好。	2. 右手提着喷粉枪,左手顺势展开喷粉胶管,直至平直,不能弯折或打圈。	4. 用手掌使劲按下供气阀门。

（续表）

1. 把干粉车拉或推到现场。	3. 除掉铅封，拔出保险销。	5. 左手把持喷粉枪管托，右手把持枪把用手指扳动喷粉开关，对准火焰喷射。不断靠前左右摆动喷粉枪，把干粉笼罩住燃烧区。直至把火扑灭为止。

（三）酒店灭火和应急疏散处理

1. 报警通报

发现火灾时，火灾信息要在第一时间传到本层服务员和酒店消防控制中心，本层服务员和酒店消防中心值班员立即到现场确认是否成灾，确认起火便通知酒店值班负责人、召集各部员工到场。酒店值班负责人到场后决定通知消防部门，决定需要疏散并组织到场员工进行灭火救人工作，据酒店值班负责人的命令，向需要疏散旅客发出通报。

在发现火情进行报警时，为了不惊动店内的客人，酒店应把报警分为二级：一级报警是指酒店发现火情时，只向酒店消防中心报警，酒店其他场所听不到铃声，这样不至于造成整个酒店酒店的紧张气氛；二级报警时在酒店消防中心确实认为店内已发生了火灾的情况下，才向全酒店报警。

2. 疏散抢救

酒店消防中心确实认为店内已发生了火灾的情况下，须考虑的首要问题是组织指挥疏散客人以及抢救着火层以上的人员，在整个疏散过程中要分工明确，疏散有次序，注意安全会自救。

（1）分工要明确。疏散工作要把具体的责任落实到每个楼层的服务员，由他们负责引导客人向安全区疏散，护送行动不便的旅客撤离险境，检查是否有人留在火层内需要抢救出来，接待安置好从着火层疏散下来的客人，并稳定客人情绪。

（2）疏散有次序。疏散客人一般先从着火房间及着火层以上各层开始疏散，再疏散着火层以下各层。行动方便的客人通过安全楼梯进行疏散，行动不便的人员则护送他们从消防电梯疏散；对火层以下的客人做好安抚工作，并劝其不要随处乱跑。

（3）注意疏散安全。在疏散路线上要设立哨岗向疏散人员指明方向，防止疏散人员误入走道，并劝导疏散人员有秩序地疏散，及时清除路障，保持路道畅通无阻。使用消防电梯疏散人员时要有专人操作，约定好联络信号，以便电梯出故障时采取营救措施。

（4）指导其自救。指导自救分别由服务员带领或通过楼内通信设备指导进行。服务员要鼓励或带领旅客沿着消防楼梯冲过烟雾下楼；如不能通过消防楼梯疏散时，则由服务员带领顾客登上天台上风口等待营救，并组织用水枪进行喷射掩护；对于被困人员要增强其自救的信心，引导启发他们就地取材，可选择如下方法自救：使用床单、窗帘、台布等连接起来作救生绳，把一头固紧，沿布绳降落到下一层；封闭门窗，堵孔洞防止烟雾窜入房间，用水泼在门窗上降温，留在房间等待营救。

3. 组织灭火

组织灭火时一定要观察客房火势发展蔓延的过程，一般情况下火势是先从下向上，遇阻向水平发展，再从门窗、竖井、孔洞等开口部位向上下左右蔓延，因此组织灭火时首先要堵住火势向外蔓延，把火势控制在着火房间内予以扑灭。具体步骤如下：

（1）启动消防水泵，满足着火层以上各层消防用水量，铺设水带做好灭火准备。

（2）关闭防火分区的防火门，阻止或拖延火势的蔓延。

（3）派出人员携带灭工具到着火房间的相邻房间和上下层的房间，查明是否有火势蔓延的可能，并及时扑灭蔓延过来的火焰。

（4）使用水流灭火时，要正确操纵水枪射水，一般应先窗后内、先上后下，从窗户的房顶部之字形摆动喷射，向后移动到角落处，把房顶和开口部位的火势扑灭后，再射向起火部位。

（5）在灭火的同时还要防止烟气扩散，采取防烟、排烟措施是保证人员安全加快灭火进程的必要措施。启动送风排烟设备，对疏散楼梯间、前室保持正压送风排烟；启开疏散楼梯的自然通风窗进行排烟。

（6）在扑火时要注意防爆，把处于或可能受火势威胁的易燃物品迅速清理出楼外；对受火势威胁的石油产品贮罐用水喷洒，使其冷却；扑救客房火灾时要坚持正确射流的方法，防止轰燃的发生。

4. 通讯联络

保持大楼内着火层与消防控制中心、前后方的通信联络，使预定的灭火疏散应急方案顺利实施。

（1）楼内的电话、楼层服务台的电话要设专人值班及时对话。

（2）值班经理与消防中心、着火层以上各层、供水供电部门保持联系，有条件时最好设置无线电通信网。

（3）设立通信人员，负责口语通信联络，担任此项工作的人员必须熟悉各部位位置和各部的负责人。

5. **安全警戒**

为保证扑救、疏散与抢救人员的工作有秩序地进行，必须对大楼内外采取安全警卫措施。安全警戒部位，包括在大楼外围、大楼首层入口、着火层等分别设置警戒区和警卫人员，其任务是：

（1）大楼外围：清除路障，指导一切无关车辆离开现场，劝导过路行人撤离现场，维持好大楼外围的秩序，迎接消防队，为消防队迅速到达火场灭火创造有利条件。

（2）大楼首层出入口：不准无关人员进入大楼，指导疏散人员离开大楼，看管好从着火楼层疏散下来的物件，保证消防电梯为消防人员专用，指导消防队进入着火层。

（3）着火层下一层：不准客人进入或再登上着火楼层，防止坏人趁火打劫、浑水摸鱼或乘机制造混乱，保护好消防装备器材，指导疏散人流向下层有秩序地撤离。

（4）做好现场救护，组织单位医务人员及时对伤员进行护理，然后送医院救治。

第五节　酒店安保管理

导入案例

驻守作案现场睡觉上网煮饭，盗贼把酒店当家

2012年5月5日下午1点过，徐某翻墙进入黔江一家停业的酒店，在酒店底楼见有三间房门未关好，便进去顺手盗了手表一只、球服一套、短袖衬衣一件。得手后，徐某又返回其作案的房间上网。当天下午6点左右，徐某感觉到又累又饿，便到酒店食堂偷了一些米，随后又在房间里睡着了。徐某在这里舒服地呆了一天后，再次返回食堂偷米时，被保安发现。

5月6日晚9点半，黔江城南派出所接到辖区一家已经停业的酒店保安报警。民警赶到酒店后不久，就和酒店保安一道将男子控制住。这时，徐某还端着酒店蒸饭的饭盒和一个装着米的不锈钢盆，这不光让酒店保安感到奇怪，让民警也感到非常奇怪。这名男子姓徐，今年只有18岁，是彭水人，翻墙进了酒店后，便把这里当家了。煮饭用的电饭煲、锅、碗筷、油和米都是从酒店食堂里偷的，累了就在房间睡，无聊的还可以上上网。

目前，徐某因涉嫌盗窃罪被黔江警方刑事拘留。

一、酒店安保管理的含义和原则

1. 酒店安保管理的含义

酒店安保管理一般由酒店的安保部负责，是专门负责酒店安全保卫工作的职能部门。安保部主要负责酒店内部及其所控制的范围内的安全保卫工作，做好内部的安全预防工作，维护内部的治安秩序，是酒店企业管理工作的一部分，属于酒店内部企业管理的职能。

酒店的安保部，是我国公安保卫组织体系的一部分，它与公安机关的关系是"保卫业务上由当地公安机关进行指导，重大问题由旅游局和公安厅、局的领导直接对话。对酒店内部的保卫工作包括保安服务业务指导情况的掌握研究等工作，由公安机关保卫部门为主管部门归口管理，治安、刑侦、外管、消防等部门按各自的业务积极配合"。

2. 酒店安保管理的原则

（1）要讲究政策

酒店安全工作的复杂性决定了酒店安保工作具有很强的政策性。在酒店的安全保卫业务中，有的属于治安范围，有的属于刑事范围；有的是公开的，有的是秘密的，有的是涉外的。不同的法律法规、政策方针适用于不同的业务范围。在我国目前尚无统一的有关酒店安全法规的情况、酒店安全的某些领域涉及的问题在法律上尚无规定的情况下，政策是处理问题的依据。因此，在酒店的安保管理工作中，酒店的各级管理人员不仅要有丰富的法律知识，而且应具有很强的政策观念和很高的政策水平。

（2）要时刻预防

酒店安保管理要立足于预防。酒店要建立专门的安保部，配备专职的安保人员，建立涵盖全酒店安全保卫的工作网络，健全各种有关酒店安全的制度、各种与安全有关的设施装备，这一系列工作的着眼点是预防和制止可能出现的各种不安全因素、治安事故及犯罪案件，而不是事后处理或弥补。安保人员要严格遵守酒店的各项安全规章制度，按时巡逻，对可疑人物和事物要保持高度的警惕性，维护好酒店的治安。

（3）要做好服务

酒店是以服务为宗旨，因此确保客人的人身财物安全是酒店对客服务的不可缺少的组成部分，也是确保酒店服务质量不可缺少的一环。在开展安全保卫工作的过程中必须贯穿服务的思想。安保人员必须讲究仪容仪表，讲究文明礼貌，尊重客人，把握好内紧外松的原则，以理服人，而不能粗暴失礼。

二、酒店安保管理的内容

1. 酒店护卫

酒店护卫指酒店组织专门力量，对酒店出入口、重要场所、重要目标进行守护、巡逻及监视，以维护公共秩序、预防违法犯罪和治安灾害事故发生的专项工作。酒店内部为护卫的主要范围，必要时可扩大到酒店周围人行通道部分。护卫的主要目标通常有酒店的出入口、大堂、客房、楼面、行李房、金库、车库、商场、娱乐场所等。

2. 酒店秩序管理

酒店治安秩序管理指酒店在公安机关的指导下，由酒店的专职安保人员与酒店内各有关部门配合，管理酒店内部公共秩序，以保护客人、员工和酒店的人身和财产安全。酒店应建立住宿和访客登记的管理制度，以维护客房内及客房楼层的治安秩序。维护餐厅、酒吧、娱乐场所的治安秩序，处理各类治安问题是酒店治安秩序管理的另一个主要内容。

酒店治安秩序还包括酒店内危险物品、易燃和易爆化学品的管理，酒店内车辆交通及停放秩序和酒店内治安动态信息的收集和处理。

3. 酒店内部违法案件及意外事故的查处

专职的安保人员对在酒店内部发生的违法犯罪案件及意外事故进行调查、取证、提出处理意见，并报请公安机关审批。由酒店查处的各类违法犯罪案件包括一般刑事案件、治安案件、破坏事故以及造成了一定的财物损失和人身伤亡等，后果较为严重的事故。酒店安保部还应协助公安机关侦破其他各类刑事案件和治安案件。

4. 酒店消防管理

酒店在消防管理机关的指导、监督下,应认真贯彻"预防为主"的工作原则,具体做好酒店火情、火警、火灾的预防及日常的防火安全管理。酒店消防管理的内容有:贯彻执行国家消防法规,健全酒店内部消防管理制度;健全消防组织机构,明确专门管理人员,防火要落实岗位责任制,经常性地开展防火知识的宣传教育和培训工作;认真配置好消防设施、设备、器械,坚持定期检查,确保它们始终处于临战实用、完好有效的状态;有完善的处理方案,从报警、灭火、疏散到善后处理等各方面都有明确的程序,使各部门、各岗位上的人员临危不乱,听从统一的指挥,按既定的程序作出相应的反应,各司其职,将人员和财产的损失减低到最小程度。

三、酒店安保管理的方法

(一) 做好对客户安全状况的调查摸底工作

这是酒店安保服务的基础工作。只有在全面了解情况的基础上,才能够制定切实可行和有效的安全防范对策,如楼层、通道、出入口、电梯、门卫制度等。掌握、了解这些情况后,根据安全制度和防范存在的问题,主动向客户雇请方提出合理建议,采取必要措施,提高防范能力。

(二) 完善、落实安全防范管理制度

1. 住宿登记制度。包括登记手续填写和所需的证件等。

2. 会客验证制度。包括会客时间、地点、所需证件、会客方式等。

3. 客房钥匙保管制度。包括客房钥匙的管理、存放、提取、交接制度等。

4. 财务保管制度。包括客人财物的寄存手续、取用手续及住处财物的个人管理等。

(三) 加强安保技术防范,提高控制能力

酒店安保人员要针对当前违法犯罪分子的作案手段和活动特点,根据各店的档次和实际情况,协助店方设计、安装安全门锁、保险柜、报警笛、电视监控器等一系列保安技术防范设施,以提高旅馆、酒店发现、控制违法犯罪的能力。

(四) 加强安保巡视工作

酒店安保服务基本上可分为两部分:一部分是固定点、固定岗、固定哨的保安服务,即根据建筑风格和特点及重要部位,设置保安服务岗点;另一部分

是根据需要,设置流动岗或组织安保人员加强对整个店内外,特别是一些死角的巡视、查看,以防止和杜绝违法犯罪案件的发生。

(五) 做好出入人员的验证工作

安保人员应根据雇请店方内部的保安制度规定,对进出人员和住宿人员进行必要的验证检查。这是酒店重要的安全防护措施之一。不仅防止闲杂人员和不法分子的混入,减少和控制违法犯罪发生,而且便于对店内合法住宿人员的住宿秩序进行严格管理,以防万一。对那些无身份证的旅客或不接受检查验证者应婉言谢绝其投宿;对那些同自己登记的房号不符的人员,劝其回自己的房间等。

(六) 注意保安执勤中的风纪问题

在酒店从事保安服务的保安人员,要特别注意保安人员的形象和风纪。一是要着装整齐,保安标志明显,威严庄重,文明执勤,礼貌待客;二是对外国人要不卑不亢,既要注意祖国的尊严、荣誉,又要尊重不同国家和民族的风俗习惯;三是对他人赠送的礼物,要婉言谢绝,实在拒绝不了的,要收下礼物,登记造册,交保安服务公司处理;四是在执勤中若发现淫秽书刊、传单等,要做到不传、不抄、不看,严禁私存,及时上交有关部门。

第六节　酒店危机与预案

导入案例

Web2.0 时代的酒店危机公关:四处扑火还是未雨绸缪?

潘先生在深圳某五星级酒店举办婚宴,共订了 17 桌,每桌均价 4 300 元,但当天来客就坐满了 16 桌,剩余的一桌丝毫未动。所以潘先生要求将这桌菜打包,酒店方面却告诉他打包需要事先签订协议,并表明这是酒店的硬性规定。潘先生很疑惑:我已经为整场宴席买了单,为什么不能打包带走?而且事先在婚宴合同里没有提到这一点也无任何口头通知。而酒店方面坚持签协议是为了保障酒店声誉,因为酒店考虑到打包食品存在安全隐患。潘先生坚持不肯签协议，认为该协议是霸王条款，并在其后跟酒店的交涉中发生争执，双方不欢而散并闹上了法庭。潘先生在第一时间以"发生在深圳五星级酒店××酒店气愤的事情"为题，在天涯、爱卡汽车网、迈点等论坛上发帖，点击率一路飙升，众多业内网友纷纷顶贴支持。随后，潘先生联系了当地多家新闻媒体。南方都市报、深圳晚报、深圳94.2广播电台纷纷介入报道，使此次事件上升为酒店公关事件。

在互联网时代到来之前，传统媒体掌握着话语权，企业凭借雄厚的资本拥有掌控舆论导向的实力。然而，互联网的出现改变了传统世界，信息的透明化和畅通无阻使得企业越来越难把握舆论导向，自由意志支配下的个人话语权的转移交替改变了传统的商业秩序和规则，大量活跃于论坛、博客的大胆评论、情绪宣泄可能随时将企业推向风头浪尖。酒店是一个小社会，又是大社会的服务提供者，可以说，它每天面对着大大小小的危机。大到酒店内部正常的人事变动、新规则的推行，小到辞退一个不称职的员工等都可能潜伏着意外危机或者将根深蒂固的危机引发。对酒店而言，互联网是一把威力强大的双刃剑：它既能将一些正面信息传达给受众，提升品牌价值，也可以将一些负面的信息传播出去，对酒店的品牌造成致命的影响。而国内大多数酒店，往往只认识到了前者的作用，却忽视了互联网对酒店品牌的不利影响。因此，如何正确应对互联网上的负面信息，成为酒店管理者需要认真思考的问题。

一、酒店危机事件的类型

最新出版的《旅游酒店星级的划分与评定》中明确规定星级酒店应增强突发事件应急处置能力，突发事件的应急预案作为各星级酒店的必备条件。星级酒店突发事件应急处置能力是指酒店面对危机时，其系统、设备、预案、人员及善后处理等各个方面所表现出的适应性、快速性、灵活性与协调性。

酒店的危机事件一般都是紧急和特发的事件，在酒店内发生的严重的火灾、爆炸、失窃、食物中毒、泄毒污染、楼房坍塌以及客人或员工自杀或他杀等关系到生命财产安全的恶性事故。

酒店危机的发生往往有着多方面的原因，既有外部的不可控原因，也有内部的管理原因。从外部因素来看，危机具有突发性和紧迫性，不确定性和未知性，它往往在人们无法预知的时间和地点，毫无征兆地突然爆发。从内部因素来看，有些危机事件是由一些不为人所注意的小细节，小事件而迅速演变而来。这些危机事件的出现往往会给酒店和顾客带来较大损失,严重破坏酒店形象,甚至使酒店陷入困境。做好酒店的危机和预案管理,就能够做到提前应对,可以减少或者避免危机的爆发,或者在发生之后大大降低其破坏程度。

1. 由不可抗力引起的事件

此类危机事件往往是由无法预测和人力不可抗拒的外部强制力量所引发的危机事件,会给酒店带来巨额的财产损失,使企业经营难以继续开展。

由不可抗力引起的危机事件主要包括两个方面的危机事件:一是由地震、台风、洪水等自然灾害所造成的危机事件;二是由全国或世界商业危机、经济萧条、社会政治大变革等有关社会和经济问题所引发的突发性事件。

2. 国际环境、国际恐怖主义的影响

全球经济一体化,世界经济的衰退,霸权主义和强权政治的存在,造成了国际关系失衡的状态。国际恐怖主义与民族、宗教斗争激烈,突发事件在一些国家和地区发生频率、数量、烈度、危害性和社会影响面均呈上升趋势。在全球化时代,国际上任何一个国家或地区发生重大事件都可能波及我国。

2011 年 10 月 1 日,印尼巴厘岛发生一连串爆炸案,在金巴兰和库塔广场有三个地点同时爆炸,造成 22 人死亡,包括三个自杀式攻击手。爆炸发生后,巴厘岛酒店入住率平均下降 10%,澳大利亚游客的入境量下降 2%—5%,日本游客的入境量下降 10%—20%。巴厘岛需要 3 个月的时间才能恢复活力。

3. 外部突发事件的危害

由于我国当前正处于社会转型时期,各种矛盾错综复杂、十分突出,打架、赌博、吸毒等社会丑恶现象还时有发生,这使得酒店面临着复杂的经营环境。而酒店因为其特殊的社会功能,接待的社会公众来自世界各地,容易发生危机事件。特别是高星级酒店具有巨大的影响力,因管理不善或一旦疏于防范,对危机事件的处理不慎,在现在这个信息化社会里,很小的事件就可能一日内传遍世界,引起轩然大波,造成酒店本身甚至一个行业、一个地区的危机。

4. 酒店特殊经营场所具有事故发生的高风险性

酒店作为特殊的经营场所,本身也具有事故发生的高风险性。酒店往往装修装饰比较复杂,在装修装饰中使用的建筑建材大多含有大量的可燃物,加之酒店楼层往往比较高,人员比较密集,一旦发生火灾,容易由于逃生和扑救困难造成群死群伤,或者给企业带来毁灭性的经济打击。

现代酒店的管理,对硬件设施设备提供的安全保障提出了越来越高的要求,但部分酒店存在着重经营而不重安全的观念。在这种思想指导下,仅从成本角度考虑对酒店的消防等保障性器材的购置与配备。酒店硬件设施的建设

的不到位,从而导致突发事件发生后由于硬件设施不到位而使救援和处理应对不力,造成惨重的损失。

2011 年春节,沈阳皇朝万鑫酒店发生大火,此次火灾是由燃放烟花爆竹引起的,虽然没有人员伤亡,但整个投资 30 余亿元的酒店被烧毁,初步统计,损失至少达 27 个亿,教训不可谓不惨痛。

5. 公众误解引发的危机事件

酒店自身的管理意识、管理水平和服务水平不到位而引发一些恶性事件,如酒店因经营管理不善出现食物中毒事件,再如因涉嫌黄、赌、毒被警方查封而造成的信誉危机,以及一些具有重大影响的公共事件,如凶杀事件、持械行凶事件、绑架事件、客人在酒店死亡或自杀事件、特大火灾事件等,如果与媒体沟通不及时,或由于客观事物和环境的复杂性、多变性,以及报道人员观察问题的立场角度的不同,使媒体的报道出现失误引发公众误解,从而引发危机,造成不良的影响。

二、酒店危机事件的处理原则

1. 及时准确原则

及时是酒店处理突发事件的第一原则。所谓及时,就是事件一旦发生,要及时了解情况,酒店要及时组织策划应急方案,及时采取补救措旋。只有这样才能控制事态的发展,赢得时间,减少损失。

准确是酒店确保有效处理突发事件的必要前提。对突发事件发生的时间、地点、性质、原因、损失程度等,都应准确无误地了解清楚。这样才能制定出正确有效的处理方案,分析出事件发展趋势,以便加以控制。同时,对外界传播信息也一定要准确,不然会引起社会舆论的混乱,给善后工作带来不必要的麻烦。

2. 客人安全第一原则

在处理紧急和特发事件的过程中,要以维护客人利益和保障客人人身、财产安全为前提。但贯彻客人安全第一,还必须考虑到客人心理上的影响。如果有效处置了各类治安灾害事故,但在处置过程中方式不妥,波及众多客人,必将影响客人心理上的安全感。因此,整个处理过程要体现使客人能最大限度的安全和在心理影响上缩小到最低限度,要使酒店的秩序尽快恢复正常,实施行动要快速而有条不紊,这样才能达到内不乱且外不慌,维护好酒店的安全信誉。

3. 积极诚实原则

积极的态度是赢取时间、争取主动的心理动力。诚恳、实事求是、是非分明，是处理突发事件的基本态度。当事件发生后，酒店丝毫没有回避的余地，必须正视现实，理智地看待所发生的事件，以负责、积极的态度去处理突发事件。酒店应勇于承担责任，不隐瞒事实，公开事实真相，并要尊重事件涉及的顾客的意见和要求。只有这样，才能取得顾客的理解、信任和支持，配合做好工作。

4. "统一指挥、协调配合"原则

处理酒店紧急和特发事件，是一项整体性的行动，只有实行统一指挥，各方协调配合，并按预案的具体分工各司其职，才能高效率地完成总体任务。因此，要指派能够掌握处理突发事件科学程序和方法，了解酒店情况的部门和专人，组成专门班子去处理，人员要相对稳定，最好不要临时随意换人，拟定每一个不同层次的管理人员和基层员工所具有的岗位职责以及接受命令，按一定程序执行任务，确保完成突发事件的处理。

5. 严格依法办事、讲究政策和策略原则

酒店发生紧急和特发事件，在处置过程中会出现各种情况，要考虑到酒店本身的复杂性。不管事件性质如何及对象是谁，都必须遵循法律程序，实事求是，合情、合理、合法。处理紧急事件时，首先要认识到这类事件的特征。这类事件的发展，一般需经过接触与摩擦、情绪感染、集体激动的过程。有的事件发生之初，并非是群体行为，而由各种因素的作用，诱发原来与事件无关人员卷入事件之中，致使事态扩大。其次，要找到产生的原因。如果是管理工作失误引起的，要及时纠正，消除对立情绪，并注意有关人员的动向，做好解释和稳定情况的教育工作。

三、酒店危机事件预案的基本类型

酒店必须根据自身的实际提前按照重要程度制定各类危机详细的应急预案，对于在酒店特别容易发生的重点危机事件，要制定特别详细的应急预案。同时对员工加强培训，随时做好处理这些突发事件的准备。只有对这些特别容易出现的事件不断进行防范演练，才能做到临危不乱。

酒店管理中，特别容易发生的事件有如下几种，酒店必须提前针对容易出现的重大危机事件建立详细的处理程序和应对流程与方法，制定出具体详细的应急预案，并详细做好员工培训工作，随时做好处理这些突发事件的准备。

(一) 违法事件

酒店在处理客人违法事件时,首选要明确客人的身份和事件涉及的范围,是仅涉及国内客人还是涉及外国或外籍客人。国内客人违法一般是指国内客人在入住宾馆酒店期间内犯有流氓、斗殴、嫖娼、盗窃、赌博、走私等违反我国法律的行为。涉外案件是指在我国境内发生的涉及外国、外国人(自然人及法人)的刑事、民事、经济、行政、治安等事件。无论是国内还是国际客人,只要是违法事件,酒店就需按照相应的制度来进行处理。

(1) 保安部值班人员在接到有关客人违法的报告后,应当立即派专人现场查看,同时通知保安监控电视及各岗位保安员注意监控,防止违法客人逃离。

(2) 保安员需问明事情发生的时间、地点和经过;记录下当事人的姓名、性别、年龄、身份等,并立即向保安部经理汇报。

(3) 保安员做好调查工作后,确认是否构成违法行为,如属于违法行为要及时制止,同时请示保安部经理。对于较严重的事件,保安部经理需亲自到现场调查,同时要向值班总经理报告。

① 属轻微违法事件,可先由服务人员出面进行劝阻和制止,劝阻无效后保安部指派专人在服务人员的配合下进行劝阻和制止,经多次劝阻无效,由值班经理及保安经理批交有关治安管理部门处理。服务人员和保安部要采用适当方式,尽量避免在酒店发生较大的冲突。

② 属严重违法事件,则要严密控制、监视来去人员,经请示批准后立即报警,并配合警方工作。在向公安部门报告后,保安部的人员应对违法行为人进行监控,等待公安人员的到达。保安部人员不能对违法行为人进行关押,应等候公安人员前来处理。

③ 对于外国人违法案件的处理必须做到事实清楚、证据确凿、所用法律正确、法律手续完备,应在对等和互惠原则的基础上,严格履行我国所承担的国际条约义务。当国内法规或者我国的内部规定同我国所承担的国际条约义务发生冲突时,应当采用国际条约的有关规定(我国声明保留的条款除外)。此外,要及时通知外国驻华领事馆或大使馆,通知的内容包括外国人的外文姓名、性别、入境时间、护照或证件号码,案件发生的时间、地点及有关情况,当事人违章、违法、犯罪的主要事实,已采取的法律措施及法律依据等。

(4) 事件处理完毕后,保安部要把事件的情况和处理结果记录留存。

(二) 伤残、死亡事件

客人入住酒店,在日常的生活中,难免因其自身身体情况、生活中不注意或者酒店设施设备存在安全隐患等因素,导致其身体可能受到不同程度的伤害,严重的甚至导致死亡。这类事件的产生对酒店的影响非常大,因此在处理客人伤残或死亡事件一定要按照相应的程序来进行。

(1) 接到通知后保安部派人到现场处理且有值班经理在场。

(2) 值班经理处理此类事件必须有医务人员、相关服务部门人员在场,以相互配合。

(3) 初步诊断受伤及病危人员的病状不严重时,由医务人员就地治疗。病状严重需要送医院的,采取急救措施后及时送往医院。

(4) 保安部人员应该:

① 记录有关情况;

② 送客人去医院,并备齐客人的有关资料;

③ 办理住院手续,并在客人单位人员及亲属未至之前,派员看护;

④ 危险期内的病人,保安部主管应在场,以防病情恶化;

⑤ 请示值班经理,决定需不需要通知客人所在单位及亲属。

(5) 如有死亡客人时,应确认死者身份,医务人员、服务部门主管、保安部主管共同到现场确定死亡时间,保护现场,对现场一切物品都不得挪动,严禁无关人员接近现场,同时向公安部门报告,积极配合公安机关开展调查工作。按客人登记及其他线索与客人所在单位及亲属联系,配合酒店公关部做好家属接待工作,配合家属做好遗体处理工作。

(6) 保安部按有关程序进行调查,负责写出调查报告,负责向有关治安管理部门、客人所在单位及亲属提供,并负责将调查处理结果呈报总经理。

(三) 食物中毒事件

📖 导入案例

2008 年 10 月 4 日晚,多位市民在绍兴市区"绍兴国际大酒店"参加完喜宴后,出现食物中毒症状。目前卫生部门已确认这是一起食物中毒事件,并高度怀疑是一种叫"副溶血弧菌"的细菌污染引发这起食物中毒事件。据了解,大部分患者经治疗后病情稳定,已离开医院,市人民医院还有少数几名患者仍在留院观察。

国际大酒店负责人表态发言表示:不回避责任,会妥善处理此事。绍兴国际大酒店主管餐饮的副总周女士接受记者采访时表示,酒店不会回避责任,一定会给相关顾客一个满意的结果,且已同三对新人接洽过,对他们作出了负责任的承诺,表示将对有关"费用"进行协商补偿等。周副总介绍,事发后,酒店方已第一时间赶到医院,并24小时做好服务工作,以取得在此次事件中受到影响的客人的谅解。酒店一直有专人在市人民医院值守。

酒店客人食物中毒,多以恶心、呕吐、腹痛、腹泻等急性肠胃炎症为主要症状。食物中毒的类型有细菌性食物中毒、化学性食物中毒、有毒食物中毒,无论是否是由于酒店过失或客人本身原因造成的食物中毒,一旦发生,酒店都要承担起责任,及时进行处理。

(1) 保安部办公室接到客人食物中毒报告后,应立即赶到事故现场,划定警戒线,禁止无关人员进入和围观,保护好现场,维护好秩序。保安部经理协同相关人员赶赴现场,并携带勘察箱、照相机、对讲机、笔录纸、手电等器具备用。

(2) 保安人员应协助医护人员对中毒者进行抢救。如果客人中毒较深,在医务人员采取紧急抢救措施后,餐厅保安员应协同医务人员将中毒者送往医院。如中毒者已经死亡,保安部经理应派专职保安员保护现场,进行初步调查,同时告知酒店领导,由其决定是否需要通知公安机关。

(3) 保安员在餐厅领班的带领下,对食物中毒事件展开简单调查,并作好记录。调查的主要内容包括以下两项:

① 对发现人和现场知情人进行访问并记录。

② 根据客人中毒程度,餐厅保安员适时作好中毒者访问记录,同时查明中毒者的身份、国籍等。

(4) 酒店领导决定通知公安机关,则保安部负责与公安机关联系,做好接待工作,并协助公安机关开展调查。

(5) 保安部协同酒店相关部门做好善后工作,如安抚客人、与客人家人联络、去医院探望客人等。

(6) 保安部经理编写食物中毒事件经过及处理结果,形成食物中毒事件调查报告,呈报保安部经理和酒店总经理审阅。

(四) 停电

一旦酒店发生停电,各营业点和公共场所当班的最高行政领导要立刻负责本工作区域的安全工作;保证所有职工平静地留守在各自的工作岗位上;当班的服务员应保持镇静,稳定客人情绪,请客人稍等片刻;向宾客及职工说明停电事故,酒店正在采取紧急措施排除故障,恢复电力供应;门卫人员要劝阻无关人员进店;巡逻人员重点保护公共场所的财产;保安部管理人员组织人员对各点进行巡查,防止意外情况的发生;如在夜间,用手电照明公共场所,帮助滞留在走廊及电梯中的宾客转移到安全地方;派遣维修人员,找出停电原因,如果是外部原因,应立即与供电单位联系,弄清停电原因、时间等;如果是内部原因,则应尽快排除故障,恢复供电。

四、酒店危机公关

在突发事件发生后,如果酒店与媒体沟通不及时,或客观事物和环境的复杂性、多变性,以及报道人员观察问题的立场角度的不同,使媒体的报道出现失误引发公众误解,不但会加深原有的酒店危机处理难度,还会引发另一场的公众误解酒店危机,造成更坏的影响。当突发事件发生后,酒店更应该以积极主动的态度,通过良好的危机公关举措,借助媒体的传播,帮助酒店迅速澄清事实,遏制谣言传播,消除公众的疑虑,并使公众了解酒店目前所采取的大量措施和已经取得的积极成果,从而给酒店以信任和支持。高星级酒店必须要善于通过积极有效的媒体危机公关,使酒店在突发事件处理中占据主导,把握主动,转危为安。

(一) 勇于快速承担责任,迅速解决问题化解危机

在突发事件发生后,公众往往最会关心两方面的问题:一方面是自身利益的问题。客人利益能否被保证往往是公众关注的焦点,因此无论谁是谁非,酒店首先应该承担起保护消费者权益的责任。即使在危机事件中受害的消费者存在着一定的责任,酒店也不应当首先追究其责任,否则极容易造成双方各执己见,加深矛盾,使小事扩大影响,反而引起社会公众的反感,不利于问题的解决。另一方面是感情问题。社会公众往往会很在意一个大企业是否能在意自己的感受。在面对危机时,酒店应该首先站在受害者的立场上表示出同情和安慰,大的事件应当通过新闻媒介向公众致歉,解决公众深层次的心理、情感关系问题,往往能够赢得公众对酒店的理解和支持。

酒店危机的出现必然会给各类受众造成不好的印象,从而影响酒店的美誉度。因此,"良好的危机管理之道,就是快速解决问题,重塑企业负责任的良好形象"。酒店的管理者应当在第一时间深入实际,认真查找事件真实的起因和目前已造成的后果,快速找到正确的解决危机之道,争取把事件的不良影响控制在最小的范围内。如果是由于顾客使用了本酒店的产品而受到伤害,酒

店必须进行快速处理,第一时间给其道歉以表示诚意,并且应给予相应的补偿,以重新赢得消费者的信任和忠诚。在危机管理过程中,酒店应该努力争取公众对酒店的信任、同情和谅解。

(二)利用媒体公关,增强突发事件管理的透明度

在全球化和信息化的影响下,突发事件一旦爆发,往往信息量就会猛增,各种信息会按照各自的渠道迅速传递。危机处理时间十分紧迫,任何耽误和错误的决策都可能给酒店造成巨大的损失。

酒店在突发事件发生后应主动去掌握最详细、最全面的事件信息,通过开展积极的媒体公关活动,采用新闻发布会、互联网等各种形式,让各种媒体统一、及时、准确发布权威、可信的突发事件信息,在第一时间内向社会公众提供真实的、尽可能详细的有关此次突发事件的进展情况和酒店正在采取的有效措施,针对公众的疑虑及时进行科学、客观地通报,既展示了企业负责任的良好企业形象,同时也可以及时了解社会公众对此次事件的看法和态度。通过与媒体和公众的及时交流沟通以增强突发事件管理的透明度,酒店可以处于一个主动的地位,有利于争取舆论的主动权,把事态控制在有序的范围内,赢得公众的理解与支持。

(三)建立发言人制度,主动控制事态发展

在突发事件爆发时,酒店往往瞬间成为媒体和公众舆论关注的焦点,来自酒店的任何信息都会被媒体所运用,如果此时出现了不当言行往往会给酒店带来很大的麻烦和被动。因此,在处理酒店危机时,酒店必须首先统一口径,建立和执行发言人制度。进行媒体公关互动时,所有的信息传播应该由新闻发言人一个人的声音对外进行传播。同时在酒店的内部,也要形成统一的口径,这是控制舆论传播的重要内容。对外公布的口径只能是一个,不能出现前后矛盾的信息。

提供全面信息主要是指不能隐瞒,更不要谎报,应该向媒体坦诚、全面而且翔实地提供所了解的突发事件的真实情况。在新闻学中有这样一条理论,那就是"在突发事件的传播过程中,传播媒介会产生'递增回馈效应'",这个效应告诉我们,媒体在无法获得有关突发事件的准确信息时,有时会陷入一种暧昧不明的状态,而在这一状态下,媒体可能会主动去寻找他们认为是被隐瞒、被谎报的信息,并将这些信息放大作为重大新闻来进行报道。这样,在大众媒体的舆论导向下,极有可能产生严重的后果,导致事态恶化,给酒店带来巨大的损失。

（四）做好后危机管理，促成危机的转化

当危机事件过去后，要由专业的危机管理专家队伍加强酒店的危机后重建工作，评估危机给酒店造成的有形和无形的损失，以便下一步更有重点和有针对性地做好酒店形象重建准备；在酒店危机恢复计划实施中要注重继续保持同媒体的良好关系和沟通，新闻媒体的如实报道和对酒店恢复工作的持续关注，对于酒店重新吸引消费者和培育潜在顾客，以及重建信任和良好评价是至关重要的，一个良好的支持氛围，有利于促进酒店更快更有效地尽早恢复正常经营。此外，"借助危机，可以给酒店提供一个革新的机会、一个加强内部团结的机会、一个自我反省的机会、一个展示酒店新形象的机会、一个行业调整的机会"等。如果酒店能够充分而智慧地利用危机带来的潜在机会，适时改变，有时也可能会大大提高一家高星级酒店的知名度、口碑效应、品牌形象和整体管理水平。

对于酒店而言，在危机之前，首先是要抓好防范；在危机之中，主要是抓好对危机事件的快速应对；而在危机之后，最重要的就是如何重新通过重建和修复为酒店打造新的竞争优势。因此，对酒店来说，抓好酒店后危机管理是非常必要的，因为它直接关系到酒店在经历了危机事件后是否能够重整旗鼓，起死回生，再铸辉煌。

课后思考题

1. 什么是酒店的安全？包含哪几方面内容？
2. 酒店安全管理的原则是什么？
3. 酒店设备安全有几方面？
4. 酒店消防安全的内容包含哪几方面内容？
5. 酒店如何预防火灾？
6. 酒店危机包含哪几方面内容？如何做好预案？

实训练习题

组织全班同学开展一次火灾逃生暨灭火器实用演练。

第八章 酒店集团化

本章教学要点

1. 熟悉酒店集团的概念及产生和发展的过程。
2. 熟悉酒店集团的主要经营模式及特点。
3. 熟悉酒店集团化的发展必要性及优劣势。
4. 熟悉国际十大酒店集团的经营特色。
5. 熟悉中国著名酒店集团的经营特色。

导入案例

洲际酒店集团的特色服务与标准化管理

为顾客着想,使旅游者外出期间过得愉快,是洲际酒店集团的出发点;一切为顾客着想,不断创新服务,并实施标准管理,是洲际酒店集团一贯的服务经营准则。

洲际酒店集团建立伊始,就把注重细节作为酒店的一个基本原则,对顾客的需求体贴入微,如每间酒店至少有一名医生和一名牙医,24小时随叫随到;每间客房必须放一本《圣经》,服务员每天还要为房客把《圣经》翻一新页;在欧洲的一些酒店里,美国酒店都有一位牧师,倾听客人的诉说,为客人排除心理上的困惑。

洲际酒店集团非常重视标准管理,在标准的基础上再提供自己具有创新特色的高附加值的酒店服务,以保证服务质量。严格的检查制度、奖惩分明的制度使洲际酒店集团的服务质量和管理始终都处于领先水平。长期始终如一的高质量酒店服务和创新使酒店集团的形象得以数量,品质得到了保障,这些都是后期洲际酒店集团成功进行全球化扩张和特许经营管理的坚实基础。

【分析】国外酒店集团拥有发达、完善的会员系统、中央预定系统、培训体系、考核体系,在品牌运作、标准化建设、市场推广、集团战略等方便都优于国内酒店集团。随着国外酒店集团全新进军中国酒店市场,国内酒店集团将面临更加严峻的竞争压力。我国酒店集团只有充分挖掘自身潜力,构筑企业竞争力,在赶超国外硬件水平的同时,更应注重酒店人才"软实力"的建设,才能在激烈的市场竞争中获得优势。

第一节　酒店集团化发展概述

一、酒店集团的定义

酒店集团(Hotel Group),又称作酒店联号(Hotel Chain)或连锁酒店,是以经营酒店为主的经济实体,指在本国或世界各地直接或间接地拥有或控制两家或两家以上的酒店,以相同的店名和店标、统一的经营程序、同样的服务标准和管理风格与水准进行联合经营的企业集团。

酒店集团是一种特殊的企业集团,在19世纪就出现了其初始形态——铁路沿线的酒店联号,而酒店集团这一概念的诞生还要追溯到20世纪40年代,即第二次世界大战之后的欧美国家,至今已有七十多年的发展历史。

二、国际酒店集团发展历程

酒店集团经营形式起源于美国,美国也是酒店资本、管理、技术的最大输出国。国际酒店集团是以酒店企业为核心,以经营酒店产品为主体,通过产权交易、资本融合、管理模式输出和营销网络等相互关联的企业集团,在酒店业高度发展的基础上形成以酒店母公司为主体,通过资本纽带关系和经营经营协作关系等方式,同众多酒店组织共同形成的企业经济联合体。

在过去半个多世纪的发展中,欧美国家的酒店集团在市场需求和经济利益的牵引作用下,逐步完成了从无到有、从小到大、从单一到多品牌、从国内到国际的发展过程,并先后经历了区域发展阶段、洲际发展阶段和全球整合三大阶段。

(一) 区域发展阶段(20世纪40年代—50年代)

20世纪40年代,经历了第二次世界大战洗礼的欧美等国出现了相对持续的和平、稳定、繁荣的历史机遇,5天工作制、高速公路及私家汽车日趋普及,为那些按照制度化、规范化和标准化经营管理的酒店公司提供了极为广阔的市场。为满足市场需求并获得更大的经济效益,一大批称雄于某一区域或某一国界内的现代酒店集团在欧美地区应运而生并脱颖而出。

例如,1946年成立的"最佳西方国际集团"(Best Western)、1949年成立的"希尔顿国际酒店公司"(Hilton International)、1952年成立的"假日酒店集团"(Holiday Inn)等现代酒店集团都是这一阶段的典型代表。这些酒店集团扩张发展的方向是由其本国或本地游客的批量流向来决定,哪里本国或本地的游客最多,哪里就有这些跨市、跨国经营的现代酒店集团的身影。

但由于受交通条件的制约,各国的商务与休闲旅游大多局限于本国境内及周边邻国的小范围区域内。当时成立的酒店集团基本上处于巩固与发展各自国内市场或周边区域市场阶段,各酒店集团凭借其人力、物力、财力和网络等资源规模优势,逐渐取代了单体酒店(Independent Hotel)在国内市场的竞争地位,开创了世界酒店集团管理的新纪元。

(二) 洲际发展阶段(20世纪60年代—70年代)

20世纪60年代,伴随着发达国家民航业的蓬勃发展、人们带薪假期的增加与洲际高速公路交通网络的逐步建成,各国的商务和休闲旅游的范围也从本土性、区域性向洲际性、国际性方向发展。此时旅游市场产生了新的需求,部分酒店集团纷纷将其发展目标转向了国际市场。20世纪50年代末期到70年代,一些著名的酒店集团利用其品牌不断扩展,相继出现了华美达(Ramada)、霍华德·约翰逊(Howard Johnson)、马里奥特(Marriott)、凯悦(Hyatt)、四季酒店集团(Four Seasons Hotels & Resorts)、雅高集团(Accor)、天天酒店集团(Day Inn)等。

另外,为使本国出境游客在异国他乡同样能感受到"家外之家"的温馨、安全与舒适,众多欧美酒店集团纷纷联姻航空公司,到本国出境旅游客流量较大的国外旅游目的地或中心门户城市接管或开设酒店。如:澳洲航空公司建立了多家酒店;德国汉莎航空公司(Lufthansa)在科隆机场发展了新的酒店;法国航空公司在科西嘉岛接管了一家酒店,并且开始向纽约市场拓展。另有一些航空公司与酒店集团联合,如:1967年,美国环球航空公司(TWA)与希尔顿成立国际联盟;1970年,美国联合航空公司(UA)与国外国际(WI)联合;

1972 年,法航(AF)与法国的子午线(Meridian)联合。这一系列的成功案例打破了以往以区域为单位的集团联合,形成了一大批跨国、跨洲经营的国际酒店集团。

到 20 世纪 70 年代末,国外酒店集团已基本完成了对全球酒店市场的瓜分。但由于受到冷战思维的影响,在这次酒店集团发展过程中,中国乃至许多社会主义国家错过了发展的最好时机,形成了与世界酒店集团的差距。

(三) 全球整合阶段(20 世纪 80 年代至今)

20 世纪 80 年代,随着中国的改革开放,许多有实力的欧美酒店管理集团纷纷抢滩发展中国市场,世界酒店集团的发展呈现全球整合趋势。这一阶段的最显著特征就是酒店集团的扩张模式的改变。它突破了以往的单一酒店和单一品牌连锁的规模局限,形成了跨酒店集团甚至跨行业的兼并、收购与联盟的转型。

从 1981 年大都会(Grand Metropolitan)兼并洲际酒店集团开始,这种趋势一直延续至今而且有进一步发展的趋势。其中最引人注目的莫过于香港新世界集团(New World)对华美达集团(Ramada)的收购兼并(1989 年),英国巴斯公司(Bass)对假日集团(1989 年)和洲际集团(1998 年)的收购兼并,以及法国雅高集团对 6 号汽车旅馆公司(Mobile 6)的收购兼并(1990 年)。另外,2003 年跃居国际酒店集团三百强首位的"洲际酒店集团"通过在 2002 年成功收购兼并了美国的"蜡木酒店式公寓"(Candlewood Suite)一举夺魁,并把连续六年稳坐世界三百强头把交椅的美国圣达特集团(Cendant)拉下马。

进入 20 世纪 90 年代后期,国际酒店集团开始向亚洲、东欧、拉美等区域发展,大型酒店集团跨国经营所涉及的国家范围不断扩大,并于 90 年代末期形成酒店集团全球发展的雏形。这些酒店集团的迅速扩大且全方位发展的趋势对那些幸存的单体酒店、区域性酒店或小型酒店管理公司形成极大的威胁。之后,由亚洲、非洲带动的新兴市场将成长迅速,且顾客消费的个性化与品牌化进一步明显,以及全球市场竞争的逐步激烈,进一步促进国际酒店集团朝多元化、规范化、多品牌化的方向发展(如表 8 - 1 和表 8 - 2 所示)。

表 8 - 1　2010 年全球酒店集团 300 强前 10 强

名次	集团名称	集团所在国	客房数(间)	酒店数(座)
1	洲际酒店集团	英国	647 161	4 437
2	万豪国际集团	美国	618 104	3 545
3	温德姆酒店集团	美国	612 735	7 207

(续表)

名次	集团名称	集团所在国	客房数(间)	酒店数(座)
4	希尔顿酒店集团	美国	604 781	3 671
5	雅高酒店集团	法国	507 306	4 229
6	精选国际酒店集团	美国	495 145	6 142
7	喜达屋酒店与度假村国际集团	美国	308 736	1 041
8	最佳西方国际集团	美国	308 692	4 038
9	卡尔森国际酒店集团	美国	162 143	1 064
10	凯悦酒店集团	美国	127 507	453

数据来源:《HOTELS》杂志,http://www.hotelsmag.com

表 8-2 2010 年中国酒店集团在全球酒店集团 300 强中的排名

序号	集团名称	排名	集团所在地	客房数(间)	酒店数(座)
1	锦江国际酒店管理有限公司	12	内地	107 019	707
2	如家酒店集团	13	内地	93 898	818
3	7 天连锁酒店集团	23	内地	56 410	568
4	汉庭酒店集团	25	内地	50 438	438
5	上海莫泰连锁旅店有限公司	36	内地	30 856	266
6	香格里拉酒店及度假村集团	38	香港	29 408	70
7	港中旅酒店管理有限公司	44	内地	23 964	74
8	南京金陵酒店管理公司	49	内地	23 057	92
9	格林豪泰酒店管理集团	52	内地	21 600	240
10	首旅建国酒店管理有限公司	56	内地	20 245	69

数据来源:《HOTELS》杂志,http://www.hotelsmag.com

阅读材料

国际酒店集团进入中国情况

按照国家旅游局的统计,截至 2010 年底,共有 41 个国家近 70 多个品牌进入了中国酒店业,国际上十大酒店集团均已进入中国市场,并管理着我国 20％的高星级酒店,获取了我国高端酒店市场 80％的利润。美国《HOTELS》杂志 2010 年度全球酒店集团 300 强排行榜里的前 10 名已经全部进入中国市场。国际酒店集团大多采用管理合同和特许经营的方式进入中国市场,凭着低风险、高收益的商业模式和良好的品牌影响力迅速抢占中国一线市场。

2009 年中国酒店业国际酒店管理公司(集团)10 强

1. 洲际酒店集团
2. 豪生国际酒店集团(中国)
3. 法国雅高酒店集团
4. 喜达屋酒店与度假村国际集团
5. 万豪国际集团所属酒店及酒店公寓(中国地区)
6. 戴斯酒店管理集团
7. 香格里拉股份有限公司
8. 康年国际酒店集团
9. 贝斯特韦斯特(北京)国际酒店管理有限公司
10. 凯悦国际酒店管理(北京)有限责任公司

　　资料来源:《中国酒店产业发展报告——酒店集团篇(2010—2011)》

第二节　酒店集团化的 SWOT 分析

一、酒店集团化的发展模式

　　纵观世界知名酒店集团的发展历程,令人惊奇的发现,酒店业的集团化已成为现代西方酒店经营的主导方式,并且其发展脉络具有清晰的时代特征。

　　现代西方酒店集团的形成,最初是通过投资不动产实现的。20 世纪第一家较大规模的酒店联号是美国的斯塔特勒(Statler Hotel Chain)。斯塔特勒作为现代商业酒店的创始人,利用投资不动产建造了酒店联号。20 世纪二三十年代,美国经济危机所带来的大萧条导致大量的酒店破产,不动产价格急剧下跌,此阶段一些酒店联号用低廉的价格购买了高质量的酒店,获得了迅速发展的机会。到二战结束前,斯塔特勒、希尔顿、喜来登等主要酒店联号占据了绝对优势。20 世纪 50 年代前后,酒店集团扩张的基本方式是利用管理合同和特许经营方式。在 20 世纪六七十年代,出现了一种只提供单纯的管理服务的组织方式——独立酒店管理公司。20 世纪 70 年代后期出现了一批只提供营销和销售服务为主的松散型的酒店联合体,即酒店联盟。20 世纪 90 年代后期,信息技术渗入预订和营销领域,酒店联盟的经营重点开始向提供各种信息技术服务转化,由两家或几家酒店联号建立某种战略伙伴关系,共同开展营销、预订或开拓新的市场。

(一)直营连锁

直营连锁是一种最基本的经营模式,也是酒店集团发展的初始发展模式。所谓直营连锁,是指由两个或两个以上的子公司隶属于同一母公司的经营形式。母公司对子公司的控制可通过完全拥有、租赁、租借建筑物或土地等形式来实现。母公司在享有子公司的利润的同时,对其经营损失承担风险。

阅读材料

> ### 假日集团的初始发展模式
>
> 世界上排名前几名的酒店集团,其发展初期大多以直营连锁起步。之所以选择直营连锁,是由于酒店集团起步之时,资金实力、管理模式和品牌影响力都不具有优势,此时采取其他形式的连锁经营很难。于是,诸如我们目前耳熟能详的假日酒店集团和希尔顿酒店集团,最初都始于直营连锁。
>
> 假日集团创建于 1952 年 8 月的美国田纳西州孟菲斯城,创始人为凯蒙斯·威尔逊(Kemmons Wilson)。
>
> 1951 年,凯蒙斯·威尔逊带家人外出旅行,旅游中遇到诸多烦恼,而最令他不满意的是住宿,因为大多数旅馆设施低劣简陋、卫生条件差、价格又昂贵。从这次不愉快的旅行中,威尔逊发现住宿业是一个潜力巨大、尚待开发的行业,而驾车旅行度假的家庭旅游所需要的汽车旅馆正是一个市场空白。于是,1952 年,威尔逊从银行贷款 30 万美元,在通向孟菲斯城的主要通道——夏日大道(Summer Avenue)上建成了一个拥有 120 个单元房的汽车旅馆,取名假日旅馆(Holiday Inn)。

假日旅馆每间的成本是 8 000 美元(包括土地价格),客房宽敞舒适,每间配备 2 个床位,有空调、卫生间和沐浴设施,停车场大,客房提供免费的电视、电话,特别配备了餐馆和游泳池。这家旅馆非常成功。在此之后,威尔逊又相继在进入孟菲斯城的其他三条公路上建立了另外三家假日旅馆。

在经营理念上,凯蒙斯·威尔逊按照商业酒店创始人斯塔特勒的经营信条,非常注重酒店的地理位置,也就是选址的作用。他在创业时所建造的酒店大多沿高速公路分布,市场定位面向中产阶级,依据中档大众市场的消费水平与需求设计酒店,突出洁净、舒适、卫生与安全。

至今,假日洲际酒店集团是世界上分布最广的酒店管理公司,拥有和管理着许多知名的国际酒店,包括洲际酒店、皇冠大酒店、假日酒店、假日旅馆等几种酒店类型。广泛的全球分布网遍及 100 个国家和地区,拥有 4 400 家酒店,647 000 间客房。

在假日集团的发展历程中,最成功的经营模式是特许经营。但是,在其早期的发展中,还是起步于连锁经营。

资料来源:《世界知名酒店集团发展模式》

直营连锁对于酒店业的最大影响在于其"标准化运作程序",利用标准化运作程序推动酒店的集团化发展。在实际运行过程中,除了投资酒店(包括兴建、租赁、租借建筑物等)形式以外,目前的直营连锁的形成方式主要有以下三种:

1. 直接并购

并购是指企业通过收购来实现以资本为纽带的集团经营。选择收购那些经营成果的中小餐饮或酒店集团,可以在短期内提高投资收益。

2. 杠杆收购

杠杆收购是指企业通过向银行和其他金融机构贷款而实现企业扩张的一种方式。这种方式在酒店业中比例较高。但是,通过向银行借款进行扩张,虽然也具备一定的融资优势,但这种方式往往使经营风险增大,尤其是面临较大的还贷压力。

3. 合并或联合

酒店业供给过剩以及大集团的野心,致使各集团之间拼命以占有对方为目标,最终出现了超大集团的酒店集团。而其运作方式主要是采用企业集团之间的合并或联合。

（二）特许经营

特许经营最受欢迎的集团化扩张方式。酒店特许经营通常是指酒店管理集团将其具有知识产权性质的品牌，包括先进的全球预订网络与营销系统、成熟定型的管理模式与服务标准等的使用权出售给酒店业主，由酒店业主依照品牌的质量标准与规范营运要求自主经营酒店。

酒店集团特许经营主要有两种方式：第一种被称为"产品和品牌特许经营"，这一类在特许经营中占主体地位；第二种为"酒店经营模式特许经营"，实行这种方式，受特许人通常获许使用特许权人的品牌名称、形象、产品、经营模式和服务规范等，加入集团营销也是必不可少的部分。

特许经营的实质是用一个品牌去复制一个品牌，再使名牌形成规模，由此产生规模经营和规模效益。采用特许经营的优势在于特许权人可利用极少投资迅速渗透市场，提高企业创业和扩张效率，极快地以同一品牌占有市场，稳定地获取特许经营权益费。管理特许经营的模式吸引了大量的小型单体酒店加入其中，随着经营网络的拓展，特许经营系统成为当今酒店业最为重要的扩张方式。

阅读材料

百分百特许经营的圣达特

圣达特酒店集团是一个著名的全球旅游和服务业经营集团，目前是世界第一名的全球特许经营酒店集团，特许经营酒店数占 100％。在 2006 年的全球酒店集团最新十强排名中，圣达特酒店集团排名第二，拥有酒店6 344 座，房间 532 284 间。2006 年，圣达特收购了豪华五星级知名酒店品牌——温德姆，圣达特酒店管理集团也因此更名为温德姆（Wyndham）国际酒店集团。根据美国 HOTELS 杂志公布的 2010 年统计，温德姆国际酒店集团有酒店特许经营酒店数量为 7 177 座，排名第一。

圣达特是一家将特许经营模式发挥到极致的集团，它旗下的酒店是100％进行特许经营的。实际上，圣达特经营的特许经营酒店品牌包括如下 15 种品牌：豪生（Howard Johnson）、速 8（Super 8）、天天（Days Inn）、华美达（Ramada）、旅游住宿酒店（Travelodge）、骑士客栈（Knights Inn）、赢门客栈（Wingate Inn）、美国主人客栈（AmeriHost Inn）和乡村客栈（Villager）、埃韦斯（Avis）、时代（ERA）、信义房产（Coldwell Banker）、21世纪（Century 21）、信义房产商业（Coldwell Banker Commercial）、杰克逊·海威特（Jackson Hewitt），这些都是著名的圣达特品牌，又都是采用特许经营模式经营的品牌。

圣达特酒店集团的国内特许经营权发展主要体现在七个方面，分别是少数民族特许经营发展、发展津贴制、管理公司配给、培训、财政安排、指导和单独联系点。圣达特成功的关键是通过酒店所有权项目建立财富，这个项目也是圣达特在竞争日益加剧的环境中继续增加它的酒店品牌。为了在财政方面给予企业家帮助，集团对至少有51%的少数产权、客房达到75间的酒店提供每间客房1 000美元的发展津贴，对超过74间客房的大酒店提供每间客房1 500元的津贴，津贴上限为150 000美元。

圣达特的国家发展策略也是通过销售特许经营权协议来扩大的。圣达特的国际发展优势在于：它拥有长期独家区域特许经营权协议、全球范围内的品牌质量标准、国际和当地预订系统连通性、前沿技术的提供商等。另外，圣达特对酒店标准的培训、经营和开业给予支持；拥有品牌营销媒介，如互联网和指导手册、对全球销售给予支持等。

资料来源：《中外酒店集团比较研究》

（三）管理合同

管理合同又称委托管理，是另一种最受欢迎的发展模式。管理合同是指业主委托管理公司代为管理酒店，业主与管理公司通过签订管理合同来实现这一运作方式。采用管理合同进行委托管理的三个主要原则如下：

（1）经营者有权不受业主干扰管理企业；

（2）业主支付所有的经营费用并承担可能的财务风险；

（3）经营者的行为受到绝对保护，除非他具有欺诈或严重的是指行为。

管理合同保证经营者获得管理费，其余所得归业主，业主需要支付税收、保险并偿还贷款等。业主将所有经营责任授权给经营者并不得干涉其日常业务运作。

酒店集团采用委托管理的收益主要来自于收取管理费。一般说来，管理费按照惯例公司提供的服务来计算，可分为一揽子费用、系统使用费、技术服务费及开业管理费等四种。

第一种是固定费用。按营业额的比例计算,按净利润比例计算或混合式计算。一般为营业额的 2%—4% 提成,或净利润的 5%。

第二种是系统使用费。经营者通常向业主收取有关经营系统使用费,如市场营销、广告、销售、财务、培训和预订费,以及管理公司人员到酒店视察时的旅行、住宿等差旅费。这些费用通常将占管理费之外的营业收入的 1%—3%。

第三种是技术支持费。经营者通常要求业主对其在设计和规划方面的服务支付技术支持费。咨询服务通常包括可行性分析、建筑设计、内部设计、设备安装、食品设备布局、建筑督导及其他领域的督导,如工程系统、娱乐设施、保安和财务系统等。

第四种是开业管理费。由业主支付给管理者在开业筹划、制定开业预算、督导开业活动,包括招聘、培训、运营系统确立、酒店促销、筹办物品及以业主名义进行租赁谈判等的费用。开业预算一般为工程项目的的 1.5%—1.9%。开业管理费根据酒店规模、地点、提供服务类型和开业准备时间长短收取费用。

对于酒店集团来说,采用管理合同的优势是既能以较少的资本投入、较低的风险迅速扩张酒店集团规模,又可令没有管理经验的酒店业主分享行业所带来的丰厚回报。因此,管理合同被广泛应用于酒店业,世界上的知名酒店集团都无一例外地通过这种方式进行规模扩张。

(四)战略联盟

战略联盟是酒店集团化发展的一种新模式,源于生产制造业,是指企业为了保持和加强自身的竞争力自愿与其他企业在某些领域进行合作的一种经营形式。

战略联盟分为竞争对手联盟、顾客伙伴联盟和供应商伙伴联盟。

竞争对手联盟指竞争对手之间为了减少无谓竞争并促进共同发展而自愿形成的联盟,以实现资源、市场和技术共享。酒店集团化经营发展过程中,传统的"收购"方式逐步退出,以市场营销为基础的战略联盟形式越来越多,包括许多小的酒店集团希望加入大集团,利用其全球预订系统扩大客源市场。

顾客伙伴联盟则是企业与顾客之间的一种契约,以实现顾客的忠诚。比如希尔顿酒店公司在 1995 年 9 月率先与美国捷运公司联合发行一种无费用、品牌联合的信用卡,捷运公司的希尔顿信用卡给持卡人以最丰厚的回报,是其他种类旅行卡所不能比拟的,它无需缴纳年费,而且所开立的信用卡利率低。

供应商伙伴联盟指企业与供应商企业(含上下游产品)之间的联合,如酒店与航空公司(如最佳西方与南方航空明珠俱乐部开展全球范围内的联盟合作)、旅行社(如锦江国际酒店管理有限公司与世界著名商务旅行管理公司BTI)的联合促销,与各类物资供应企业(如万豪酒店与全球最大的家具制造商 Steelcase 公司)的联合等。通过与不同供应商的联盟,酒店获得从家具、地毯、窗帘、床单、床罩,到墙纸、装饰物、带镜框的风景画等所需要的一切。

实质上,国际酒店企业战略联盟是一种比较普遍的模式,很多酒店集团都是通过战略联盟的形式发展壮大起来的,它并不强调联盟伙伴之间在各方面的兼容性,所重视的是相互之间某些经营资源的共同运用,其相容性是有选择的,不同的选择构成了不同形式的联盟。例如:美国的精品国际酒店公司(Choice Hotels International)1998 年与欧洲酒店公司、1999 年与旗帜有限公司结成战略联盟。美国的天天酒店(Days Inn)和最佳西方国际酒店(Best Western International)等都是以战略联盟作为其扩张和发展的经营策略。

从集团化的发展条件看,战略联盟这种发展模式的生存条件比较苛刻,不一定所有的战略联盟都能生存并得以延续。即便是最佳西方国际这样知名的酒店集团,在发展过程中,除了采取战略联盟模式外,也辅以特许经营等其他模式。

二、中国酒店集团化的 SWOT 分析

当今中国酒店业迅速崛起,已成为发展经济、创造外汇、对外贸易的领头产业。但中国酒店业发展较晚,在 30 多年前,"酒店集团化"这一概念对中国酒店业内人士来说还是一个陌生的字眼。随着改革开放,中国酒店业才开始步入集团化管理的轨道。1982 年,中国第一家中外合资酒店——建国酒店开业并首家引进了境外酒店管理公司(半岛管理集团)的国际化经营管理模式,标志着中国酒店集团化管理的开始。随后,假日、喜来登等其他国际知名酒店管理公司纷纷在中国登陆。境外酒店管理公司为中国酒店业带来现代的管理模式、服务意识和标准规范的操作程序,从客观上推动了中国酒店集团化发展的进程。

自 2000 年以后,中国加入 WTO、申奥成功和 2010 年上海世博会的召开,使国际著名酒店集团纷纷看好中国酒店业市场,加快了在中国扩张的步伐。在"国际竞争国内化,国内竞争国际化"的严峻市场环境下,中国酒店业顶住压力,从 2002 年开始至今,涌现了大量本土著名酒店品牌,如上海锦江、北京建国、南京金陵、湖南华天等。中国酒店业在与国际市场不断竞争的过程中,经营管理水平不断提升,整体经营实力不断增强,但中国酒店集团化发展

仍是摆在中国酒店业面前的一个迫切问题。集团经营、规模效益、质量与品牌等都是中国酒店集团在国际竞争中最薄弱的环节，难以与国际酒店集团抗衡。所以，我国酒店集团在未来发展过程中必须加强自身实力，特别要加强对各种资源的掌控能力，才能获得长远发展。

知识链接

SWOT 分析法

SWOT 分析法是由美国哈佛商学院率先采用的一种企业发展战略研究方法，SWOT 四个英文字母分别代表优势（Strength）、劣势（Weakness）、机会（Opportunity）、威胁（Threat），它根据企业拥有的资源，分析企业内部的优势与劣势以及企业外部环境的机会与威胁，进而选择适当的发展战略。

（一）优势分析

1. 规模优势

规模优势主要表现为成本的节约。单体酒店的大量固定成本（如人员工资、服务设施等）需要分摊到少量的顾客身上，而集团化经营则可以充分利用人力、物力等，降低单位平均成本。在日常运营中，集团化酒店一般设有专门的采购部门，为下属企业统一采购某些原材料。由于采购量较大而且支付能力较强，往往可以降低价格或在货源紧张时保证供应。供给方不会轻易终止与大集团的商业关系，这种市场实力使集团可以获得更多的优惠和让步，统一采购也节约了各个成员的采购成本。

2. 品牌优势

酒店品牌的基本功能是识别，它能体现酒店服务的个性和消费者的认同感，象征着酒店经营者的信誉，从而被用来与其他酒店进行区别。酒店集团化后，集团的连锁企业可用统一的名称和标识，实行与此相一致的产品和质量标准，并统一进行宣传和推销，这样能大大提高集团和成员企业的知名度，形成品牌效应。由于消费者，特别是来自于异国他乡的旅游者，在对国内酒店业不了解的情况下，常常根据酒店的品牌来选择住宿和餐饮服务，因而品牌就有重要的促销功能，它可以通过各种宣传媒介，建立相对稳定的客源，并且不断发展新的客源市场。

3. 融资优势

酒店集团资金雄厚,偿债能力强,信用状况良好,在商业银行容易取得更多的贷款或在资本市场上取得社会资金。另外,由于酒店投资往往是间断性的大额投资,如开发新项目、大规模的修缮、更新现有的设施,单体酒店常常会出现资金不足或闲置的情况,而酒店集团大多设有内部结算中心,可以调剂成员酒店的资金余缺,通过管理来优化资金配置,使资金在各成员间合理流动,充分发挥了集团内部融通资金的功能。

4. 人才优势

现代企业的竞争,实际上是人才的竞争,酒店业也不例外。集团企业通常有更大的发展空间和成长机会,并有实力提供更高的薪酬,在吸引人才上有很大的优势。从现有人才的培养方面看,酒店集团化后,可以集中力量建立人才培养基地,培养集团内各酒店所需的各类专业人才。同时,还可以分阶段地对酒店集团内的在职员工进行短期培训,不断更新他们的知识系统,提高业务素质和技能,更好地适应酒店业发展的要求。此外,酒店集团通过集团内的人才流动和工作轮换,可以培养大批综合性的酒店高级管理人才,提高酒店集团的经营效率和管理水平。

5. 垄断优势

由于设施条件、服务质量的不同,酒店市场有一定的垄断性,而集团化经营更容易获得垄断利润。在同一区域,集团借助规模优势可以部分控制产品和原材料价格,获得垄断利润。在不同的区域,集团可以借助品牌同竞争者区分开来,提供不同于竞争对手的产品,从而获得较高利润。

(二) 劣势分析

1. 缺乏酒店集团化的管理经验

酒店集团规模庞大,环节众多,给管理上带来很大难度。在我国,很多大财团是从其他行业进入酒店业的,它们依赖的是雄厚的财力,而在酒店集团管理方面往往经验不足,在经营业绩上并未受到公认,品牌声誉尚未建立起来,在经营宗旨、企业文化、经营理念、经营战略、企业精神等方面尚不成熟。

2. 预订网络不成熟

缺乏强有力的预订网络是中国酒店集团公司发展受到制约的关键因素。按国际惯例,加入一个酒店集团后,集团公司的预订网络能为成员酒店销售15%—40%的客房,绝大多数酒店要求预订网络帮助他们销售25%以上的客房,否则不愿意加入集团作为成员酒店。我国目前只有少数几家酒店加入了国际预订网络,更谈不上建立自己的网络,这极大地限制了酒店集团的发展。

3. 资本市场欠发达

资本市场欠发达是当前酒店集团扩张的一大难题。扩张需要资金,纯粹通过银行借贷会使酒店负债率过高,导致财务风险加大,而目前我国证券市场不太发达,企业上市实行严格管制,特别是酒店企业上市更难,很难通过证券市场低成本融资。

4. 高素质的职业经理人匮乏

集团酒店的管理对职业经理人的要求很高,除了应有丰富的从业经验外,还应该有很强的理论知识和酒店管理能力、熟悉国际酒店业行规与法规、掌握国际酒店运作模式、具有国际战略眼光等。国际著名酒店管理集团均有一套系统化、程序化的人才培训、选拔、考核、淘汰机制和市场化的人才流动机制,能够在世界范围内挑选一支高素质的集团酒店专业管理队伍。相比之下,我国则在酒店集团经理队伍职业化、市场化、国际化等方面进展缓慢,缺少一批高素质的具备集团企业管理能力的国际型、复合型、创新型职业经理人队伍。

5. 地方保护主义尚存

企业集团化过程是一个企业资产重组过程,也是一种制度变迁过程,意味着权利在相关主体间的重新调整与再分配。政企不分,行业主管部门和地区条块分割,导致地方保护主义盛行,有些酒店即使经营效率低下、缺乏竞争力乃至亏损也拒绝兼并,阻碍了大型酒店集团跨地区、跨行业发展。

(三) 酒店集团化面临的机遇

1. 城镇化进程加快

我国城镇化发展迅速。根据国家统计局公布的数据显示,2010 年,我国居住在城镇的人口为 66 557 人,占总人口的 49.68%,2000 年来城镇人口比重上升 13.46 个百分点。随着城镇化进程加快,以城市化为主要特征的内需经济发展、商务活动迅猛增加,为旅游经济的发展提供了良好基础。同时,大型城市群不断形成。在众所周知的大型城市群之外(京津冀城市群、长三角城市群、珠三角城市群、武汉城市圈、长株潭城市群),沈阳经济圈、合肥经济圈、关中-天水国家经济圈以及山西太原城市圈等正悄然形成和崛起,上海、北京、重庆等打造世界性旅游城市,都为酒店集团发展提供了新的基础。

2. 产业规模的不断扩张

2010 年度最具规模的 30 家中国酒店管理公司(集团),共有酒店 2 049 家,客房 426 647 间(含筹建),平均每个集团有饭酒店 68 家,客房 14 222 间。截至 2010 年底,30 个集团已开业酒店 1 379 家,开业酒店数量占总数的

67.3%。筹建中的酒店 671 家,筹建酒店数量占总数的 32.7%。其中。雷迪森旅业、开元集团、碧桂园凤凰、深航酒店和山东蓝海等集团筹建饭酒店比例超过 50%,集团规模增长强劲。产业规模的不断扩张为酒店集团的进一步扩大提供了可能。

3. 旅游业的持续快速发展

实行开放政策后,中国旅游业的发展步入快速发展轨道。到 2011 年,中国入境旅游达 13 542 万人次,国际旅游外汇收入 485 亿美元,比上年增长 5.8%;国内旅游达到 26.4 亿人次,国内旅游总收入为 19 306 亿元,比上年增长 23.6%。据世界旅游组织研究,中国已成为世界第五大旅游目的地国家,并将在 2020 年成为世界第一大旅游目的地国家。我国旅游业的持续快速发展,为酒店业提供了旺盛的客源,并将为中国的酒店集团或管理公司提供历史性的新机遇。

(四) 酒店集团化面临的威胁

1. 来自行业内竞争者的威胁

酒店行业为竞争激烈的行业。一个行业的竞争程度越高,行业中的威胁程度就越高。竞争者威胁增加企业成本,减少企业收入,从而降低企业绩效。在酒店经营过程中,存在着大量的竞争者,最强大的莫过于国际酒店管理公司,他们具有品牌、技术、管理、海外预订网络等方面的优势。目前,中国市场上有众多世界著名的大酒店管理集团如假日集团、喜来登集团、凯悦集团、香格里拉集团等,它们在中国已建立自己的立足点,并逐步向网络化发展,对本土的酒店集团构成巨大的威胁。

2. 潜在竞争者的威胁

中国酒店业市场已不再为旅游企业所独享,它正在成为其他行业有实力的企业争相分食的蛋糕。如中国银行系统在全国参股、控股的酒店达 38 家,烟草、外贸、邮电、电力、铁路、航空等国家垄断行业的大企业集团也瞄准了旅游酒店业。同时,很多民营企业集团也纷纷进入旅游酒店行业。中国加入世贸组织后,外资酒店在中国设立独资公司的门槛已经降低,国外更多跨国旅游集团将携资金和管理优势大举进军中国酒店业市场,对我国酒店行业构成较大威胁。

第三节　欧美地区酒店集团化发展概述

一、洲际酒店集团

(一) 集团概况

洲际酒店集团的前身是美国的假日酒店集团(Holiday Inn)。后于 1989 年被英国的巴斯有限公司收购兼并,2001 年更名为六洲集团。2003 年变更为洲际酒店集团,集团总部设在英国。洲际酒店集团是全球、亚洲和中国第一大酒店管理集团。目前,在全球 100 多个国家和地区拥有、管理、出租或托管全世界 4 400 多家酒店,超过 640 000 间客房。

洲际酒店集团主要致力于中高档酒店市场拓展,旗下的各个品牌涵盖了从高档酒店到有限服务的多级酒店市场,并且在各自的市场中均占有领先的地位。洲际酒店集团旗下有 7 个品牌:洲际酒店及度假村(Intercontinental Hotels & Resorts)、皇冠假日酒店及度假村(Crown Plaza Hotels & Resorts)、假日酒店及度假村(Holiday Inn Hotels & Resorts)、快捷假日酒店(Express by Holiday Inn)、假日套房公寓酒店(Staybridge Suites)、英迪格酒店(Indigo Hotel)和堪德伍德公寓(Candlewood Suites)。集团同时管理着全球最大的酒店重视客户计划——优悦会,会员超过 3 300。洲际酒店集团为旗下的酒店提供全方位的全球系统支持。根据美国酒店业权威杂志《HOTELS》对全球酒店集团的经营状况和业务拓展情况的深度分析,洲际酒店集团从 2003—2010 年一直位居全球酒店集团 300 强冠军之位。

(二) 主要发展历程

1946 年,洲际酒店集团(Inter-Continental)成立。

1952 年,假日酒店集团(Holiday Inn)成立。

1963 年,在欧洲创造了两周内连续开了四家酒店的记录,同时开办的六洲俱乐部是第一个全球范围内的顾客奖励计划。

1981 年,大都会(Grand Metropolitan)兼并洲际酒店集团。

1984 年,进入中国市场。

1989 年,英国巴斯有限公司(Bass)对假日集团(1989 年)和洲际集团(1998 年)进行了收购兼并。

2001 年,六洲酒店集团在全球的利润额近 8 亿英镑。在全世界 100 多个国家和地区管理着 3 200 多家酒店,旗下有洲际、皇冠、假日、快捷假日、stey bridge 等 5 个品牌。

2003 年,六洲酒店集团正式更名为洲际酒店集团。

2004 年,洲际酒店集团率先开出简体中文网站,网站中的客户奖励计划可以在 100 个国家和地区使用。

2006 年,洲际酒店集团与全日空公司签订合同,合资成立日本洲际全日空酒店集团。

2007 年,洲际酒店集团宣布全球假日酒店品牌全新亮相。

2007 年,洲际酒店集团推出优膳卡计划。

2008 年,洲际酒店集团在华拥有洲际英才培养学院 22 所。

2009 年,洲际酒店集团升级宾客住宿体验。

阅读材料

洲际客户奖励计划

优悦会是洲际酒店集团下属的全球最大规模酒店忠实客户奖励计划,也是世界上第一个全球化的酒店忠实客户奖励计划。通过该计划,顾客加入优悦会即可享受最丰富的积分兑换计划、最迅速的贵宾会员资格晋升计划,以及会员可在全球任一酒店兑换积分的便利。2006 年,在《Global Traveler》杂志举行的年度评选中,读者们连续第二次将"全球最佳酒店奖赏计划"荣誉授予了洲际酒店集团的忠实客户计划——优悦会。

与其他酒店忠实客户奖励计划相比,优悦会奖励计划更便捷,它提供备受青睐的会员权益,包括积分转换、购买积分、奖励住宿不设禁止日期、积分永远有效、个别酒店优惠、房间价格优惠等。

洲际酒店集团忠实客户奖励计划的宗旨就是以顾客为导向,将顾客的利益放在首位,通过各种手段和方法,使会员享受到切实的优惠与方便,将其培育成洲际酒店集团的忠诚顾客。

资料来源:《中外酒店集团比较研究》

二、万豪国际集团

（一）集团概况

万豪国际集团又译马里奥特（Marriott）集团，创建于 1927 年，总部位于美国华盛顿，是世界上著名的酒店管理集团，全球 500 强企业之一。集团目前拥有 18 个著名酒店品牌，在全球经营的酒店超过 3 000 家，年营业额近 200亿美元。万豪国际集团的主要业务是经营管理直属酒店和特许经营酒店，其中特许经营占 53.1%，委托管理 42.3%，带资管理及其他占 4.6%。

万豪国际集团旗下现有 J. W. 万豪酒店及度假酒店（J. W. Marriott Hotels & Resorts）、丽兹·卡尔顿（The Ritz-Carlton）、万豪酒店及度假酒店（Marriott Hotels & Resorts）、万丽酒店及度假酒店（Renaissance Hotels & Resorts）、万豪行政公寓（Marriott Executive Apartments）、万豪会议中心（Marriot Conference Centers）、万怡酒店（Courtyard Marriott）、旅居酒店（Residence Inn）、春山套房（Spring Hill Suites）、公平客栈（Fairfield Inn Marriott）、城镇套房（Town Place Suites）、万豪国际度假俱乐部（Marriot Vacation Club）等 18 个酒店品牌，其中，J. W. 万豪酒店及度假村与丽兹·卡尔顿为集团豪华酒店品牌。正是通过这些品牌，让万豪在酒店业细分市场始终立于不败之地。

（二）主要发展历程

1927 年，马里奥特和妻子购买了一种无酒精的饮料——莱根汽水的特许经营权，在华盛顿开办了拥有九个座位的莱根汽水摊，起名为"热卖店"。

1929 年，"热卖店"正式成立有限公司，推出对路边乘客的餐饮服务。

1937 年，开办了航空餐饮服务公司，为首都航空公司、东部航空公司以及美国航空公司提供餐饮服务。

1939 年，与美国财政部签订第一份饮食服务管理。

1957 年，第一家酒店双桥汽车酒店在美国弗吉尼亚州的阿里顿市成立。

1966 年，约翰·威拉德·比尔·马里奥特被任命为万豪集团总裁。

1967 年，公司名字由热店改为马里奥特有限公司。

1969 年，马里奥特第一家国际酒店在墨西哥阿卡普尔科开业。

1982 年，收购豪斯特国际公司。

1983 年，第一家万怡酒店在美国正式开业。

1984 年，J. W. 万豪酒店在美国华盛顿市开业。

1993 年,公司分为马里奥特国际公司和豪斯特马里奥特国际公司。

1995 年,马里奥特购得丽兹·卡尔顿酒店公司。

1997 年,进入中国市场,并取得快速发展。

2002 年,万豪集团庆祝成立 75 周年,拥有 2 500 家酒店,员工 120 万名,在 63 个国家和地区开展了业务。

2005 年,全球将近 2 500 家万豪旗下酒店让客人通过上网享受到各项服务。

2007 年,万豪国际集团连续 10 年被《财富》杂志列入"100 家最佳雇主"排行榜。

2008 年,万豪国际集团中文网站推出。

2009 年,万豪国际集团联手维萨卡推出两项优惠活动——"第三晚免费住宿"、"Visa 礼品卡"。

2010 年,万豪国际集团推出虚拟会议服务。

三、希尔顿酒店集团

(一) 集团概况

希尔顿酒店集团是世界公认的酒店业中的佼佼者,它以全面而优质的服务、严格而高效的管理和超群的经济效益在同行业中享有盛名。

希尔顿酒店集团总部设在美国。1919 年,康拉德·希尔顿在德克萨斯州购买了第一家酒店——莫布雷酒店。1925 年康拉德·希尔顿在达拉斯建造了第一家以"希尔顿"命名的酒店。1946 年,希尔顿酒店公司成立。1949 年,希尔顿国际酒店公司建立。希尔顿酒店公司与希尔顿国际酒店公司是两家独立的酒店联号,但他们共同享有希尔顿这一世界驰名的商标,共同使用覆盖遍及世界的希尔顿预订系统。2005 年,希尔顿酒店集团(美国)斥资 57 亿美元收购了希尔顿国际集团(英国),从此,希尔顿品牌成为一个统一的实体,形成了世界上最大的酒店集团之一。

希尔顿酒店集团旗下的主要品牌有康拉德酒店(Conrad Hotels)、双树酒店(Double Tree)、使馆套房(Embassy Suites Hotels)、汉普顿客栈(Hampton Inn)、希尔顿(Hiton)、希尔顿花园客栈(Hilton Garden Inn)、希尔顿度假俱乐部(Hilton Grand Vacation Club)、荷姆伍德套房大酒店(Homewood Suites by Hilton)等。

(二) 主要发展历程

1919 年,康拉德·希尔顿在德克萨斯州购买了第一家酒店——莫布雷酒店。

1925 年,康拉德·希尔顿在达拉斯建造了第一家以"希尔顿"命名的酒店。

1946 年,希尔顿酒店公司成立。

1947 年,希尔顿酒店公司成为第一家在纽约证券交易所上市的酒店集团。

1949 年,希尔顿国际酒店公司建立,目标瞄准国外的酒店管理。

1964 年,希尔顿国际公司作为新公司从希尔顿酒店集团中分离出来。同年,希尔顿国际公司在纽约上市。

1967 年,美国环球航空公司买下希尔顿国际酒店公司,成为它旗下的子公司。

1982 年,希尔顿的儿子巴伦成立了康拉德酒店,翻开了希尔顿酒店公司改革史的新篇章。

1988 年,希尔顿酒店集团首次进入中国市场。

1995 年,旧金山希尔顿基础大酒店的开业开创了机场酒店的先河。

1997 年,希尔顿公司和总部在英国的希尔顿集团建立了统一的全球业务。

1999 年,双树酒店、使馆套房、荷姆伍德套房大酒店、汉普顿客栈成为希尔顿酒店家族的一员。

1999 年,希尔顿成功推出叫作"希尔星"的现代化中央预定系统(CRS),创建了全世界 500 多家酒店的网络。

2000 年,公司通过特许经营权拥有 430 多家酒店,63 000 间套房。

2001 年,公司购买了瑞典的大学酒店连锁斯堪的克(Scandic Properties)。

2002 年,建立希尔顿大学,是一个发展员工的虚拟学习中心。

2005 年,康拉德进入中国内地市场,首家酒店落户上海新天地区域。

2005 年,希尔顿国际酒店集团(HI)与中房集团在北京签署协议,宣布"康拉德"酒店落户北京。

2005 年,希尔顿公司以 57 亿美元的价格购买了希尔顿集团所有的酒店资产,形成了世界上最大的酒店集团之一。

2007 年,黑石集团收购希尔顿酒店集团。

2009 年,希尔顿酒店集团推出全球生活方式品牌 Denizen Hotels。

2010 年,希尔顿酒店集团新开酒店数创历史新高。

四、喜达屋酒店与度假村国际集团

(一) 集团概况

喜达屋酒店及度假村国际集团(Starwood Hotel & Resorts World-wide,Inc)原名为喜达屋住宿设施投资公司/喜达屋膳宿公司(Starwood Loding Trust / Strarwood Loding Corp),集团总部设在美国。喜达屋酒店及度假村国际集团始创于1991年,是继希尔顿、万豪之后的美国酒店三巨头之一,作为世界性的知名品牌,其旗下酒店多以豪华注册,也是全球拥有高达酒店品牌最多的酒店集团之一,在全球酒店集团300强排名中连续九年排名第八。喜达屋酒店及度假村国际集团是一个品牌档次齐全、管理方式多样化的著名国际酒店集团。

喜达屋酒店与度假村国际集团是以其酒店的高档豪华著称。集团的品牌有白金五星级的圣·瑞吉斯(St. Regis)、至尊精选(The Luxury Collection)、威斯汀(Westin Hotel)、艾美;五星级喜来登;四星级的W酒店;中档的福朋、雅乐轩以及公寓型酒店品牌元素。

(二) 主要发展历程

1991年,巴里·斯坦利克在芝加哥成立了喜达屋资本公司。

1995年,巴里·斯坦利克看中了一家在纽约证券交易所(NYSE)上市的酒店投资信托公司的发展潜力,于是决定收购这家公司。

1997年,喜达屋膳宿公司拟用18亿元收购威斯汀酒店及度假村;同年10月,喜达屋膳宿公司拟用43亿美元收购ITT喜来登公司。

1998年,喜达屋膳宿公司在完成了对威斯汀酒店及度假酒店的收购后,将名称改为喜达屋酒店及度假酒店。

1999年,喜达屋收购了一家分时度假酒店——维斯塔那之后,把公司更名为喜达屋分时度假公司,成为喜达屋集团赢利最多的公司之一。

2001年,喜达屋将威斯汀的天梦摇篮(Westin Heavenly Crib and Reg)和福朋喜来登的甜梦摇篮引入了北美地区酒店。

2003年,喜来登酒店引入了喜来登甜梦之床(Sheraton Sweet Sleeperand Bed),这是最新的一项举措。

2004年,史蒂夫(Steve Heyer)接替了公司创始人巴里·斯坦利克,成为喜达屋首席执行官,巴里·斯坦利克则担任公司行政总裁。

2005年,喜达屋与度假村国际集团将艾美(LeMeridien)品牌及旗下全部的管理酒店及特性权经营酒店收归旗下,共 130 多家酒店和度假村。

2006 年,威斯汀酒店及度假村率先在澳大利亚与斐济地区引入无烟化政策,成为第一家实施这一政策的酒店品牌。

2007 年,由常熟裕坤房地产投资公司投资的常熟福朋喜来登酒店开业。

2008 年,喜来登五星级酒店在上海浦东开业,中国的客房总数增至12 139 间。

2009 年,喜达屋酒店与度假村国际集团将定位时尚个性的 W 酒店建在上海。

2011 年,是喜达屋酒店创纪录发展的一年,喜达屋在世界各地共新开设21 000 间酒店客房,取得其发展历史上最大的增长。

第四节　中国酒店集团化发展概述

一、锦江国际酒店管理有限公司

(一) 集团概况

1984 年,锦江集团在上海诞生,2003 年锦江集团与上海新亚集团重组成立锦江国际集团。重组后的锦江国际集团是一个以酒店业为支柱,涉及旅游业、客运业、金融业、商贸业、食品加工业、房地产业和物业管理业的跨行业、跨地区、跨所有制的多种行业联合的大型企业集团。

锦江国际酒店管理有限公司获许可使用享誉中国的"锦江"及"锦江之星"商标,旗下营运及筹建中的酒店包括豪华型酒店、经典型酒店、商务型酒店和经济型酒店,有高雅经典的锦江酒店、和平酒店到简约经济的锦江之星旅馆,致力于迎合各阶层顾客的需要。锦江国际酒店管理有限公司是中国经济型酒店业的先驱,2010 年位居全球酒店集团 300 强第 12 位,是中国著名的酒店管理公司。

(二) 主要发展历程

1929 年,锦江酒店及和平酒店落成。

1984 年,锦江集团成立,同年 5 月,上海最早的现代游乐园——锦江乐园成立。

1986 年,上海锦江旅游有限公司成立。

1991 年,新锦江大酒店成为集团首家五星级酒店。

1996 年,上海锦江集团国际管理公司、上海锦江旅游有限公司、上海锦江国际贸易有限公司三方决定共同投资组建上海锦江假日旅馆有限公司。

1997 年,上海第一家经济型连锁旅馆锦江假日正式开业。

1998 年,锦江(集团)有限公司将品牌名称"锦江假日"更名为"锦江之星"。

2003 年,上海锦江集团与新亚集团合并成立锦江国际(集团)有限公司。

2006 年,"锦江之星"被连续评为上海市著名商标和 2006 年中国经济型酒店品牌先锋;同年 6 月,"锦江之星"被中国酒店协会、商务部商业改革发展司评为 2005 年度经济型酒店十强排名第一及品牌影响力第一名。

2007 年,锦江国际酒店管理有限公司向"锦江之星"投资增加 1 亿元人民币,"锦江之星"品牌加速全国扩张。

2009 年,"锦江之星"参与全球环保行动。

2010 年,锦江国际酒店管理有限公司通过与德尔集团的全资子公司合作,简接收购美国洲际酒店集团 50% 的股权。

二、香格里拉酒店集团

(一) 集团概况

总部设在香港的香格里拉酒店集团的传奇始于 1971 年,第一家香格里拉豪华酒店在新加坡成立。香格里拉的名字源于英国作家詹姆斯·希尔顿于 1933 年出版的传奇名著《消失的地平线》中所描写的一处梦幻世外桃源。一直以来,香格里拉酒店集团以其幽雅安逸的环境与殷勤周到的待客之道而闻名于世界,是对香格里拉完美的诠释。

目前,香格拉酒店集团的经营范围遍及亚太、北美和中东地区,拥有 30 000 多间客房。香格里拉酒店集团已成为亚太地区最豪华的酒店集团,同时是世界上公认的最佳酒店产权和管理公司之一。根据酒店业权威杂志《HOTELS》对全球酒店集团的经营状况和业务拓展情况的深度分析,香格里拉酒店集团在 2010 年全球酒店集团 300 强排名中位于第 38 名。

香格里拉酒店集团拥有香格里拉酒店、香格里拉度假酒店(Shangri-la Hotels and Resorts)、盛贸酒店(Traders Hotels)、嘉里大酒店(Kerry Hotels)四个品牌。"香格里拉"品牌主要为五星级酒店,多数酒店的客房数都超过 500 间,并且在多个酒店和度假酒店设有"氣"Spa,入住的客人可在香格里拉打造的独特养生环境中尽情放松身心。1989 年设立的"盛贸酒店"为四星级品牌,价格定位适中,北京国贸酒店是香格里拉酒店集团旗下的第一家商贸酒店。

（二）主要发展历程

1971年,新加坡香格里拉大酒店开业。

1979年,第一家香格里拉度假酒店即今天的"槟城香格里拉沙洋度假酒店"开业。

1984年,中国境内首家香格里拉酒店在杭州开业。

1989年,首家商贸酒店在北京开业。

1991年,香港香格里拉大酒店高16层的巨幅壁画《大好河山》揭幕。

1993年,香格里拉上市。

1996年,推出客户服务理念——"香格里拉热情好客"培训计划。

1997年,推出常客奖励计划"贵宾金环会"。

2002年,多哈香格里拉大酒店开业。

2003年,香格里拉进入澳大利亚,同年,进入中东地区。

2004年,香格里拉酒店管理培训中心在北京成立。

2005年,首家"氣"SPA在曼谷开业。

2005年,上海浦东香格里拉2期新楼——紫金楼开业,成为香格里拉酒店集团旗下及其在中国最大的豪华酒店。

2006年,香格里拉在巴黎收购一家古代宫殿——巴黎香格里拉大酒店成为当地第一家由亚洲酒店集团全资控股的豪华酒店。

2007年,贵宾金环会员人数突破一百万。

2009年,香格里拉成为首家向所有客人免费提供互联网连接服务的国际化酒店集团。

2010年,香格里拉推出多种手机网站。

2011年,推出嘉里酒店品牌,开设上海浦东嘉里大酒店。

三、首旅建国酒店管理有限公司

（一）集团概况

首旅集团是中国最大的旅游企业集团之一,其业务涵盖酒店、旅行社、汽车、购物、餐饮、会展、娱乐、景区八个基本板块,同时还向旅游房地产、金融市场以及其他相关领域不断延伸。集团总部设在北京,并在香港设有办事处。

酒店业是首旅集团的支柱性板块,正逐渐形成符合国际惯例的、各档次配制合理的运营体系。酒店业主要包括酒店经营和管理公司两大块。目前集团投资及管理的酒店总数已超过 100 家。首旅建国所管理的酒店定位于中高档商务酒店及度假酒店，"建国酒店"是首旅建国精心打造的商务型酒店品牌。

（二）主要发展历程

1998 年，北京建国国际酒店管理有限公司成立。

2004 年，首旅建国酒店管理有限公司成立。

2006 年，首旅集团与香港北极星酒店有限供公司举行合资签约仪式，将北京首旅建国管理有限公司 25％的股份出售给总部位于香港的北极星酒店有限公司，建立了中外合资企业，正式实现了中外合资经营。

2007 年，首旅建国酒店管理有限公司获得"中国最具竞争力民族酒店品牌"及"中国最佳酒店管理集团公司"两项大奖。

2010 年，荣获"最佳国内酒店集团"奖项。

2011 年，首旅建国酒店管理公司联合旗下各地的"建国酒店"推出"成功会议计划"。

四、如家酒店集团

（一）集团概况

如家酒店集团创立于 2002 年，是由首都旅游国际酒店集团和中国最大的酒店分销商——携程旅行服务公司携手创办。2006 年 10 月在美国纳斯达克上市。作为中国酒店业海外上市第一股，如家始终以顾客满意为基础，以成为"大众住宿业的卓越领导者"为愿景，向全世界展示着中华民族宾至如归的"家"文化服务理念和民族品牌形象。

如家酒店集团旗下拥有如家快捷酒店、和颐酒店、莫泰酒店三大品牌，截至 2011 年底已在全国 250 多座城市拥有连锁酒店 1 600 多家，形成了遥遥领先业内的、国内最大的连锁酒店网络体系。在最新的《财富》杂志评选出的全球最具成长性公司 100 强榜单中，如家酒店集团凭借良好的业绩进入十强，名列第九。

（二）主要发展历程

2002 年，如家的第一家酒店——北京燕莎店在北京朝阳区新源南路 8 号开门迎客。同年，携程旅行网与首都旅游集团，正式成立合资公司，定名为"如家酒店连锁"，"如家快捷酒店"是核心品牌。

2003 年，如家荣膺"中国酒店业集团 20 强"。

2004 年,如家酒店率先在上海成立了"如家酒店管理学院"。

2005 年,如家开通网上预定支付系统,如家酒店管理平台正式使用。

2006 年,如家成功在美国纳斯达克上市,成为中国酒店业海外上市第一股。

2006 年,如家在第三届中国酒店"金枕头"奖评选中获得"中国最佳经济型连锁酒店品牌"。

2007 年,如家全面收购七斗星酒店,开启中国酒店业资本并购浪潮的第一幕。

2008 年,首家和颐酒店(上海漕宝路店)隆重开幕,如家酒店集团成立。同年,"如家"被评为中国驰名商标。

2009 年,如家酒店集团与携程正式签订 5 000 万美元融资协议。

2010 年,如家希望学校在四川广元落成。

2011 年,如家酒店集团以 4.7 亿美元收购莫泰 168 全部股权,同年,如家酒店集团正式成立十周年,"如家快捷"品牌的第 1 000 家酒店开业,完成单一品牌的千店布局。

课后思考题

1. 酒店集团的概念,其经营优势有那些?
2. 酒店集团的洲际发展情况怎样?
3. 连锁经营和管理合同有何区别?
4. 中国酒店集团化的发展思路怎样?
5. 全球知名的十大酒店集团是哪几个?
6. 中国酒店集团化的现状如何?

实训练习题

考察本地两家国际品牌酒店,比较一下他们各有何经营特色。

第九章 绿色酒店及品牌化建设

本章教学要点

1. 理解绿色酒店的含义及产生与发展情况。
2. 理解绿色酒店建设的原则和要求。
3. 掌握酒店品牌的概念及酒店品牌定位的原则、方法和程序。
4. 明确酒店品牌的重要性及传播的途径。
5. 掌握如何对酒店品牌进行管理。

导入案例

　　湖滨酒店是一家位于无锡太湖之滨的五星级酒店。虽然湖滨酒店周围环境优美,入住的游客源源不断,酒店经营管理、经营效率各方面指数均居全市同行之首,但酒店经营者不以此为满足,他们考虑的是保护太湖,把为子孙后代保持一个湖清水秀的优美环境当作自己义不容辞的责任。为此,从1995年9月起,湖滨酒店决策层在全国率先提出创建"绿色酒店"的五年计划,并于1996年1月成立了以总经理为组长的建设"绿色酒店"领导小组,从而既为周围环境与酒店本身的可持续发展提供保证,又为我国其他酒店做出一个示范,以推动和促进中国旅游酒店业的可持续发展。这个"绿色规划"包括十大专题,即员工在工作区域内100%禁烟;倡导绿色"无污染"的语言和行为;洗衣房100%使用无磷洗衣粉;1500T/D污水处理工程改造;建设无污染蔬菜基地2个;开发"绿色"新产品菜肴;开辟无烟楼层及客房40间;客房100%使用棉制品洗衣袋;100万元节能降耗工程;10 000平方米园林绿化工程建设。五年来,酒店上下扎扎实实,一步一个脚印地加以实施,为酒店的园林绿化和环境保护做了大量的工作,现已基本达到预期目标,成为无锡市唯一一家省环保先进企业。

（资料来源：徐桥猛、李丽：《酒店管理景点案例分析》，广州，广东经济出版社，2007）

第一节　绿色酒店概述

一、绿色酒店的含义

1. 概念

"绿色酒店"一词到目前为止，没有一个被广泛认同的明确定义，国际上有"Green Hotel"（绿色酒店）、"Eco-efficient Hotel"（生态效益型酒店）、"Environmental-friendly Hotel"（环境友好型酒店）等名称，其基本含义是相同的。"绿色酒店"只是一种比喻的说法，用来指导酒店在环境管理方面的发展方向。它可以理解为能为社会提供舒适、安全、有利于人体健康的产品，并在整个经营过程中，以一种对社会、对环境负责的态度，坚持合理利用资源，保护生态环境的酒店。它给出了一个原则和框架，并不涉及具体的内容和目标、指标。"绿色酒店"的具体内容将是一个不断发展的过程，而且在各国各地区具有不同的内涵和要求。

根据我国绿色酒店国家标准（GB/T21084—2007），把绿色酒店（Green Hotel)定义为：在规划、建设和经营过程中，坚持以节约资源、保护环境、安全健康为理念，以科学的设计和有效的管理、技术措施为手段，以资源效率最大化、环境影响最小化为目标，为消费者提供安全、健康服务的酒店。

绿色酒店的"绿色"有三层含义：其一，提供的服务本身是绿色的，即要为顾客提供舒适、安全，符合人体健康要求的绿色客房和绿色餐饮等；其二，服务过程中使用的物品是绿色，要求用于服务的所有物品是安全、环保的；其三，经营管理过程中注重保护生态和资源的合理利用。总之，要在确保服务品质的前提下，做到尽量节省能源、降低物资消耗，减少污染物和废弃物的排放。

2. 核心理念

从我国绿色酒店国家标准对"绿色酒店"的概念界定可以看出，安全、健康、环保是绿色酒店的三大核心理念，也是绿色酒店与传统酒店的最本质区别。

（1）安全

安全指的是酒店要为消费者和员工提供公共安全保障服务和食品安全保

障服务。公共安全包括治安安全和消防安全,它不仅是指酒店要有相应的安全基础设施,还要求对这些基础设施进行日常维护与合理利用,并对酒店员工进行定期或不定期的安全知识培训和模拟训练,不断提高员工的安全意识和安全处置能力,保障员工的职业安全。食品安全包括食品进货和储存两个方面,在食品进货时要严把进货渠道、加强对供应商的监督管理,并严格按照《食品安全法》对食品的生产经营进行监督管理,最大限度地确保酒店的食品安全和消费者的消费安全。

知识链接

酒店食品安全的"五四制度"

安全是酒店的第一生命线,是酒店业发展的重中之重。酒店食品卫生安全与消费者的身体健康息息相关。为此,酒店食品安全要坚持以下制度:

1. 原料到成品的实行"四不制度",即采购员不买腐烂变质的原料、保管验收不收腐烂变质的原料、厨师不用腐烂变质的原料、服务员不卖腐烂变质的食品;

2. 食品存放实行"四隔离"制度,即生与熟隔离、成品与半成品隔离、食品与杂物药品隔离、食品与天然冰隔离;

3. 餐具实行"四过关",即一洗、二刷、三冲、四消毒;

4. 环境卫生采取"四定"办法,即定人、定物、定时间、定质量;

5. 工作人员个人卫生做到四勤,即勤洗手勤剪指甲、勤洗澡理发、勤洗衣服被褥、勤换工作服。

(2) 健康

健康指的是酒店要为消费者和员工提供有益于身体和心理处于完满状态的产品和服务,具体表现为绿色客房、绿色餐饮和卫生操作三个方面。绿色客房重点强调,客房的装修要选用对消费者无害的建材,客房的日常清洁要及时到位,保持健康良好的客房环境;绿色餐饮与卫生操作息息相关,要求酒店所提供的食品要达到食品安全标准,食品生产加工过程、餐具、就餐环境要符合《食品卫生法》的相关规定,确保消费者在酒店的健康消费。

(3) 环保

环保指的是酒店在经营过程中,由消费者和酒店全体员工参与的减少污染和节能降耗活动。主要包括以下三方面内容：其一，倡导节约、减少浪费，实现资源利用的最大化。比如在餐厅就餐，提醒消费者适量点菜，提供剩菜打包、剩酒寄存服务等，很好地体现了绿色酒店的环保理念。其二，在酒店建设和运行过程中，注重清洁生产，将对环境的影响和破坏程度降到最低。比如床单被褥等的更换可根据消费者的意见操作，既节约成本，又减少了对环境的污染。其三，在确保酒店各项工作正常运转的前提下，注重循环经济，将酒店的物资消耗和能源消耗降到最低，比如用品的再利用、水电煤气的节约使用等。

以上三个方面是绿色酒店的核心理念，也是绿色酒店的核心竞争力所在。通过对安全、健康、环保三大理念的研究和实践，能够进一步扩大绿色酒店的市场竞争力，也有利于实现酒店行业的可持续发展。

知识链接

低碳经济的代表——保定电谷锦江国际酒店

电谷锦江国际酒店位于保定——中国电谷的核心地带，于 2008 年 10月对外经营，是英利集团投资建设、由锦江国际酒店管理公司托管的五星级酒店，也是保定市第一家集接待、娱乐、餐饮、会展、国际会议交流于一体的综合性的国际商务五星级酒店。

酒店主要有两大特色：一是光伏建筑一体化。电谷锦江国际酒店是中国首座利用太阳能光伏玻璃幕墙与建筑相结合的建筑，成为国家新能源与能源设备产业基地及中国电谷的标志性建筑。酒店的太阳能幕墙总投资1 852 万元，面积 4 492 平方米，装机容量 300 千瓦，年发电量 28 万千瓦时，所发电量直接并入国家电网，全年可节约 110 吨标准煤。酒店的设计理念定义为"金属与玻璃的时装"，在建筑中融入绿色元素，实现了太阳能并网发电与建筑的完美结合，代表了中国光伏建筑业的发展方向，成为国内光伏发电建筑的样板工程，对全国建筑节能技术的推广起到了良好的示范作用。

二是采用了污水源热泵系统。酒店不仅在太阳能发电功能上独树一帜，在能源综合利用上也堪称典范。酒店的供热与制冷均采用污水源热泵技术，循环利用城市排放的污水，充分体现了"绿色、环保、节能"的理念。

同时,省略了制冷机房和冷冻水泵间,节省了商业用地费。再加上使用中水的价格远远低于自来水费用或地下水开采费用,在节能的同时降低了成本。

作为中国首座太阳能并网发电的环保酒店,电谷国际锦江酒店与"中国电谷"遥相呼应,成为光伏与建筑一体化领域的一道亮丽风景,对我国节能减排、发展低碳经济具有重大的示范作用。

二、绿色酒店的产生和发展

(一) 国外绿色酒店的产生与发展

创建"绿色酒店"始于20世纪80年代的欧洲酒店行业,当时欧洲人发动了一系列追求人与自然和谐相处的"绿色行动",并向社会生活和经济领域的各个方面渗透,如绿色食品、绿色服装、绿色住宅、绿色汽车等,绿色酒店就是在这样的"绿色浪潮"下产生。

国际标准化组织ISO在1987年成功制定了ISO9000质量管理系列标准之后,欧洲一些酒店在执行该标准的同时,意识到应对环境进行保护,但他们仅仅是根据本酒店的管理经验,制定了一些有利于环境保护的操作要求。例如,内陆酒店和雅高酒店制定的"酒店环保指南",只是针对部分产品单项指标提出的标准,例如客房减少牙刷、香皂等一次性用品,鼓励循环使用,回收废旧电池,建立化学危险品仓库。这些都是各个酒店自发的行为,制定的评估标准仅限于本酒店使用,可以说该阶段属于绿色酒店概念的萌芽时期,但取得了显著的成效。例如,1985—1995年,内陆酒店集团通过开展绿色活动,减少能源成本27%;雅高酒店管理集团曾经营管理过2 400家酒店,为每一家酒店都制定了"酒店环保指南",全面开展环境管理工作。

1991年,由世界11个著名的酒店管理集团创建了"国际酒店环境倡议"机构,指导酒店业实施环保计划,改善生态环境,促进酒店可持续发展。这些酒店共同倡议成立国际酒店管理协会IHEI,标志着酒店环境管理不是一家酒店、一个集团的行为,而是全球酒店行业的共同行为准则,创建绿色酒店是全球商贸旅游业可持续发展的需要。1992年,在"联合国环境与发展大会"上,创建绿色建筑被明确提出,引起各国政府的高度重视。

1996年,ISO14000环境管理系列标准出台之后,北欧的白天鹅、加拿大的枫叶、德国蓝色天使等环境组织,以及以色列、美国、英国等国家的酒店管理组织和绿色环保机构开始制定本国或区域性的绿色酒店所要求的管理项目,介绍了上述国家对酒店运作过程的主要产品、服务方面的质量管理和环境管理的具体操作要求,政策指导性内容明显增多。最初几年,欧美国家的酒店绿色程度每年的平均增长率为 18.2%。

20 世纪 90 年代末期以来,发达国家酒店行业积累了大量的经验,北欧的白天鹅、加拿大的枫叶等酒店管理组织首先开始针对本酒店集团制定餐饮服务质量和安全保障质量的相关标准,实施每半年评估一次的监督管理,例如"酒店食品卫生管理体系"包含了从原料采购、储藏、食品加工与制作、餐中服务和餐后清洗等环节的操作要求和执行标准;制定了"酒店消防生命安全管理体系",包括突发事件应急操作标准、疏散操作标准、消防安全实施检查、维护标准等软件。虽然是内部使用,但被许多国家酒店集团模仿应用。

知识链接

全球最绿色的八家酒店

名　称	核心价值	地　点	绿色指数	人文指数	时尚指数	价格指数
海湾:灌木丛中的帐篷酒店 Paperbark Camp	顺其自然	澳大利亚	5 星	4 星	5 星	5 星
野生动物园:未开采宝藏之营 Campi ya Kanzi	生态保护	肯尼亚	5 星	5 星	5 星	5 星
森林:将绿色进行到底 Jungle Bay Resort & Spa	节约、环保	多米尼加	5 星	4 星	4 星	4 星
山峦:绿色乌托邦 The Black Sleep Inn	零浪费	厄瓜多尔	5 星	4 星	3 星	2 星
丛林:天空中的城堡 Orion B&B	历史、艺术	法国	5 星	4 星	5 星	4 星
乡村:把有机食品进行到底 Penrhos	有机环保品	英国	5 星	3 星	3 星	3 星
沙漠:与野生动物同居 AlMaha Desert Resort and Spa	生态旅游	阿联酋	4 星	4 星	5 星	6 星
沙滩:像海豚一样生活 Jean-Michel Cousteau Fiji Islands Resort	海洋、休闲	斐济	5 星	5 星	4 星	5 星

（二）绿色酒店在我国的发展

20 世纪 90 年代中期，国外绿色建筑、绿色酒店的理念逐渐传入中国。20 世纪 90 年代末，北京、上海、广州、深圳等大城市的个别外资、合资酒店和一些由国外管理集团管理的酒店开始实施绿色行动。这一阶段的行动大部分局限于降低物资消耗和减少固体废弃物，属于个别酒店的行为。

1999 年，"中国生态旅游年"开幕，保护环境成为中国旅游业的主题。浙江省旅游局、计经委、环保局共同发起在浙江省开展创建"绿色酒店"的活动。这是国内首次在全省行业内开展的创建"绿色酒店"活动，这一活动得到了广泛的响应，全省有 100 多家酒店提出申请，经过一年多的努力，制定了内部使用的一个简易的评估标准。2000 年 6 月 5 日，浙江省评出了第一批绿色酒店，以后全国范围内都开始实施绿色酒店工程。

2002 年 6 月，由中国酒店业协会、复旦大学旅游策划中心、上海升达绿色酒店管理公司等单位联合编制了《绿色酒店标准》和《绿色酒店等级评定标准》；同年 12 月，国家经贸委发布了《绿色酒店等级评定规定》（SB/T 10356—2002），并于 2003 年 3 月 1 日正式实施。这是我国第一个绿色酒店国家行业标准，该标准突破了绿色酒店概念的传统范围，把绿色酒店的概念由单纯的"环保型酒店"扩展为"安全、健康、环保"，为其注入了新的内涵，把我国创建绿色酒店活动引向国际化和规范化。

2005 年 12 月，商务部、国家发改委、国务院国资委、环保部、国家旅游局、国家标准委联合发出《关于开展创建绿色酒店活动的通知》。2007 年 9 月，《绿色酒店》（GB/T 21084—2007）国家标准发布，并于 2008 年 3 月 1 日开始实施。这部国家标准的发布和实施，有力提升了我国创建绿色酒店活动的地位。

2008 年 11 月，商务部办公厅发出了《关于进一步开展创建绿色酒店活动的通知》。同年 12 月，全国绿色酒店工作委员会正式成立，负责指导和协调全国绿色酒店的创建活动。

2010 年 1 月，国务院办公厅下发《关于进一步加强节约粮食反对浪费工作的通知》，要求积极创建绿色酒店。同年 10 月 27—29 日，"2010 年中国绿色酒店博览会"在北京举行。此次博览会是国内绿色酒店发展道路上的一次具有里程碑意义的盛会，它预示着国内绿色酒店发展将走向规模化、规范化和科学化，意味着广大节能减排产品供应商有了与酒店行业对接的专业平台，开启了中国绿色酒店发展的新篇章。

2011 年 9 月 21 日至 23 日，在上海世博会主题馆举办了"2011 中国（上海)国际绿色酒店用品博览会",博览会的主题是"酒店行业的低碳、创新与可持续发展"。2012年4月9日至12日,第21届上海国际酒店用品博览会在上海新国际博览中心举办。此次展会以绿色低碳为主题,致力于为酒店业提供节能、环保、绿色、低碳特点的新产品和新理念。历届博览会的成功举办进一步加强了酒店业及相关产业间的交流与合作,促进了酒店行业向低碳经济的可持续性发展,对绿色酒店的建设颇具启发意义。

知识链接

中国绿色酒店等级划分

根据酒店在节约资源、保护环境和提供安全、健康的产品和服务等方面取得不同程度的效果,绿色酒店分为五个等级。用银杏叶标识,从一叶到五叶,五叶级为最高级。

绿色酒店评分标准的满分为 300 分。得分在 270 分及以上的酒店评为五叶级绿色酒店;得分在 240 分及以上的酒店评为四叶级绿色酒店;得分在 210 分及以上的酒店评为三叶级绿色酒店;得分在 180 分及以上的酒店评为二叶级绿色酒店;得分在 160 分及以上的酒店评为一叶级绿色酒店。

绿色酒店牌匾和证书由全国绿色酒店评定机构统一制作核发。绿色酒店评定等级的有效期为四年。对已经评定的绿色酒店企业,每两年进行一次等级复核。

第二节　绿色酒店的建设

导入案例

汗水换午餐

顾客去酒店吃饭入住，一边可以免费健身，一边还能赢得免费午餐，而对酒店来说，不仅没有贴给顾客午餐费，反而节省了许多成本，如此双赢，听起来不可思议的事情在丹麦首都哥本哈根市郊区的皇冠假日酒店确是真实存在的。

2010年开业的哥本哈根皇冠假日酒店是世界第一家可由顾客自己发电的酒店。当顾客健身时，特制的健身器材，如改造过的发电自行车，可以将顾客在骑车过程中产生的能量收集起来，然后转换成电能存贮在电池里，再传回到酒店的供电系统。酒店让顾客免费骑车健身，然后用他们"发"的电折算餐费，发10度电（相当于骑自行车8—12分钟）便可获得价值33美元的餐券。酒店的"骑车发电赢午餐"活动得到了很多顾客的认可，他们常常一边踩自行车，一边瞄着计数器。对皇冠假日酒店来说，他们更是大赢家，不仅节省了发电成本，还招来了更多的顾客。

此外，酒店还拥有北欧最大的光伏发电装置，空调的制冷或制热则是利用具有温差的地下水不断循环实现，客房里的电视和照明设备都是低能耗设计，洗发水、沐浴露、牙膏、牙刷、浴帽等均由可生物降解的材料制成，餐厅所有食物废料都将被用来生产沼气和肥料。

2010年10月，丹麦首都哥本哈根的皇冠假日酒店获得"斯凯尔国际生态旅游奖"，成为世界最环保酒店之一。

一、建设绿色酒店的意义

绿色酒店是国际住宿业和餐饮业的新型经营方式，是国内酒店业发展的必然趋势。

1. 减少能源、资源消耗，降低运营成本

节能降耗是创建绿色酒店的题中之义，创建绿色酒店最直接的体会就是明显降低能耗和运营成本。由以往的实践证明，绿色酒店创建可以帮助企业平均节电 15%、节水 10%。

知识链接

绿色酒店带来的"减少"

仅以国内现有的一万多家星级酒店为例，如果都创建为绿色酒店，每年可节约水相当于近 20 个杭州西湖的水量，可供 180 个中小城市一年用水；节电相当于目前三峡电站近一个月的发电量，近 170 个中小城市一年的用电量。

北京中环假日酒店自创建绿色酒店以来，从 2006 年开始到 2010 年，用电量比前一年同期分别下降了 1.21%、7.12%、12.72%、0.95%；用水量比前一年同期分别下降 2.821%、4.81%、18.22%、26.07%。可见，各项节能降耗措施的实施，能够明显降低酒店的运营成本。

2. 获得更多市场机会，扩大竞争优势

绿色酒店的重点在于，通过绿色理念、服务等帮助酒店找到并不断扩大市场机会。一般来讲，绿色酒店能给酒店发展带来的市场机会有：① 较低的资源能源采购和使用费用；② 较低的废弃物处理成本；③ 有机会吸引新的"绿色消费"群体；④ 创造一个留住高素质员工的环境；⑤ 降低员工发生安全和健康问题的风险；⑥ 提升员工的士气和责任意识；⑦ 改善酒店与所在社区的关系；⑧ 提升酒店的市场和社会形象。当绿色酒店获得如上市场机会时，就会通过差异化经营策略的实施，在日趋激烈的市场竞争中占据有利地位，并不断扩大这种竞争优势。

3. 吸引并留住高素质人才，保持发展动力

高素质的员工是创建绿色酒店的最基本依靠力量，是酒店得以持续发展的重要保障。在绿色酒店的三大核心理念中，安全和健康不仅与消费者直接相关，也与酒店员工密不可分。各项"创绿"措施的实施，不仅优化了顾客的消费环境，同时也改善了酒店员工的工作生活环境；顾客对"创绿"措施的积极评价与反馈，又反过来增强了员工的责任意识、归属感和荣誉感，为酒店的蓬勃

发展注入了不竭动力。绿色酒店给员工成长提供了一个广阔的舞台,有利于培养并留住高素质的人才,并不断增强对外界的吸引力,获得更多的酒店发展所需要的德才兼备的高素质人才。

4. 获得持久的经济效益

通过创建绿色酒店,直接降低了酒店的运营成本、提高了酒店的经济效益。但这部分增益并不是最重要的,最重要的是树立了独具特色的优质品牌,从而获得更多消费者的青睐,"回头客"稳增不减、新的"绿色消费"群体不断光顾。在这种情况下,绿色酒店的市场份额将不断扩大,随之而来的是持久增加的绿色经济效益。一项调查显示,77%的美国人、94%的意大利人、82%的德国人和67%的荷兰人在选购商品时会考虑绿色因素,绿色酒店也在其考虑范围内。

5. 实现人与自然的和谐相处,获得更广阔的发展空间

环境保护是当今社会的关注重点之一,也是消费者评判酒店服务质量的重要标准。绿色酒店非常注重环保,不仅在酒店内部用心打造绿色客房和绿色餐饮,而且积极参与社区环境保护和绿色社区创建,大大拉近了酒店与消费者及社区之间的距离。绿色酒店创建在实现人与自然的和谐相处的同时,也能给酒店带来巨大的经济效益、环境效益和社会效益,不断增加社会的认知度和认可度,为酒店赢得了更广阔和持久的发展空间。

二、绿色酒店的建设原则

绿色酒店的建设要以实现环保、节约、健康、安全消费为宗旨,贯彻环境友好理念,将环境友好行为、环境管理融入酒店经营管理中,坚持绿色管理和节约资源,倡导绿色消费、保护生态环境、合理使用资源。同时,绿色酒店的建设也需要一些基本的原则来指导实际工作,以支持它的持续改进和发展。

1. 再思考(Rethinking)——转变观念

环境问题的产生并不是人们故意破坏的结果,而是人们在追求经济发展、提高生产力、提高生活水平的过程中的一个副产品。20 世纪 90 年代以来变得日益严重的一些环境问题,如固体废弃物的增加,与产品生产者的生产理念、人们的生活理念有密切的关系。所以,酒店要重新思考现行的生产方式、经营方式和服务方式,把环境因素作为一个重要内容来考察现有行为的合理性,然后提出进一步的改进措施。

知识链接

2. 再循环(Recycling)——节约资源

由于地球上的绝大多数资源都是有限的,因此要提高对它们的利用效率,一个较好的方法是对可循环使用的资源进行再利用。再利用可分为微观再利用和宏观再利用两个层次。微观再利用是一种企业内部的行为,而宏观再利用是在全社会范围内,由政府干预或其他方式而实现。酒店内部首先要努力实现微观再利用,例如水的回用、冷凝水的回用等。但是纸张的宏观再利用,即纸的再生,在酒店内部是无法实现的,此时,酒店的任务是要为宏观再利用创造条件,即把废弃的纸张从其他的废弃物中分离出来,集中由废品处理站送到造纸厂进行再生。

应用实例

丽江和府皇冠假日:污水零排放的绿色酒店

致力于打造成为丽江第一家绿色酒店的丽江和府皇冠假日酒店,将"绿色生活、低碳环保"的理念融入了酒店经营业务中。酒店建设筹备初期,酒店建设方丽江玉龙旅游股份有限公司的决策层就充分考虑了酒店运营后节能及环保的重要性,投入近 400 万元建设了目前国内较为先进的MBR 工艺技术(生化处理和超滤膜物理过滤的技术)污水处理系统。该系统实现了污水的零排放及水资源的循环利用。酒店开业以来,系统运行正常,能全部消化处理酒店运营中产生的生活废水、污水及厨房用水,处理过的水均达到国家景观环境用水标准,全部用于酒店的园林绿化浇灌及景观水系用水。截至目前,经过该系统处理回用的污水已达 80 万吨。

3. 再减少(Reducing)——降低成本

简化、减少的根本目的是减少浪费、减少废弃物的产生,从而降低经营成本提高资源效益。在大部分人的观念中,现代酒店就是豪华生活的代名词,所以酒店非常注重"包装",包括对服务过程、对提供物品的包装,正是这种包装使得酒店产生大量浪费,并产生大量废弃物。典型的例子就是酒店提供的生活用品、卫生用品包装精美,但被客人打开后就成了废弃物,酒店完全可以实施简化包装,既能节约资金,又可达到环境保护的目的;又如酒店为客人一天一换床单,为此酒店每日有大量的床单要洗,用水量大大增加。而在不影响卫生标准的情况下,减少床单的更换次数可以减少水、电的用量,减少织物、设备的磨损和洗涤工作量。

应用实例

中南海悦大酒店的低碳消费创意

中南海悦大酒店以自主创新为主旋律,积极探索绿色酒店创建的新思路。每周五是酒店的"低碳日",除员工低碳着装、低碳办公、低碳出行和参加"海悦有爱"公益活动外,还有两招非常值得一提:其一,低碳日费用减免或赠券,即"低碳日"活动当日,住店客人未使用酒店一次性易耗品,在次日结算时减免 8 元或赠送一张银杏叶兑换券,未使用酒店毛巾的住客减免 5 元或赠送一张银杏叶兑换券;其二,环保积分奖励,即客人住房、用餐未使用一次性用品、未使用毛巾、未饮用瓶装矿泉水、未使用餐厅纸巾等均能获得不同数量的银杏叶兑换券,用以兑换酒店提供环保低碳奖品。别看是小招数,对提升酒店的品牌影响力和酒店的综合效益却是作用明显。

4. 恢复、补偿(Recovering)——改善环境

酒店存在大量对环境不利的因素,因此需要对这些因素进行改进,减少对环境的破坏;同时,酒店要在可能的情况下投入资金,对已经造成破坏的环境进行治理,以使环境得到恢复和补偿。虽然环境在遭受到破坏后很难再恢复

原貌,但是对它进行恢复和补偿是必要的,例如酒店通过种植花草树木的方式来净化空气、补偿绿地的减少。

应用实例

新疆伊犁宾馆——环保与增效共赢

伊犁宾馆位于伊犁州首府伊宁市中心繁华地段——迎宾路中段,两条由泉水汇成的河流穿馆而过,得天独厚地享受着大自然赐予的茂密绿荫,恬静优美的自然风光是宾馆打造知名品牌的独特原材料。

宾馆在扩建改造升级的过程中,非常重视经济效益与环境保护的协调共赢。从1998年开始,宾馆创新发展思路,精心构思,先后投入数百万元养护、保护、栽种树木,新增葡萄长廊,铺增草坪,增添花坛,对院内珍稀古木清查造册,挂牌标识保护,并在多处设置温馨提示牌,提醒来宾爱护花草,保护环境。目前,宾馆绿色覆盖率达90%以上,整个环境充分体现了人与自然和谐共存,成为首府伊宁市一道亮丽的风景线画,也为宾馆赢得了更高的声誉和综合效益。

三、绿色酒店的建设要求

1. 酒店的建设对环境的破坏最小

酒店的建设需要使用土地、绿地、森林、水体等资源;酒店的建设风格也会影响到自然景观、城市景观的质量;酒店的建设和经营产生的废弃物排放将影响酒店周围的生态环境的质量。所以,酒店的建设必须经过科学的论证、合理的规划设计,充分利用自然资源,减少人为的影响和破坏,将周围环境质量损失降到最低点。

2. 酒店设备的运行对环境的影响降到最小

酒店设备运行对环境的破坏主要表现为两个方面:一是设备消耗的能源,二是生产过程中产生的"三废"(废水、废气、废渣)污染。酒店所需的燃油、煤在地球上的储存量是有限的,它们在燃烧的过程中会对大气产生污染;同时,酒店有大量的设备是以电力为动力的,电的生产也会对环境造成污染。所以酒店应选择节能设备,减少对能源的使用及由此带来的污染。酒店还应合理操作和配料,采用自动化控制技术,提高设备的运行效率,减少"三废"排放。

3. 酒店的物资消耗降到最低点

酒店的生产经营离不开对各种物资的消耗,客人的消费过程和对客人的服务过程将会大量消耗物资。而物资生产本身又会使用各种资源,生产的过程会产生废弃物的排放,影响环境。由于物资使用的低效率,酒店生产将产生大量的废弃物,而固体废弃物是目前一个重要的环境问题。因此,酒店要在内部尽可能实现物资的回收循环利用,提高物资的使用效率,减少浪费,减少固体废弃物的排放,并以此推动全社会对物资回收再利用的实现。

4. 酒店提供满足人体健康的产品

酒店是一个提供人们生活、休憩、娱乐的场所,其内部生存空间质量是酒店产品质量的重要组成部分,直接关系到人们的健康。因此,酒店首先要确保室内外环境符合安全卫生的标准,同时应努力开发各种环保型产品、绿色产品以满足人们的需要。例如,酒店开设绿色客房、无烟餐厅、提供绿色食品、开展保健服务项目等。酒店还需要通过室内外的环境绿化为客人创造一个良好的自然空间。

5. 酒店积极参与社会的环境保护活动

环境保护工作是一项全社会的工作,每个人、每个企业的存在都不同程度地破坏着环境,所以每个人、每个企业都有义务为环境保护做出贡献。酒店参与社会的环境保护活动表现在以下几个方面:

(1) 严格执行国家颁布的各项环保法规;

(2) 积极配合政府进行的各项环境整治工作;

(3) 主动为社区环境保护作贡献。

上述要求虽然有了一些具体的内容,但仍然是抽象的,这是因为每个酒店的具体情况不同,也因为支持这些要求的环保技术是不断提高和发展的,所以,绿色酒店的含义和内容是一个持续发展不断深入的过程。

四、绿色酒店建设的思路和方法

绿色酒店是理念,更是行为,是基于可持续发展理念,用于现实酒店企业效益极大化目标的各类日常管理行为的总和。创建绿色酒店是适应当前经济社会发展趋势的一种必然选择,可以结合酒店自身的实际情况,努力从以下层面和角度考虑:

1. 转变观念,提高认识,奠定创建绿色酒店的思想基础

鉴于以前人们对"旅游业是无烟产业"的误解,社会各界必须高度重视旅游业发展过程中的环境保护,注重酒店行业的绿色环保与可持续发展。只有

树立了这种观念,才能使政府有关部门、社区、酒店、员工、商业伙伴、消费者真正理解绿色酒店创建的必要性和重要性,为各种"创绿"思路的出炉和各种具体措施的实施奠定坚实的思想基础,从而增强推动力。

知识链接

雅枫国际酒店的"创绿"宣传

深圳雅枫国际酒店是一家以现代时尚与典雅高贵相融合的五星级国际商务酒店,于 2008 年 11 月底开业,一开始就确定了以"创建绿色酒店、建立生态家园"为环保宗旨和经营理念,并在"创绿"宣传方面做出了卓有成效的尝试。

1. 重视对员工的动员和宣传,让全体员工都知道企业在创建绿色酒店,都知道自己所在的岗位怎样做才符合绿色酒店的标准要求。

2. 组织有关绿色酒店知识的演讲比赛,每个人都参与,通过参与调动大家的积极性,对工作有更深的认识和了解。

3. 提示客人在餐厅用餐时适量点菜、消费绿色食品,动员客人剩餐打包带走,同时提供存酒服务。有些客人好面子,服务员委婉地跟客人说,"我们是绿色酒店,按照绿色酒店的要求请接受我们的打包服务"。

4. 公共场合加强宣传绿色酒店的氛围,向客人做好宣传工作。让更多客人知道该酒店是绿色酒店,提高客人对绿色酒店的认识,支持创建绿色酒店。酒店的宣传生动活泼,形式容易让客人接受,比如宣传画,在不同的场合,选择不同的背景,配上不同词语,好看的画特别能吸引人的眼球,一幅画,起到美化环境和宣传的效果。酒店房间桌面上有提倡环保、减少棉织品换洗的温馨提示,宣传可以减少客人的意见,或者不会有意见。此为,也考虑适当地给客人补偿,比如一天不换洗棉织品免费洗一件衬衣、三天不换洗棉织品能否免费洗套西装。这样客人感觉享受到了超值服务,对工作特别满意,很可能成为回头客。

5. 绿色酒店牌匾挂出去后,酒店又采取多种形式宣传自己,让社会了解企业是绿色酒店,提高了酒店的知名度和美誉度,在取得好的经济效益的同时取得好的社会效益。

通过如上宣传的全方位努力,雅枫国际酒店在"创绿"过程中收获丰厚,不仅获得了显著的综合效益,而且被全国绿色酒店工作委员会评为五叶级绿色酒店。

2. 创建绿色企业文化,提高绿色酒店创建的内在动力

企业文化是支撑企业发展的重要内在因素,良好的企业文化有利于凝聚人心,有利于管理和业务创新升级,有利于提升企业发展的内在动力。在创建绿色酒店的过程中,必须要以绿色企业文化为内在支撑,帮助酒店提高内在凝聚力和发展动力。具体来讲,就是要以安全、健康、环保的核心理念为指导,树立节约资源能源、保护生态环境、确保身体健康的绿色价值观,并通过多种可参与性强的形式加以体现和表达,动员酒店顾客、社区公众与酒店员工一道参与绿色酒店的创建。

作为创建酒店绿色文化的关键,酒店的最高领导层必须在观念上实现两个转变,即"环境问题无关或关系不大"的观念和"环境投资会增加酒店负担,影响经济效益"的观念;要身体力行,从制度、行动、人财物投入上加以保障。当然,保护环境也是酒店作为社会一员应当承担的责任和义务,这也是与创建绿色酒店相契合的。

知识链接

昆明酒店的"创绿"宣传和绿色文化建设

昆明酒店始建于 1958 年 10 月,于 1992 年 11 月经国家旅游局评定,成为云南省当时的第一家"四星级"涉外旅游酒店。2007 年开始,积极开展了以节能降耗、环境保护、食品安全为重点的"绿色酒店"创建活动。

为了将"创绿"工作从一开始就落到实处,昆明酒店在"创绿"宣传和绿色文化建设方面下了不少功夫,也取得了比较明显的成效。具体做法如下:

1. 在店内制作了创建"绿色酒店"专题宣传栏,动员、号召昆明酒店广大干部职工树立"环保意识",积极投身创建"绿色酒店"活动,将"绿色"经营管理和服务理念逐步引入日常经营管理工作中,努力营造出创建"绿色酒店"的整体氛围。

2. 组织各级管理人员及员工参加了绿色酒店的培训课程,对酒店员工进行全面的环境意识的教育和环保、节能、降耗的技术培训。

3. 订阅了 2008 年《中国环境报》,并购买了关于环境保护的图书,如《环境资源法》《企业食品安全管理》《城市环境卫生基础设施建设与管理》《全国绿色社区创建活动优秀案例》《环境污染与食品安全》《水资源利用与水环境保护工程》等 10 余类书籍,组织各级管理人员和员工进行学习。

4. 结合"六五"世界环境日等重要环保纪念日,联合有关单位开展各类环保主题活动等。此外,酒店还在大堂、餐厅及部分公共区域设置了固定的环保宣传牌,鼓励并引导宾客进行绿色消费。

自开展"创绿"活动以来,绿色意识、绿色技术、绿色理念已经逐渐融入到昆明酒店的经营管理中,成为酒店企业文化的主要内容之一。通过绿色酒店文化的建设,不仅是酒店员工自身,就连入住昆明酒店的宾客和消费者也感受到了绿色文化的感染力和影响力,自觉自愿地成为"创绿"活动的支持者和参与者。酒店广大职工踊跃加入"创绿"活动,纷纷报名参加"创绿"志愿者,并于 2008 年元月成立了"昆明酒店职工环保志愿者"队伍。

3. 培养绿色员工,推动绿色酒店创建的不断深入

员工是酒店的最重要资源,也是酒店发展战略的最终执行者,对酒店的发展起着至关重要的作用。绿色酒店的创建是一项系统工程,培养绿色员工就是其中最重要的内容之一。具体来讲,其一,培养员工的绿色意识,让员工真正理解创建绿色酒店的内涵和意义,并得到其内心认同;其二,培养员工的绿色形象,根据酒店的绿色理念和绿色文化设计员工的绿色形象,与酒店的整体形象达成一致;其三,培养员工的绿色执行力,使员工能够按照绿色酒店创建的整体思路,切实贯彻各项具体的制度和举措;其四,培养员工的绿色推广力,将绿色酒店的价值理念和文化内涵传递给顾客,并向所在社区公众延伸,为优化绿色酒店创建的外部环境创造有利条件。

4. 推出绿色产品,提供绿色服务,打造绿色酒店的核心竞争力

绿色产品、绿色服务是绿色酒店三大核心理念的根本体现,是打造和提升绿色酒店核心竞争力的最重要载体,是创建绿色酒店最重要的组成部分之一。

第一,根据绿色酒店的目标定位,提供绿色客房和绿色食品。其一,创建绿色客房，即选用环保建筑材料和绿色无污染的装饰材料，配之以低能耗、可再生的绿色用品和绿色用具，打造符合生态要求的绿色客房；其二，生产和提供绿色食品，即通过规范渠道采购绿色食材，严格按照环保法令和食品卫生法，做到清洁生产、安全存储、绿色包装，提供安全无污染、优质有营养的绿色食品。

第二，根据绿色消费者的需求，提供绿色服务。所谓绿色服务是指酒店提供的以保护自然资源、生态环境和人类健康为宗旨，并能满足绿色消费者要求的服务。绿色服务不仅体现在产品被消费时，而且包括产品提供时和产品被消费之后。

通过推出绿色产品、提供绿色服务，绿色酒店向消费者和社会公众传递了一个信号，即绿色酒店的创建必须与环境保护相协调，绿色酒店的可持续发展得益于环境保护。

应用实例

药林会议中心的创绿互动

药林会议中心隶属于全国最大的无烟煤生产基地——山西阳泉煤业集团有限责任公司，于 2008 年 6 月 1 日正式开业。三年多来，会议中心始终坚持品牌形象，努力提高软件质量，完善硬件设施，在积极创建五叶级绿色酒店的过程中，走出了一条互动新路。下面，将重点介绍一下药林会议中心在提供绿色客房和绿色餐饮服务两个方面的有益尝试。

1. 提供绿色客房服务

为加强环境保护、维护住客健康，会议中心专门开设了无烟楼层和无烟房，共设置无烟客房 29 间。在楼层和房间分别安装了禁烟标识，并有控烟、除烟措施，合理控制通风，配备香薰、除烟味剂、空气净化器等装置。同时，还在房间和卫生间放置环保提示文字，并在客房内配置绿色植物，增加生态角，定期请花卉公司进行维护保养，给住客以温馨洁雅的感觉。

另外，在总台放有"创建绿色酒店、倡导绿色消费倡议书"、"宾客意见调查表"，以及"为了健康，打造绿色酒店；为了健康，选择绿色消费"的指示牌。

与此同时，倡导环保理念，改进服务模式。做夜床时摆放"枫叶环保"友情提示卡；在客房浴室和床头柜上分别摆放环保征询卡，在不影响卫生和标准的前提下，鼓励客人多次使用床单、毛巾等用品，从而减少水和洗涤剂的污染；合理减少卫生间一次性用品的外部包装；对牙具、拖鞋等分色加以区别，以减少混淆导致的用品浪费；降低马桶水位，减少水资源流失；新增客房软化水装置，确保宾客饮水健康；空调设定夏天不低于26度、冬天不高于20度，提倡节能环保；前厅摆放易爆物品回收箱，将垃圾物品分类存放等。酒店的"创绿"举措得到了广大客人的理解和响应，客人对酒店"创绿"服务做出了高度赞许。

2. 推行绿色餐饮服务

在食品原料采购方面，首选绿色环保型原料，建立相应的采购渠道，实施绿色采购。调查周边符合标准的绿色种植基地，并定期采购绿色无污染、无公害的原料。不采购、出售和加工国家禁止销售的野生保护动植物。

在食品验收、储存、制作等程序上，严格按照卫生防疫要求进行。设立专职食品安全管理人员，由厨师长担任。对食品储存保持通风，不被污染，并且控制储存室的温度及湿度符合要求，标明食品保存期限，防止食品变质。

餐厅内摆放净化空气的绿色植物，由专人定期保养，并且在每一棵植物上挂有名称、种植方法、功效等小知识。同时，专门设立无烟包厢风雅厅，并在大堂吧、咖啡厅、西餐厅设立无烟区域，放置无烟标牌。主动征询客人是否吸烟，合理安排客人入座，保持餐厅的环境整洁和空气清新。

在员工的对客服务中，主动推荐无污染、安全优质的蔬菜、肉类等绿色食品供客人选择，倡导绿色消费；对点菜员进行培训，劝导客人适量点菜；主动为客人提供打包、存酒服务，提供易降解的打包餐盒；主动为客人按需、适量添加饮料、咖啡、茶等，尽可能减少不必要的浪费。同时，减少对一次性用品的使用。此外，还抛弃了传统的印刷菜单，使用电子菜单，以减少病毒污染和更换带来的浪费。

应该说，绿色客房和绿色餐饮服务的推出，不仅树立了药林会议中心的绿色品牌，更为吸引更为庞大的绿色消费者群体奠定了监视的软硬件基础。

5. 营造绿色环境,吸引绿色消费者,引导绿色消费

营造绿色环境是创建绿色酒店的重要组成部分,它不仅包括酒店选址对周边生态环境破坏的最小化,而且包括营造酒店外部环境和优化酒店内部环境中的绿色空间。其中,绿化具有防尘、减噪、净化空气、调节局部生态的功能,是绿色环境的核心要素。

绿色消费者在购买商品和消费时,考虑商品在生产、使用和废弃后对环境的影响,并在消费过程中关注环境保护问题,这是与绿色酒店所倡导的环保理念相一致的。绿色消费者是酒店在环保问题上的合作伙伴,酒店应当在提供绿色客房、绿色食品和绿色服务的过程中,引导其树立绿色消费理念,并自愿成为创建绿色酒店的重要力量。

6. 实施绿色管理,降低运营成本

节约能源资源和降低运营成本是创建绿色酒店的题中之义,而这需要实施一系列的绿色管理措施来实现,具体包括能源的绿色管理、废弃物的绿色管理和水资源的绿色管理。

(1) 能源的绿色管理既需要技术的支持,也需要管理的保障,目标是实现有限能源有效利用,在不降低客人需求的前提下尽可能节约成本。以酒店中的耗能大户——厨房为例,需要在如下方面节约能源:其一,在运行和操作中节约;其二,在食物准备中节约;其三,在厨具清洁中节约。节能是一项长期工程,必须坚持管理创新和技术创新并举。

(2) 废弃物的绿色管理要坚持以下几项原则:其一是减量化原则,即通过产品体积小型化、重量轻型化、包装简朴化的途径,减少原料使用、能源投入和废弃物的产生;其二是再使用原则,即在确保物品质量和功能的前提下,适当延长其使用寿命;其三是再循环原则,即在物品完成其使用功能后,鼓励消费者参与将其回收,并将其重新变为可以利用的资源;其四是替代原则,即使用无污染的物品(或天然材料)或再生物品,作为某些物品的替代物,以节约成本,减少污染。

(3) 水资源的绿色管理是一项事关酒店长远发展全局的工作,需要不断创新工作思路,积极动员酒店的消费者参与节水行动,共同承担起保护自然资源、实现可持续发展的重任。

第三节　酒店品牌概述

导入案例

一、酒店品牌的概念

品牌的定义很多，不同时代、不同的人对品牌有不同的理解，但人们无不认为品牌是消费者用来区分产品或服务的名称、标志等。

酒店品牌是一种名称、标志、符号或设计，或是它们的组合运用，其目的是借以辩认酒店的产品或服务,并使之与其他酒店的产品或服务相区别。

我们可以把酒店品牌的本质分解为以下六个层面的含义:

1. 品牌属性

酒店品牌带给顾客的首先是某种特定的属性。例如丽兹·卡尔顿酒店品牌表现出了优质服务、奢华设施、昂贵、高声誉、连锁经营等属性。

2. 品牌利益

属性很容易被竞争者复制,要吸引顾客购买,需要将酒店品牌的属性转化成功能和情感利益。比如,属性"优质服务和好的设施"可以转化为功能利益"我可以得到很舒适的享受,拥有愉快的经历";属性"昂贵"可以转化为情感利益"入住这个酒店是高贵身份的象征,令人羡慕"。

3. 品牌价值

优质品牌能体现出酒店的价值观,反映出产品的价值。正如丽兹·卡尔顿酒店管理公司在服务信条中所言,"在丽兹·卡尔顿,真诚的关心与宾客的舒适是我们的最高宗旨,我们发誓为我们的宾格提供最个性化的设施与服务,是宾客始终享有热情、轻松和优雅的环境与氛围,是宾客在丽兹·卡尔顿酒店的经历充满愉快和幸福,甚至要尽量做到是宾客未表达的愿望和需要都得到满足。"毫无疑问,"最个性化的设施与服务"、"舒适、愉快和幸福"的经历等是丽兹·卡尔顿最希望顾客承认的该店品牌所具有的价值。

4. 品牌文化

品牌出自特定的文化氛围,并带有这种特定文化的印记。文化差异是品牌的基础,具有文化的品牌是最有生命力的品牌。某些酒店品牌在一定程度上体现了酒店的文化,甚至是一个地区的文化。比如凯宾斯基酒店的品牌创立于100多年前的德国,是历史最悠久的豪华酒店品牌之一,它所传达的豪华、可靠性和高效率准确地代表了德国文化。丽兹·卡尔顿酒店非常有名的座右铭:"我们是淑女和绅士,为淑女和绅士服务。"这既体现了基于平等的服务观念,又强调了服务的个性化和人情味,体现了酒店以人为本、注重人在酒店中的作用的理念。

5. 品牌个性

不同的酒店品牌具有不同的个性。比如同为雅高集团的索菲特酒店和宜必思酒店所带给人的联想是完全不同的,前者是"高档豪华",后者是"物有所值"。硬石酒店的品牌特性反映在"到我们酒店来的不是客人,而是全世界爱好摇滚乐的听众"。世界上唯一的七星级酒店——阿联酋迪拜的阿拉伯塔传递的品牌个性则是极度豪华和奢侈,是"务必让客人有阿拉伯油王般的感觉"。

个性化品牌有助于酒店形成差异化的比较优势,从而更有效地占领不同细分市场。

6. 品牌使用者

品牌还体现购买和使用这种产品和服务的消费者群体的身份。比如,"如家"品牌的目标顾客是对价格敏感、追求经济实惠的客人;北京国际酒店俱乐部则定位于对价格不敏感、对服务和设施设备要求较高的商务客人;北京城市青年酒店吸引的则是年轻的倡导"自助旅行+运动休闲+时尚娱乐"的"新青年"。

在以上六要素中,品牌价值、品牌文化和品牌个性是酒店品牌最本质的内涵,这是竞争对手不可复制和无法模仿的,它们构成了酒店品牌的基础。

知识扩展

酒店品牌的名称、标志

酒店名称是酒店品牌的形象符号,是可以用语言表达的部分,如雅高集团下的豪华酒店品牌索菲特、高档品牌诺富特、中档品牌美居、经济性酒店品牌宜必思。

酒店标志是不能用语言表达的部分,包括酒店品牌特定的符号、图案、专用色或专用字体等。不同档次的酒店品牌,给人不同的感觉。

知名酒店品牌标志

喜来登

万豪

香格里拉

最佳西方

洲际

小思考

酒店品牌与商标有何区别？

在古代社会，人们为了辨识自家牲畜，主人在家畜身上打一个记号，这是品牌的起源。因此，英文 Brand（品牌）一词原始的解释是"烙印"，而商标是到了近代为了防假冒产品，才制定了商标法案。因此，商标是酒店品牌的法律界定，受法律保护。

二者的区别表现为：① 品牌与商标之间不是一一对应关系。商标的构件小于或等于品牌的构件。商标在形式上只包括文字和图案，而品牌的构件不仅包括文字、图案，还有特型设计、图案色彩等。② 品牌使用无国界，商标权有国界。品牌世界通用，比如巴斯酒店、喜来登酒店；而商标只有在注册国有效，超越注册国就不受保护。③ 品牌使用企业自己决定，商标经法律程序审批才有效。④ 品牌可以延伸，可商标变化需要重新注册。

二、酒店品牌的特征

1. 综合性

酒店品牌是多种元素与信息的结合体，商标、符号、包装、价格、广告风格、文化内涵等要素有机结合在一起，形成完整的酒店品牌概念。酒店把自己的品牌作为区别于其他酒店的标志，以引起顾客对其产品或服务的注意；而顾客则将这些相关信息储存于大脑中，成为他们选择的依据。

2. 无形性

酒店品牌虽然客观存在，但它不是物质实体，必须通过一系列的载体来表现自己，其中的图形、文字、色彩等属于有形载体，而酒店品牌所包含的深层次的含义必须通过其无形载体来实现，包括产品价格、服务质量、知名度、美誉度等。

3. 价值性

品牌是有价值的，酒店经营者可以通过对品牌的优势不断获取利益，可以利用品牌的市场开拓力、形象扩张力、资本内蓄力不断发展。跨国酒店集团依靠成功的品牌经营为客人所熟悉和信任，借助品牌的美誉度获得客人对品牌的忠诚,并带来 5%—10% 的房价上升。

4. 文化性

成功的酒店品牌无不具有自身独特的文化内涵。著名品牌往往是将消费者的期待、需求、情感集于一身,具有高贵的品质、独特的文化内涵、鲜明的时代特征,能带给消费者特定的情感体验。如香格里拉酒店使人联想到世外桃源的生活,而丽兹·卡尔顿酒店则使人感到经历了国王般的生活。

三、酒店品牌的功能

1. 识别功能

酒店产品主要是借助一定的设施向客人提供的无形服务,它不具备实物产品有形性的特征,而客人对酒店产品的消费是对服务过程的一种体验,它具有多样性特征。由于酒店产品的这种特性及市场信息不对称现象的存在造成了顾客在选择产品时随意性大,这对酒店占领目标市场、扩大市场占有率是一个不利的因素。酒店集团的品牌则可以在消费者心目中树立良好的企业与产品形象,增强其对酒店无形产品的信任度,促进顾客对其优先选择购买,从而强化顾客的识别能力;而顾客一旦认可了某一酒店品牌,在下次购买时出于降低购买成本与风险考虑会选择同一酒店品牌,多次的消费经历会形成习惯性消费,最终成为其忠实顾客。比如,国内品牌中,在广州一看到白天鹅宾馆、花园酒店人们就知道是高档酒店;南京的金陵酒店、北京的建国酒店的忠诚顾客也非常多。

2. 区分市场功能

酒店适应不同顾客的需要,开发多种产品推向特定的细分市场,不同的品牌就起到了区分市场的作用。比如雅高集团面向豪华、中档、经济型等不同的细分市场,在 Accor 品牌下延伸出索菲特(Sofitel)、诺富特(Novotel)、美居(Mercure)、宜必思(Ibis)等品牌,达到了明确市场定位以占领不同细分市场的目的。

3. 促销功能

如果一家酒店的品牌形象出众,该酒店往往能获得更高的售价、更好的销售量和更高的利润率。这源自消费者对该品牌价值的感知,如果消费者认为该品牌能给予他们比一般酒店更多的价值与利益,包括功能性的和心理性的,他们会愿意支付更多的钱。

4. 价值凝聚功能

有些酒店品牌的价值大大高于有形资产的价值,比如,微软公司价值曾高达2 000多亿美元,但并没有传统意义上的工厂、机器设备,其价值主要体现在品牌的"视窗"、"微软"上面。1989年美国假日公司将假日品牌以19.8亿美元的价格卖给巴斯公司。一个品牌价值近20亿美元,而我国北京拍卖的中国银行所有的奥林匹克酒店的价值才2亿多元人民币。

第四节　酒店品牌化建设

品牌经营是从品牌定位开始、经过品牌传播、品牌管理等一系列战略的实施,实现品牌扩展、品牌增值的过程,它规定着酒店整个发展方向。酒店应该重视品牌建设,进行正确的品牌定位,并构建自己的品牌优势,对自己的品牌进行广泛传播并加以维护和管理,从而提高酒店品牌的知名度和市场竞争力。

一、酒店品牌定位

定位(Positioning)由著名美国营销专家艾·里斯(Alries)与杰克·特劳特(Jack Trout)于20世纪70年代提出,定位就是把产品定位在你未来的顾客心中。

品牌定位是指在市场调研和细分的基础上,发现或创造出品牌独特的差异,并与目标消费者心智模式中的空白点进行匹配择优,从而确定出一个独特的位置,借助传播手段在消费者心中打上深深的印记,建立起强有力的联系和独特印象的策略性行为。

品牌定位理论的成功与现代酒店营销所面临的困境有关:经过多年的发展,酒店的软硬件水平都有很大的提高,同类型酒店的硬件设施水平相差不大,都以同一模式提供服务,面临"千店一面"、同质化的严重局面;顾客的需求也在不断分化,有着个性化的多种需求。任何酒店都无法为市场上所以顾客提供产品或服务,预期贪大求全,不如瞄准某个特定的目标市场,针对自己占优势的目标市场集中进行营销,这就要求对品牌进行定位。

酒店品牌定位是针对目标市场而确立的独特品牌形象,对品牌的整体形象进行设计、传播,从而在目标客户心中占据一个独特的、有价值位置的过程和行动,如表9-1所示。

表 9-1　锦江集团下属品牌及定位

品牌	定位
锦江经典型酒店	糅合不同西方建筑风格,文化传承丰富、气氛独特,多用于款待外国皇室嫌贵和国际商界巨贾。大部分经典酒店在上海优越位置、商业和旅游旺区
锦江五星级酒店	酒店装潢华丽、服务周到,为顾客提供现代化的服务设施,临近商业区、旅游区和交通枢纽,符合高端商务旅客和游客
锦江四星级酒店	价格较豪华酒店偏低,但提供全方位服务
锦江三星级酒店	酒店房价较低廉,主要为国内商务旅客和游客提供较经济的住宿服务
锦江之星经济性酒店	有限服务和设施,经济性旅馆,价格低于传统星级酒店
度假村酒店	位于旅游和度假区,为旅游者的休息和度假提供需要,提供全方位服务
酒店式公寓	中档价格,面向较长时间居住的旅行者和商务游客,设施齐全

1. 酒店品牌定位原则

（1）差异化

酒店定位要有独特的差异点,要使自己的品牌与竞争对手的品牌有明显的区别,这是任何产品和服务的品牌定位所应遵循的重要原则。这种差异点能让顾客感觉酒店的产品与众不同或无与伦比,从而在市场上最先引起顾客的注意。

比如喜达屋集团下属的福朋酒店,客源市场定位在商务客人和消遣旅游者,该连锁品牌的经营理念与众不同,它是提供全方位服务的中档酒店,在现今时兴有限服务的时代,其"全方位服务"的品牌经营理念显得很特别。

（2）针对性

品牌定位要有针对性,要切中目标市场。酒店品牌定位只有针对目标市场,目标市场才能成为特定的传播对象。品牌定位必须站在满足消费者需求的立场上,借助于各种传播手段,让品牌在消费者心目中占据一个有力的位置。

应用实例

布丁酒店：锁定"夹心层"

布丁连锁酒店(Pod Inn)是中国第一家时尚、新概念酒店连锁,酒店致力于为顾客创造快乐、自由、时尚的休息体验。

布丁连锁酒店的品牌理念是时尚、自助、小而精致、环保、乐活、适度消费。目前中国经济型酒店市场竞争激烈,在如家、汉庭、7天、速8、锦江之星、莫泰168等知名酒店争相抢占市场前提下,布丁连锁酒店成功进入并不断扩大,得益于其准确的品牌定位。布丁酒店的消费人群定位不是住如家、汉庭、7天这类商务人士,也不是住旅馆、招待所的这群人,而是介于两者之间的"夹心层",客源是年龄在18—35岁、月收入在2 000—6 000元之间的这部分人群,他们新潮,追求时尚、理性消费、对价格敏感。

针对目标消费群的特点和需求,布丁打造自己的价格优势,与同类快捷酒店相比,布丁只需95元,网上预订更优惠。为了控制成本保证利润点,布丁连锁酒店在连锁经济型酒店"做减法"的基础之上继续做减法:砍掉了经济型酒店都有的早餐厅;减客房,比如减少客房面积,增加设计感;减服务,如配置自动售货机;没有牙膏、牙刷等六小件,会员入住只需付房费不用付押金,所有客人免去签到、登记、查房等繁琐手续。此外,酒店追求卓越的服务质量,以"洁净、便捷、温馨、舒适、超值"的特色让顾客真正有在家的感觉;酒店还提倡绿色环保,倡导"免用六小件,捐植一棵树",致力于打造"乐活环保绿色酒店。"

（3）盈利性

有效的品牌定位应该使酒店获得更多的利益,包括利润增加、市场占有率提高、忠实顾客增多等。

（4）可行性

品牌定位要充分地考虑酒店的资源条件,以优化的配置和合理利用资源为宜。追求经济效益最大化是企业发展的最高目标,酒店任何工作都要服从这一目标,品牌定位也不例外,收不抵支的品牌定位只能使品牌定位失败。

2. 酒店品牌定位策略

（1）档次定位策略

不同的品牌常被消费者在心中分为不同的档次，带给消费者不同的心理感受和情感体验。现实中，常见的是高档次定位策略，高档次的品牌传达了产品高品质的信息，往往通过高价位来体现其价值，并被赋予很强的表现意义和象征意义。比如酒店按星级划分，五星级酒店的高档品牌形象不仅涵盖了优雅的环境、优质的服务、完备的设施，还包括出入其中的都是有一定地位的人士；定位于中低档次的酒店，则针对其他的细分市场，如满足追求实惠和廉价的低收入者。

因为档次定位综合反映了品牌价值，不同品质、价位的产品不宜使用同一品牌，如果酒店要推出不同价位、品质的系列产品，应采用品牌多元化策略，以免使整体品牌形象受低质产品影响而遭到破坏。

（2）利益定位策略

根据酒店品牌向消费者提供的利益定位。而这一利益点是其他品牌无法提供或者没有诉求过的，因此是独一无二的。运用利益定位，在同类产品品牌太多、竞争激烈的情形下可以突出品牌的特点和优势，让消费者按自身偏好和对某一品牌利益的重视程度，将不同品牌在头脑中排序，置于不同位置，在有相关需求时，更准确地选择商品。

（3）情感定位策略

运用产品直接或间接地冲击消费者的情感体验而进行定位。该定位是将人类情感中的关怀、牵挂、思念、温暖、怀旧、爱等情感内涵融入品牌，使消费者在购买、使用产品的过程中获得这些情感体验，从而唤起消费者内心深处的认同和共鸣，最终获得对品牌的喜爱和忠诚。情感定位能单独使用，但更常用的方式是与其他策略结合使用，以增强其效果和作用。

（4）文化定位策略

将某种文化内涵注入品牌之中，形成文化上的品牌差异，称为文化定位。文化定位不仅可以大大提高品牌的定位，而且可以使品牌的形象独具特色。利用文化定位还可以通过引起消费者联想，使产品深植于消费者脑海中，达到稳固和扩大市场的目的。

应用实例

香格里拉

总部设在香港的香格里拉国际酒店管理集团是亚太地区发展迅速的豪华酒店集团,并且被公认为世界著名的酒店集团之一。"香格里拉"一词源于《消失的地平线》一书,香格里拉——一个安躺于西藏群山峻岭间的仙境,在那块乐土上,到处都充满着和平与欢乐的气氛,如今,香格里拉也已成为世外桃源的代名词。香格里拉一贯恪守为客人提供优质服务的承诺,并把其经营哲学浓缩为"由体贴入微的员工提供的亚洲式接待"。香格里拉酒店集团的优质服务及优雅的环境,正与这个弥漫着神秘色彩的名字如出一辙。

3. 酒店品牌定位步骤

(1)市场细分

在市场调研的基础上进行市场细分。品牌定位不是盲目的,而是针对目标市场的,其前提就是市场细分。通过市场细分,能使酒店明确产品的消费对象,进一步了解其需求,发现市场商机,从而设计、塑造出独特的酒店产品和品牌个性。品牌定位应该在市场细分与竞争分析的基础上,结合酒店的各种内部资源来确定服务对象,然后制定包括产品、价格、销售、广告、公关等在内的具体营销策略。实际上,酒店的品牌定位就是酒店与某一消费群体在不断的双向沟通过程中,彼此的认可与承诺,对于酒店来说是"量身定做",对于客户来说是"物有所值"。

(2)确定目标市场

确定目标市场,是在市场细分的基础上,依据酒店的目标、资源和经营整合能力,优先考虑和选择酒店要进入的市场,或要最大限度地优先满足那部分消费者的需求。

(3)选择竞争优势

酒店在市场细分、确定目标市场的基础上,要选择自己的竞争优势。酒店相对的竞争优势是在对其服务质量、服务设施、管理水平、产品特色、产品质量、价格成本等系列因素逐项评估的基础上产生的,这种相对的竞争优势不仅指现有的竞争优势,也包括潜在的竞争优势和可以通过努力创造的竞争优势。

（4）进行品牌定位

酒店品牌定位的最终目标是将品牌的独特优势成功展示给顾客，并在其心中有效树立鲜明的、富有吸引力的品牌形象。确定目标市场和选择竞争优势的过程也是品牌定位的过程。品牌定位之后，应将定位的内涵和主张以准确、简明的文字记录下来，准确地向市场传播企业的定位观念。因为再强的竞争优势也不会自动在市场上显现出来，所以，在选择竞争优势之后，需要通过产品广告宣传将其传播开来，切入消费者的心灵。

二、酒店品牌传播

酒店品牌传播是指酒店品牌经营者根据自己品牌的优势所在，用恰当的方式持续地与消费者交流，促进消费者理解、认可、信任和体验，产生再次购买和消费的愿望，不断维护对该品牌的好感的过程。酒店品牌传播是一项关系酒店长远发展全局的重要工作，需要根据酒店目标定位和总体发展规划，在不同时间、空间并通过各种有效途径全方位传播。酒店品牌的传播体系如图9-1所示。

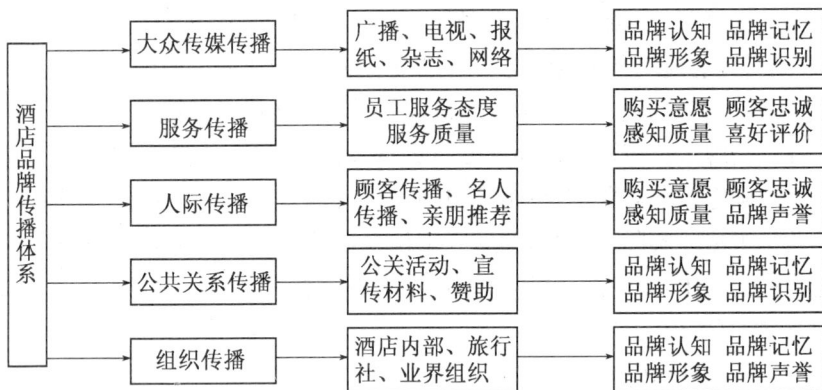

图9-1 酒店品牌的传播体系

1. 大众传媒传播

酒店可以通过报纸、杂志、广播、电视、网络等大众传播媒介，向目标消费群体进行品牌传播。不同的媒体传播效果不尽一致，每种媒体各有其优劣，酒店在进行品牌宣传时，要找到一种媒体组合，使传播成本最低、传播效果最理想，如表9-2所示。

表 9-2 主要大众传播媒体的优劣势对比

媒体	优势	劣势
电视	能给人以直观感受,覆盖面大,接触率高,易引起注意	时间性强,费用高,电视节目容易分散对广告的注意力
广播	传播迅速及时,费用低,听众广泛,影响面广	时间短促,听众对声音传播的印象不深,注意力较低
报纸	广告成本低,覆盖面广,信息及时,简便灵活	内容繁杂,易分散对广告的注意力,广告时间短,只有当期效应
杂志	能传递更多的品牌信息,易于细分目标消费群体,可重复阅读	发行周期长,传播不及时,广告受众面窄
户外广告	容易引起注意,复现率高,能进行反复宣传	宣传范围小,创造性差,广告形式相对比较单一
邮寄	对象明确,有较大的选择性,提供信息全面,说服力较强	宣传面窄,不易引起注意,被拒绝可能性大
网络	形式多样,受众广,覆盖率高,信息量大、种类全	有些广告形式容易引起人们的反感,部分人不熟悉网络

2. 服务传播

服务传播是指通过酒店员工向顾客提供服务来进行酒店品牌传播的途径。服务传播具有良好的双向互动性,顾客可以依据消费感受来对酒店品牌做出评价。员工的服务态度和服务品质直接影响到顾客的购买意愿和感知质量,直接影响着顾客对酒店品牌的评价及忠诚度。

为充分用好服务传播这种途径,就必须在以下几方面做出努力:其一,通过由浅入深的品牌教育,逐步强化酒店员工的品牌意识;其二,建立完善品牌服务的各项制度,包括制定员工品牌服务基本要求、具体操作规范、员工行为准则及品牌服务量化考核和品牌服务岗位培训制度等;其三,有意识地挑选和培养品牌服务员,并充分发挥其示范表率作用,最终促进整体服务质量的提高。

3. 人际传播

人际传播是指人们传递或交换知识、意见、感情、愿望等的社会行为,最受关注的人际传播形式是口碑传播。口碑传播以传播者之间的信任或密切关系为基础,传播的信息常带有很强的主观性,但能对被传播者的购买行为和态度产生决定性影响。因此,酒店应尽可能用优质的产品和服务杜绝不良口碑的出现,并巧妙运用良好的口碑效应进行宣传。

从目前酒店品牌的传播实践来看,主要的口碑传播方式有顾客传播、亲朋传播、名人传播、周边社区公众传播等,其中顾客传播的酒店品牌传播尤为重要。

4. 公共关系传播

公共关系是指能够促进酒店与社区和一般公众关系的一切手段,包括支持慈善活动、艺术表演和教育事业、赞助体育运动或其他活动、参与当地社区组织以及市民项目和活动等。酒店应当充分利用开展公共活动这一平台,与本地区政府部门、行政单位、同行企业、新闻媒体、客户、所在社区公众和目标消费群体等建立广泛的联系,树立良好的公众形象,不断塑造和传播酒店良好的品牌形象。

需要说明的是,公关活动应选在恰当的时机、以恰当的形式来开展,使参与者在不知不觉中对酒店的品牌留下良好印象,而不能为了传播而开展公关活动,使公关活动变成单纯的品牌推介会。

5. 组织传播

组织传播包括酒店内部传播和酒店外部组织的传播两种。

酒店内部传播就是在酒店内部运用可能的媒介去传播统一的品牌形象。这些可能媒介主要包括:① 酒店的建筑造型和环境布置,它能形象地传递品牌的内涵及其文化特色;② 酒店的各类办公用品,按标准印有酒店标志和名称等要素的办公用品能给使用者和接触者留下深刻的品牌印象;③ 酒店的运输工具,它是一种能发挥公众中远距离视觉感应效果的流动信息载体;④ 体现酒店品牌的酒店员工制服系列;⑤ 酒店内表达品牌内涵的各类指示性、标识性物品;⑥ 承载着大量品牌信息的宾客用品系列;⑦ 显现品牌特征的店内广告等。酒店在借助上述媒介进行品牌传播时,应出奇制胜,或用精练的语言,或用幽默的画面,来表达既有品牌特色又能被广大公众乐意接受的品牌信息。

酒店外部组织传播是指通过中介组织、酒店业界组织和旅游相关行业组织等去传播酒店品牌的做法。这些外部组织主要包括旅行社、全球性或区域性酒店协会、酒店联合组织、航空公司、娱乐消费场所、景区景点等,它们能够在自己的业务范围内帮助酒店宣传传播其品牌形象。

三、酒店品牌管理

酒店品牌是酒店的一项重要的无形资产,好的品牌具有极高的市场价值,是酒店的巨大财富。但品牌不是常青树,成功的品牌创建并不能够保证酒店在瞬息万变的市场竞争中立于不败之地,品牌也需要进行高效的管理,需要通过维护和延伸来扩展其内涵、增强其生命力。

(一) 酒店品牌维护

品牌维护是指酒店品牌的所有人、合法使用人对品牌资产实施的保护措施,以防范来自各方面的侵害和侵权行为,促使酒店品牌保值和增值。具体来讲,酒店品牌的维护包括日常经营维护、法律维护和品牌危机管理三方面内容。

1. 酒店品牌的日常经营维护

酒店品牌的创建和推广是在酒店一系列经营活动中完成的,品牌的经营者要在日常的经营活动中树立品牌保护意识,并采取有效措施对品牌进行有效维护。具体包括:① 以顾客需求为中心,根据市场竞争状况和顾客需求的变化,及时调整品牌定位、丰富品牌内涵,不断提高品牌的美誉度和影响力;② 通过强化质量管理,为客人提供安全、环保、健康的优质服务,维持高质量的品牌形象;③ 实施有效的成本控制,提高品牌的竞争力;④ 在严谨细致的市场调查基础上,根据顾客的需求变化,系统稳妥地更新品牌市场形象;⑤ 创新品牌运营模式,不断促进品牌价值和影响力的提升。

2. 酒店品牌的法律维护

酒店品牌的知名度是保证酒店市场竞争力的重要条件,而品牌一旦具备了较高的知名度,也就会面临着不法经营者的随意仿冒。为确保酒店的市场竞争优势,就必须对酒店品牌及其所包含的知识产权进行全方位的法律维护,具体包括对商标权的保护、对专利权的保护、对互联网域名的保护等。只有这样才能确保品牌不被侵权仿冒,才能为酒店带来应有的经济效益、社会效益和环境效益。

3. 酒店品牌的危机管理

品牌危机是指由于组织内、外部突发原因造成的始料不及的对品牌形象的损害和品牌价值的降低,以及由此导致的使组织陷入困难和危险的状态。品牌危机关系到品牌的生死存亡,一旦不能有效处理,品牌就有可能退出市场。为此,必须在充分认识品牌危机产生原因的基础上,按照应付品牌危机随时发生、顾客利益、迅速行动、实事求是、有效沟通等原则,有效处理潜在或已经出现的品牌危机。具体的处理程序包括成立品牌危机管理小组,建立危机管理机制,深入现场了解事实、控制局面,分析情况确定对策,充分利用媒体进行有效沟通,以及危机善后工作等。

(二)酒店品牌延伸

1. 酒店品牌延伸的涵义

所谓品牌延伸,是指在已确定品牌地位的基础上,将原有品牌运用到新的产品或服务上,从而期望减少新产品进入市场的风险和不确定性,以更少的营销成本获得更大的市场回报。

一般来讲,酒店品牌延伸包括在酒店不同细分市场上的品牌延伸和在酒店行业外的品牌延伸。

2. 酒店品牌延伸战略

(1)产品线的扩展战略。产品线的扩展包括在酒店的某条生产线内增加新的产品项目,或增加原有项目的营业面积、提高接待能力,也包括在使用同一品牌的前提下增加不同类型的生产线。

(2)品牌的延伸战略。品牌的延伸战略一般采用单一品牌策略,即多种产品、多家酒店使用同一品牌,可以是向其他酒店市场渗透,也可以是酒店业内的横向延伸或向相关行业的纵向延伸。

(3)多品牌战略。多品牌战略即酒店根据各目标市场的不同特点,分别使用最匹配品牌的品牌策略。多品牌战略的实施,可以有效满足不同消费群体的消费需求,在多个细分市场上提高酒店的整体市场份额。

应用实例

品牌延伸造就的"超级假日"

在被排名世界第二的英国 BASS 集团收购前,假日集团已经是世界上第一家达到 10 亿美元规模的酒店集团了。时至今日,国际假日酒店集团在 90 多个国家和地区经营 2 700 多家酒店,其中美洲有 1 600 多家,欧洲、中东、非洲有 150 多家,而亚太区则超过 80 家。假日酒店已成为世界上最大的酒店连锁店。

假日集团的迅速崛起得益于其准确的市场定位及其适时实施的品牌延伸战略。通过实施品牌延伸战略,假日集团为各细分市场提供了最适合的产品,并取得了显著地效果。假日集团的品牌具体包括以下几个:

（1）假日酒店（Holiday Inn）

假日集团的核心品牌，服务于中等城市中最基本的消费者，为商务及旅游休闲客人提供良好的设施和可以信赖的服务，有便利的地理位置，分布广泛。

（2）假日捷运酒店（Holiday Inn Express）

简化了的全服务型酒店，简单方便，价格较为低廉，提供干净舒适的客房、快进快离的手续及免费的早餐。主要服务于过路的休闲旅游者和对价格较敏感的商务旅游者。

（3）假日皇冠广场（Holiday Inn Crown Plaza）

服务于市场的上层消费者，大多集中于大城市和度假地。专门设有根据商务旅游者的需求而设计的会议设施，并有专业人员提供完善服务，另外，还设有健身设施和高雅的餐厅，及各种各样的休闲娱乐设施。

（4）假日花园庭院（Holiday Inn Garden Court）

价格低廉，大多分布在欧洲的小城镇，提供卫生舒适的客房、小酒馆式的餐厅和小型会议设施，体现当地的特色和风情。主要服务于公务和消遣旅游者，他们追求既现代化又符合标准且比较便宜的住宿设施。

（5）假日精选酒店（Holiday Inn Select）

靠近旅游景点或城市商业区，拥有完善的商务及娱乐设施，专为喜爱传统价值和环境要求较高的商务客人设计。

（6）假日阳光度假村（Holiday Inn SunSpree Resort）

服务于中档市场的度假村，特点是舒适的享受及全面的酒店服务。

（7）假日套房酒店（Staybridge Suites by Holiday）

专为那些住宿超过 5 天以上的顾客设计为客人提供音响设施、沙发、互动电视、宽敞明亮的工作空间、全套厨房用具、大容量冰箱和微波炉，以及其他适宜居住的特色物品。

3. 酒店品牌延伸的作用和意义

酒店品牌延伸是酒店发展的重要手段之一，对酒店品牌的增值保值和酒店市场竞争力的提升具有不可替代的重要作用，具体表现为：第一，降低酒店新产品进入市场的难度，若有质量保证，更会进一步培养消费者对品牌的忠诚度；第二，有利于降低新产品及同一品牌下其他产品的广告宣传费用；第三，通过提供同一品牌下的多样化选择，降低了消费者选择竞争对手产品的机会，也维系和提高了消费者对酒店品牌的忠诚度；第四，通过将原有品牌的影响力拓展到新的产品或领域，扩展了品牌家族的总体价值，也有利于分散经营风险，保证品牌家族资产价值的稳定。

课后思考题

1. 什么是绿色酒店，其核心理念是什么？
2. 如何理解创建绿色酒店的重要意义？
3. 绿色酒店的建设原则是什么？
4. 建立酒店服务质量管理体系需要做好哪些工作？
5. 什么是酒店品牌？
6. 酒店品牌定位的方法和步骤是怎样的？
7. 酒店品牌传播的基本途径有哪几种？
8. 酒店品牌管理的主要内容是什么？

实训练习题

调查所在地国际酒店品牌进入的情况和该地区我国自有品牌的现状，写出调查报告。

第十章　酒店信息化和智能化

本章教学要点

1. 熟悉酒店信息化的含义、内容及作用。
2. 熟悉酒店管理软件的使用及发展概况。
3. 熟悉国内酒店信息化的发展情况。
4. 熟悉酒店智能化的概念及应用。
5. 熟悉酒店信息化、智能化在现代酒店经营中的应用情况。

导入案例

杭州绿云科技助力君澜酒店集团信息化建设一体化平台

国家旅游局在 2014 年年初将该年度的驴友主题定义为"智慧旅游"，这一举动对旅游业上下产业链产生了很大影响。中国的酒店业在以往信息化建设的基础上，更加快了智慧化的进程。同时，移动互联网的进一步渗透对国内酒店在线营销渠道的扩张和平台的建设提出了新的挑战。尤其对于连锁酒店和多品牌酒店集团来说，如何整合自己的资源，为在线营销进行合理及统一化布局。作为国内酒店 10 强，全球酒店 100 强，君澜酒店集团于 2013 年 5 月进行了改制，对旗下三大品牌 50 余家酒店开始进行集团化管理。从那时起，君澜的信息化建设也走上了全局化部署和一体化构想的道路。

君澜决定大刀阔斧地对整个集团下的酒店进行彻底地改革，于是经过近一年时间的考察、评估、筛选后，最终与绿云科技合作开发了 iHotel 信息化平台。目前，已有 8 家酒店应用了 iHotel，剩下的所有酒店预计再用半年左右的时间可以全面完成系统上线。这是一个摒弃已有系统、整合现有资源接入平台并与互联网无缝连接后充分利用网络优势来展开集团化管控的过程。正如君澜CEO所言，虽然起步较晚，但可以"弯道超车"，后来居上的气场也不容小觑。

第一节　酒店信息化概述

酒店业的发展必须与时代发展相同步，我们的时代发展已进入信息时代，因而酒店的发展依赖信息技术已成为业界的共识。随着知识经济的到来，电子技术、网络技术、计算机技术开始进入酒店各个管理领域，尤其是互联网的出现，给酒店业发展带来了巨大的挑战与机遇，因此如何利用信息通信技术创造竞争优势便成为国内酒店业必须思考的问题。

一、酒店信息化的含义、内容和作用

(一) 含义

所谓酒店信息化，就是指酒店业在业务管理、日常经营等各个环节和各个方面，广泛采用计算机、通讯和网络等现代信息技术，充分开发、广泛利用酒店内外的信息资源，逐步实现酒店经营管理的自动化，逐步提高信息资源在酒店管理中的重要作用。

(二) 内容

就目前的技术现状情况，概括地讲，酒店信息化建设的内容主要包括以下项目：

(1) 酒店应用软件；

(2) 无线网络；

(3) 酒店安防监控系统；

(4) 网络营销；

(5) 酒店电器系统；

(6) 无线点餐系统。

(三) 作用

信息化建设对现代酒店的业务运作有着举足轻重的作用，主要表现在以下几个方面：

(1) 提高企业管理水平；

(2) 降低企业运营成本；

(3) 树立企业良好形象；

(4) 提高酒店营销效益；

(5) 提高顾客满意程度。

二、酒店管理软件发展概述

(一) 结构发展

酒店管理软件的发展，基本上是随着计算机技术和网络技术的发展而发展的，由此可将酒店管理软件的技术发展分为三个阶段，即 DOS 结构阶段、C/S 结构阶段、B/S 结构阶段。

1. DOS 阶段

DOS 版的使用时间在 20 世纪 80 年代至 90 年代中期，在这一阶段中，国产软件还处于初期发展阶段，本身并不成熟，软件的功能及应用也比较简单，软件的维护工作大多依靠专业软件公司的工程师。另外，由于酒店软件功能比较简单，软件结构缺乏标准支持，因此工程师也可以帮酒店随时修改一些软件功能与酒店经营相协调。

2. C/S 阶段

经过十几年 DOS 版的发展，酒店管理软件的应用模式逐渐成熟，随着计算机系统进入 Windows 时代，酒店管理软件也开始从 DOS 版进入 Windows 版，出现了 C/S 软件结构。所谓的 C/S(Client/Server)结构是就指客户机和服务器结构，目前国内大多数的酒店管理软件都是使用 Client/Server 形式的两层结构，这种软件系统结构可以充分利用两端硬件环境的优势，将任务合理分配到 Client 端和 Server 端来实现，从而可降低系统的通讯开销，而且系统的安全性和稳定性比较好。随着 Windows 的逐渐成熟，C/S 结构的酒店软件也已经发展得较为成熟，如杭州西软的 Windows 版及 Windows 五星版、北京中软好泰 CSHIS96/97/2000 系统、北京华仪 HY2000 系统、广州万迅千里马 Windows 版酒店管理系统等是典型代表产品。

但 C/S 结构的软件投资大、维护成本高且由于需要针对不同的操作系统开发不同版本的软件，产品的更新换代成本高，因此 C/S 结构的软件总的费用较高，再加上 B/S 软件结构的冲击，其软件结构体系的进一步应用受到了极大的威胁与挑战。

3. B/S 阶段

采用 B/S 结构的酒店软件开发目前还处于起步阶段,还未得到普遍应用。所谓的 B/S(Browser/Server)结构就是指浏览器和服务器结构,也可称之为 Web 应用,它是在 Internet 的环境下产生而发展起来的一种应用结构,是对 C/S 结构的一种变化或改进。在 B/S 结构下,用户只需通过浏览器就可访问 Internet 上的文本、数据、图像、动画、视频点播和声音信息,这些信息都是由与数据库服务器相连接的众多 Web 服务器产生的,客户端不需要安装任何用户程序,而只需交由数据服务器来解决。众多网络的应用在 B/S 结构下被连接在了一起,酒店还可据此建立起自己的 Intranet 内部网,形成酒店特有的内部管理文化,且不产生任何通讯费用,业务沟通敏捷。尽管 B/S 结构的酒店软件还未得到普遍应用,但随着互联网的迅速发展,其必将成为未来酒店应用软件的主流结构,这也是行业内的共识。

为了发挥 C/S 结构和 B/S 结构的长处,又出现了 C/S 和 B/S 混合的应用结构。

近年来,计算机应用软件行业内又出现了一个新名词—SaaS,即软件服务化。对于酒店业而言,SaaS 的低建设成本、低维护成本、低技术风险能较好地满足经济型酒店与连锁酒店的需求。另外,携程、艺龙、GDS 等订房分销商也纷纷介入酒店管理软件,使酒店软件的发展更加多样化。

(二)功能发展的阶段

经过近 30 年的发展,酒店业的软件功能逐渐强大,从最初简单的前台数据处理软件,发展至酒店后台各管理领域的的数据处理软件,再到系统化的办公管理软件应用以及现在网络化协作型软件的发展趋势,酒店业的软件功能得到了质的飞越。纵观国内酒店业信息化软件的应用发展情况,我国酒店业的软件功能发展情况分为以下三个阶段:

1. 电算化阶段

规模化经营的酒店一般集餐饮、住宿、娱乐、商务文化等多种服务于一体,这必然会涉及大量的信息流、资金流、物流、人流,使酒店要花费大量时间与金钱对信息进行处理,计算机的电算系统通过对信息的存储、加工、处理代替了手工化操作,可节约大量的信息处理时间,提高效率。计算机的电算系统多用于处理简单、繁琐且重复性高的工作,如库存登记、住房登记、收银、查账、收账、核算等多项工作。尽管电算系统对提高酒店业的经营效率、改善服务质量方面做出了贡献,但并没有改变酒店业的经营模式。电算化阶段是我国目前大多数酒店所处的数据处理阶段。

2. 管理信息系统应用阶段

这个阶段主要是指管理信息系统(MIS)在酒店业中的使用,MIS以通信技术与计算机技术为基础,实现对酒店经营过程中人力、物力、资金流、物流、信息流等的管理,该系统主要包括预订接待系统、客房管理系统、总经理系统、销售管理系统、工程设备管理系统、仓库管理系统、人事管理系统等。我国大多数的酒店管理信息系统应用状况还处于较低水平,只能处理静态的数据,而不能处理动态的经营数据。一些集团型酒店对管理信息系统应用出现了较高的水平,信息使用率比较高,出现一些对经营决策有用的分析型软件模块。

3. 网络化协作阶段

在该阶段中,酒店以互联网的应用为核心,出现了酒店相互的业务协作型软件。协作型软件主要出现在连锁酒店以及酒店集团企业,实现业务以及客户关系管理的相互协作。酒店本身为客人创造了较好的网络环境,酒店为客人提供高速的上网条件,并创建自己的网站,宣传自身业务与推广产品,与客户网上互动等。并供客户查询客房信息,预订客房,通过网络收集客户的消费信息及反馈信息,增强与客户之间的互动。利用网络进行营销也是酒店实行电子商务的重要表现之一。目前,国内酒店业中仅有少数规模较大、资金实力雄厚的酒店建有自己的商务网站并能提供客房预订服务,大多数酒店的网站还仅是宣传为主,并不能实现商务操作。其余中小规模的酒店则多数借助于第三方预订网站来提供预订服务。

网络化协作软件是酒店开展电子商务的基础,是未来酒店软件发展的方向。

(三) 功能发展的趋势

1. 软件产品集成化

以往的软件产品仅适用于某项或几项管理的操作,相应的程序都是专门针对某一具体事务所编写的,而不是从整个酒店的角度出发,这种单项模块式软件显然已不适应于现代酒店电子化经营的需要。国内目前几大成熟的酒店管理软件基本上能符合酒店管理一体化的需求,通过提供一系列的、高度集成的酒店管理软件产品,如前台系统、餐饮系统、人事系统、采供系统、接口系统、物流系统、扩展系统等整合型的软件来为酒店经营服务。

2. 操作界面人性化

酒店管理软件在注重标准化的同时,也越来越注重人性化的设计,从客户角度出发定制界面、定制各类报表,与酒店业务紧密联系。如杭州西软的酒店管理系统为使操作者能更好地掌握客人的主要情况及偏好需求,其在宾客列表中设计了六种不同颜色的信号灯,使信息状态一目了然,而且实现了相关操作的链接,业务处理操作更方便。

3. 注重客户关系管理

以往的酒店管理以客房管理为中心,经营者主要关心的是短期的入住率、出租率,而没有将重点放到如何维持客户关系上。随着越来越多的酒店经营者意识到客户管理的重要性,酒店管理软件也随之发展出了客户管理功能,如广州万迅千里马酒店管理系统中的会员管理系统,它可以帮助酒店维系能为酒店带来良好收益的客户。

4. 从数据处理型向决策型发展

早期酒店所应用的管理信息系统(MIS)一般只负责处理酒店的日常事务,如一般的事务统计、汇总、制表、检索和打印等基本处理,它的最大特点就是能将酒店的数据和信息集中起来,进行快速处理,统一使用。

5. 系统开放化

一个良好的酒店管理系统不应是封闭式的,而需要与市场上主要的酒店软件产品相适应,所以目前的酒店管理系统都比较注重接口系统的开发,如门锁接口、远程查询系统、远程预订系统等。在前台系统中,部分采用了开放型的 B/S 结构形式,这样一方面开放部分产品资源供网络预订系统分销,另一方面实现网络商务(如订单)的无缝接入,实现酒店预订中心对订单的统一管理。开放式系统也有利于酒店企业之间的电子商务开展。

6. 酒店集团型管理软件

最新的酒店管理系统的发展趋势就是出现了集团管理系统,该系统功能的出现是为了适应酒店集团公司战略发展的需要,帮助酒店集团公司建立统一的顾客资源管理平台、物资采购平台,培育和提升酒店集团连锁性经营的竞争优势,实现全系统客户资源共享,为连锁化经营发展奠定基础。

7. 增值产品/服务功能增加

酒店业的增值服务逐渐增加,如何将这些增值服务加入到酒店管理系统中进行管理就成了一个关注点。如中软酒店管理系统就特别设置了增值产品/服务系统,该系统内含语音卡系统、多语种服务等多项增值功能,用数据提供"温馨"服务。

8. 支持电子商务

酒店管理信息系统软件的功能除了支持前台和后台的管理业务以外,为了适应互联网应用的普及,必须支持来自于网络的一些业务,即电子商务。如关系客户的消费查询、所有客户的网络订房、酒店开展的网络营销、客户消费需求的网络调查,这些都是酒店电子商务的内容。这些电子商务内容从酒店自己的网站、电子分销商、综合旅游网站或门户型网站汇集到酒店管理系统的相应部门,实现无缝的电子化处理。

知识链接

hotels.com 在 iPhone 发布酒店预订软件

2008 年 7 月 14 日:酒店预订网站 hotels.com 宣布,其为 iPhone 和 iPod touch 开发的新应用软件现已在苹果公司的新应用软件商店中面世。这个免费的应用软件是启用苹果的 iPhone 软件开发工具包(iPhone Software Development Kit)开发的,为用户研究并预订酒店营造了更丰富的移动体验。"在 hotels.com,我们专注于应用户最方便之需,随时随地为他们提供有用的服务。"该应用软件由三个主要部分组成:

——搜索:用户可搜索接近自己当前位置的酒店。他们还可以找到距离机场、标志性建筑或街道某个地点相近的酒店。

——分类:用户可通过价格、客人评分、酒店星级、酒店名称或 hotels.com 推荐,对搜索结果进行整理。

——注册:用户可注册成为注册用户,创建、查看并修改他们的 hotels.com 资料。

hotels.com 的这个应用软件,使得人们可以直接用苹果产品搜索、查看并预订住宿;iPhone 用户还可以和 hotels.com 的一名专业人士对话以获取额外的帮助。该服务面向 hotels.com 全部客房库存中的近 8 万家酒店,可供选择的住宿包括全面服务的酒店、全包式度假酒店、度假出租屋、床+早餐旅馆等。

(资料来源:搜狐旅游 travel.sohu.com/)

三、国内酒店信息化程度

(一) 订房业务的电子化

订房业务的电子化主要采用网上订房的比例来衡量,近年来酒店网上的订房比例在不断增长。订房是酒店的主业务内容,因而网上订房业务也成为酒店业信息化程度的重要标志之一,相关统计表明,国内网民的数量近几年来得到了大幅度的提升,而随着旅游业的信息化发展,国内旅游网上预订市场规模不断扩大。据相关旅游统计,网络订房市场一直以来占据着旅游预订市场的主导地位,但近年来订票市场份额逐渐增大,并开始逐渐超越订房市场的市场份额。网络订房增速减慢的主要原因是我国单体酒店居多,且信息化水平普遍不高。

目前网络订房两个方面的发展趋势比较好:

1. 网络中介服务商发展势头良好

大多数单体酒店一般通过服务中介网站或加盟诸如携程、艺龙、芒果等分销型专业旅游网站的方式向大众提供预订服务,但这些中介服务商只接受地段好的、经营有特色的酒店企业,大多数地段不好的酒店并不接受。近年来,网络中介服务商的网络订房业务量每年都在递增,尤其是商务订房和休闲订房,但主要是高星级酒店的网络订房有良好的发展势头。

2. 连锁酒店企业或酒店集团的网络订房

近年来,酒店连锁(经济性酒店的连锁)以及酒店集团企业的网络订房发展势头也比较好,一方面这些企业有资源,另一方面出于竞争的需要。一些酒店集团企业开始构建中央预订系统(CRS),非常重视网络订房的发展前景。

与欧洲的酒店业相比,目前我国还没有出现这样的网络中介服务商,专门服务于地段偏僻的中小型酒店(50 个客房以内)或具有特色服务的酒店。我国中小型酒店的数量很大,且都是单体运行,他们的信息化服务能力有限,如果有这样的网络中介服务商专门为这些中小型酒店提供网络订房和信息化服务,则可以大幅度提升我国酒店业的网络订房水平和信息化服务水平,也可以提高这些酒店在服务上的创新能力。

(二) CRS 应用

20 世纪 80 年代初我国酒店开始出现 CRS 的应用,但主要集中于几家由国际酒店管理集团管理的酒店。到 90 年代,国内高端酒店使用 CRS 逐渐增多,但也是由外方管理的那些酒店。由于从 20 世纪 80 年代到本世纪初,我国还没有自己研发的 CRS 产品,在本土的酒店集团企业中很少有 CRS 的应用。据相关统计,五星级酒店使用 CRS 的比例高达 90%,四星级在 20% 左右,三星级仅为 4%,而二星级以下无一家酒店使用。目前,大多数的国内酒店都是通过加盟国际酒店管理公司的 CRS 形式开展应用。由于购买 CRS 的费用巨大,在国内还没有单体酒店直接开展 CRS 的应用。

中国酒店使用 CRS 已是一个必然趋势,从 2003 年开始,我国多家酒店软件供应商开始研发自己知识产权的 CRS 系统,其中杭州西软科技有限公司成功研发的 CRS 于 2005 年 3 月在南京金陵集团获得首次应用,成为我国第一个国产酒店 CRS 产品。后来又出现适合经济型连锁酒店的 CRS,"7 天连锁"成为国内第一家使用 CRS 的经济型连锁企业。据统计,奥运期间,7 天连锁网络订房的比例首次超过传统订房,达到 5 成以上。因此,2005 年是我国酒店业拥有自己 CRS 产品的里程碑。

(三) GDS 应用

国内加入 GDS 的一般都是三星级以上的酒店,其应用主要是通过选择一家国际 GDS 服务商接入服务,开展客房产品的国际分销。据初步调查,我国 200 多家酒店集团型企业都接入了 GDS 分销系统,利用 GDS 开展国际化营销并接受订房。近年来,一些高端的单体酒店也积极开展 GDS 应用,以招徕国际客源。从应用分布上,酒店主要集中于沿海经济中心和重点旅游城市,这与欧美客源市场在国内酒店的流向趋于一致。我国西部地区的酒店接入 GDS 比例还较低,主要是这些地区缺乏 GDS 服务商以及相关客源。

目前国际 GDS 分销商还是四足鼎立:Galileo、Amadeus、Sabre、Worldspan,国内还没有自己的 GDS 软件,但已经出现了如畅联(www.chinaonline.net.cn)、德比(www.derbysoft.com)等新型电子分销商。我国航空的 GDS 还正在研发完善中。

四、酒店信息化的主要技术应用

酒店信息化开展 20 多年以来,我国酒店经营从初步的计算机应用进入全面的信息技术应用阶段,酒店的信息技术应用能力全面提升。在信息化的提升过程中,酒店的信息技术系统逐步完善,这些系统的技术主要是计算机技术应用和网络技术应用。下面简要介绍这两方面的技术系统应用。

(一) 计算机技术应用

酒店的计算机技术应用除了前台经营的计算机应用以外,还包括客房系统的电子门锁系统、客房 mini 吧系统、客房节能控制系统,安保系统的智能监控系统、电子防盗系统,后台管理系统的人力资源管理系统、财务核算系统、绩效考评系统,工程设备系统的能耗使用分析系统、绿色酒店管理系统、设备维护和报修系统,以及网络营销系统的网站发布系统、网站维护系统、电子分销接入系统、知识工作系统等。

少数酒店已采用数据仓库技术分析经营数据,挖掘潜在商机,在一些酒店集团已开始构建 CRM 系统,开展差异化的服务并实现自动销售和营销。

(二)网络技术应用

网络技术是酒店经营中用得最多的技术,也是酒店信息化的核心技术。酒店的知识员工必须有网络应用的技能和网络编程技术。常用的网络主要有以下几个:① GDS 分销网络:GDS 终端的接入和相关应用;② 电子分销商网络:维护接口的使用(上传数据和下载数据);③ 电子采购网络:采购标书的上传和标书评价,以及电子合同的签约;④ 内部网络(Intranet)的应用:部门通信、企业文化、业务协作、信息查询;⑤ 外部网络(Extranet)的应用:企业协作、电子采购、利益团体、企业客户;⑥ 互联网(Internet)的应用:信息服务、产品展示、网络订房、关系维系、网络营销、市场调查等。

各种网络的构建,反映了一个酒店企业的信息技术应用能力和竞争优势。

(三)信息化系统平台技术

酒店信息化的主要技术系统是软件型的信息系统,各类信息系统是建立在一定的平台基础上,这些平台技术主要包括操作系统和数据库管理系统。目前操作系统使用的两大系列为 UNIX 操作系统和 Windows 系列操作系统。数据库管理系统使用最多的是 Sybase 数据库管理系统和 SQL Server 系列数据库管理系统,少数使用 MY SQL 数据库。酒店软件的开发工具主要是 PowerBuilder,ASP. net,Delphi,Visual Studio 2005 及 Microsoft Team Foundation Serve。集团管理软件系统的平台基本都是基于微软的. Net 平台构建。

我国酒店集团对信息化系统平台技术的应用具有专门的管理,但在单体酒店企业中还缺乏相应的技术管理。很明显,酒店集团对平台技术管理得越好,其经营中的创新能力也越强。我国一些民营酒店集团的快速发展可以充分说明这一点。在我国 300 多家酒店集团企业中,具有 CIO 专门负责管理信息技术应用的酒店还不多,说明在酒店业中,信息技术/信息系统的技术管理还没有真正纳入酒店集团的组织框架中来,这也是我国酒店与国外酒店集团的主要差距之一。

知识链接

新的酒店搜索引擎 Hotelicopter 上线

只需通过一次点击,Hotelicopter 就可以实时搜索 30 个旅游网站,将酒店房价、供应情况、图片和视频综合起来,即时显示从哪里找到最超值的酒店。"一般的旅客在预订酒店前会访问七八个网站,因为根据经验,他们不能总是依赖于一个网站提供每一家酒店、每次旅行或每个旅游日期的最优价格或可用情况,"Hotelicopter 联合创始人兼 CEO Adam Healey 表示,"相反,Hotelicopter 的比较定价模式,令旅行者可以相信他们无需费时研究也能获得最优可用房价——就像拥有自己的私人旅游助理一样。"

Hotelicopter 接入到超过 65 家旅游合作伙伴和 15 万家酒店库存,是最庞大的在线酒店信息库。搜索到哪个旅游网站提供最低可用房价后,hotelicopter 直接将用户链接到该网站的验证页面中完成交易。

Hotelicopter 通过其 Hotelier Suite 外部网与酒店连锁和独立酒店直接合作,使得旅行者可以直接预订酒店。Hotelicopter 还与专业的旅游网站合作以发现不为人知的好东西,包括其他网站上不提供的豪华精品酒店、度假酒店、B&B 旅馆和经济型住宿。

Hotelicopter 是首家整合了 Facebook Connect 内容的主要旅游网站。用户可以在 Hotelicopter 上创建一个个人账户,然后只需输入自己的 Facebook 资料就可以链接到 Facebook 中。这样,该搜索引擎就提供了社区媒体功能,以便旅行者利用自身的社区网络推荐酒店和旅游特惠产品。

Hotelicopter 还针对每一家酒店整合了许多合作伙伴提供的酒店评分、点评、图片和视频,旅行者在酒店搜索过程中无需访问多个网站了。

(资料来源:搜狐旅游 travel.sohu.com/)

五、国内酒店信息化发展趋势

从以上的分析中可以看出,尽管我国酒店的信息化程度近年来有了很大的提高,但与我国互联网的发展趋势及国际酒店信息化的程度相比,国内酒店业的信息化程度还处于初步阶段。据统计资料表明,目前我国酒店企业有 30

多万家,而星级酒店仅占5%的比例,信息技术应用和信息化开展主要在星级酒店行业,总体而言,我国酒店业信息化管理水平还很低,具有信息系统的酒店企业还不到10%,因此酒店信息化还有很大的发展空间。此外,我国酒店企业在建设信息化的过程中还存在着诸如电子商务形式单一;地区发展程度参差不齐;最佳模式尚在探索阶段;市场潜力巨大,但离发展成熟以及主动出击大手笔的投入还有距离等问题。

在未来信息化的建设过程中,酒店需要将各系统协调整合,无缝衔接,实现从营销到交易、从服务到销售、从售前到售后服务的一体化应用,并加强与航空部门、旅行社等其他相关方的合作,畅通旅游服务一条龙,为顾客创造附加值,以此来探寻开展酒店信息化建设的最佳发展模式。

随着移动通信技术的发展以及人们对便捷性的追求,移动电子商务不可避免地加入到酒店的经营管理中。移动电子商务是真正实现以人为中心的电子商务应用,它利用移动终端、移动通信网络和Internet网络相结合,进行电子商务交易,是传统Internet电子商务的拓展。如移动支付功能使顾客无论在何时何地都能通过移动电话终端完成对企业或对个人的安全资金支付。各种移动终端的大量出现,为移动电子商务的发展打下了良好的基础。目前,全球拥有手机和掌上电脑等移动通讯工具的人数远远超过拥有台式电脑的人数,特别是我国的手机用户规模已位居世界首位,并且还在快速增长,相信移动电子商务在未来将使酒店电子商务的功能更加完善,应用更加普及。具体而言,未来我国酒店信息化发展趋势主要表现在以下几方面:

（1）进一步完善酒店集团和基于连锁经营的信息系统;

（2）基于电子化经营的智能建筑和信息智能框架;

（3）酒店与利益团体企业之间业务的电子化(协作型信息系统);

（4）酒店与散客之间的移动商务开始实用;

（5）网络实时订房进入实用阶段;

（6）基于客户关系的销售系统开始实用;

（7）基于酒店集团的CRS功能完善和开始普及应用。

第二节　酒店智能化发展概述

导入案例

酒店智能化手机 Check-in 兼开房门

智能手机应用层面愈来愈广泛,最近更可用于酒店登记入住(Check-in),兼化身酒店房钥卡。万豪在美国纽约时代广场的酒店有提供此类服务。手机门卡是以应用程式(app)方式运作,住客首先登记订房资料,入住前 24 小时将收到确认通知,只要在房门前开启 app,便可透过蓝牙功能打开门锁。

一、酒店智能化的含义

酒店智能化指的是现代化酒店以全新高科技产品装配,从而达到酒店内部处理服务智能化、酒店对客人服务智能化、酒店对外界宣传智能化。

酒店的智能化应该遵循客户至上、服务至上、设计合理至上的原则。

在奥运会所引领的酒店电视智能化的大潮中,不论商务旅行还是旅游度假,越来越多的顾客都希望在酒店也能像在办公室或家里一样工作和娱乐,享受个性化和信息化的服务,因此中国酒店行业迫切需要能满足数字时代全新舒适要求的酒店客房视听解决方案来创新管理、提高星级含金量、增强对顾客的吸引力,以便在激烈的市场竞争中把握先机。在全力追求高档次标准及"酒店 E 化"的大趋势下,酒店需要从较为单一的吃住场所向集住宿、餐饮、娱乐、康体和会议等多种功能为一体的服务场所转变。因此酒店需要的不只是单一产品,还需要办公、商务、多媒体会议系统、安防、监控系统等全系列设备。

酒店管理智能化可以使酒店服务中心在酒店内部管理系统的控制下,显示客人临时需要的服务请求,比如需要增加某种物品,或者送餐服务,甚至是紧急求救信号,总之通过数字管理科技化可以为客人提供更多的个性化需求的选择,提供给客人自我控制的数字服务,将使酒店客人的经验更加便利,酒店业的服务方面的数字科技化的努力必将不断完善客人自身的体验。

我们建设酒店智能化,主要有三个目的:要为入住的客人提供全方位的服务、更舒适、更温馨、更安全、更方便、更便捷；要为酒店的运行提供现代化的管理手段，是网络化管理的要求，要提供一个供领导决策的数据；也是为了酒店的经营管理者服务，要为酒店开源节流、节能降耗提供控制手段。

北京奥运会的举办为中国的酒店行业视频设施树立了一个"奥运"标准，是否实现"酒店客房数字化"已经成为酒店服务品质高低的分水岭，并且列入酒店星级评定标准。随着入住客户的需求越来越多样化，数字化酒店已成为人们关注的热点。

数字化酒店主要体现在以下三个方面：多媒体视频系统、商务系统和网络化体系。

在建设酒店数字化方面，HPC（惠普电子）推出了客房一体机，凭借撼人心魄的视听效果以及方便的视频点播服务深深打动顾客，充分提升星级酒店服务品质含金量。安美的数字化酒店，有三方面的含义，其一，客人可以利用一体机进行网络浏览，真切感受数字化带来的乐趣；其二，酒店的服务将融于数字客房互动平台之中，客人将享受更便利直观的服务；其三，客人可以享受到真正的数字电视服务。在竞争日趋激烈的酒店行业，数字客房系统将使酒店的服务和形象提高到一个崭新的台阶。"在客房内轻轻一点，便可以轻松订阅想要的飞机航班、火车车次，了解附近的旅游景点路线，甚至可以从外面的酒店订餐送入客房。"

而安美数字服务集团运营商，推出了 innFORISTV 的遥控器，除了可以实现电视调台、点播大片外，还有从点餐、灯光控制到结账的全方位功能。安美 innFORISTV 具备丰富的扩展性，具有 PMS（酒店管理系统）接口、房控接口、点餐系统接口和 VoIP 功能集成，还实现了很多其他系统难以实现的功能，如对酒店客房的温度、湿度、灯光、窗帘等进行智能化控制，并且实现点餐、洗衣、账单查询、商务中心等酒店传统服务的数字化。通过遥控器，客人可随时查询消费情况。当客人有结账需求时，只须按下遥控器确认键，消费账单自动传输给前台，系统同时通知客房服务人员查房。同时，还能把高清电视当作显示器，再加一个遥控键盘，客人没有电脑也可上网，处理邮件和文档。这使得酒店可与电子商务网站展开全面合作，既可为客人提供丰富的网络服务，又可为酒店带来丰厚收益。

在为酒店实现数字化方面，酒店数字标牌系统能够通过网络满足视频系统的需求，它不仅能为酒店提供多媒体信息发布的功能，还能用作酒店数字指示牌和数字客房牌价显示系统。例如，奔流酒店数字标牌系统由播放管理中心、奔流播放器、网络平台和显示终端（如液晶、等离子、大屏幕电视）四部分组成。系统以高质量的编码方式将视频、音频、图片和滚动字幕等信息通过网络传输到奔流播放器,然后由播放器将组合后的多媒体信息转换成显示终端的视频信号播出。这种信息发布模式融合了多媒体视频信息的多样性和生动性,实现了信息发布的远程集中管理和内容随时更新,使受众在第一时间接收到最新鲜的各类资讯。此外,系统还可提供酒店简介、电话指南、酒店娱乐介绍等基础功能,大大节省酒店的印刷费用;可吸引更多的广告投资,创造巨大的利润和媒体价值;可为酒店内部提供视频会议、组织培训等特殊服务,改善员工的工作效率。

许多酒店推出的数码 e 房,则能够满足客人网络化的需求。酒店的数码 e 房配备电脑,能满足客人 24 小时的免费上网,使用终端以及软件,可以实现诸如宽带接入、客房终端设备、酒店应用平台、互联星空、增值服务、系统维护、广告发布等多项应用组合,提供包含视频监控、网站建设、网络传真、收发邮件、查看商务旅游信息等多种信息服务和娱乐功能,以及增值服务在内的各类通信业务。这类数码 e 房,受到商旅人士的热烈追捧,未来也将有不断的发展。

而在未来,入住者一踏入酒店,将身处设置有电子信息廊的“数字大厅”,信息廊上不断提供关于城市景点、交通、文化特色等各种信息。在客房、酒吧,住客能与服务中心实现视频互动,来自世界各国的游客还可享受到“多语种客服”……这,就是数字化酒店的美好前景。

二、酒店智能化的建设内容

(一) 内部管理智能化

这里的内部管理指的是酒店内部营运数据处理和人员管理。比如酒店内部每天的营业数据、财务数据分析、员工工资及成本核算、员工奖励制度核算等。

当今的酒店内部管理智能化,往往体现在酒店管理系统这个软件平台的处理能力上。现在在中国使用率普遍较多的酒店管理软件如杭州的西湖软件、北京的中通软件以及广州的天言五星、千里马软件和深圳的捷信达、深圳厚合软件等。该类软件主要以软件研发为主,并不过多研究硬件领域,属于软实力企业。

(二) 客服管理的智能化

这里的客服管理指的是对客人入住酒店过程中所能享受到的一切服务的管理。例如,使用诸如深圳厚合客房控制系统,当客人上 Internet 网或电话订房时开始,酒店就通过远程订房系统完成对该房间的定时预留,并及时为客人的特殊喜好做好准备,等候客人的到来;当客人到来后,在酒店大堂,只需要出示身份证,就可以立刻入住酒店预定好的客房;来到客房门前,用身份证或预先的会员卡就可以打开电子门锁;打开客房的门,这时房间走廊的廊灯自动亮了,客人把卡插入取电开关,房间根据客人入住的时间适时地选择相应柔和的夜景模式,床头灯亮了,小台灯亮了,电视自动打开了,背景音乐放着柔和的音乐,客人愉快地享受着沐浴,然后轻触床头的触摸开关,选择睡眠模式,走廊的小夜灯亮,其他灯随着客人也熄灭了;愉快的入住时光结束了,客人来到大堂,刷一下会员卡,自动在卡中扣除了费用。客人在账单上签下自己的名字,走出了酒店。

(三)酒店对外界宣传的智能化

这里指的是酒店除了自身印刷传统广告、做电视广告、媒体宣传以外,酒店建立起属于自己的网站,并且通过互联网把自己的广告打到了全世界所有酒店广告需要的位置,从而为自己建立了一条自我推广、宣传面广的互联网广告智能渠道。每次当要入住的客人打开某网页,看到了酒店内部装潢,十分满意,欣然在酒店网站输入订房信息,通过网银支付了酒店的钻石级会员费用,选一张自己喜欢的会员卡号,这时酒店已经前台获得信息,得知一位尊贵的客人已经通过互联网付款订购了一张钻石级会员卡。接下来,等待客人的,就是酒店的贴身服务了。

以上三点才是酒店智能化的真正意义。不单单是酒店服务客人,而是酒店通过智能化产品,实现一条龙的"产销盘存"的理念,既实现盈利,又实现高品质服务的双赢。

第三节　酒店信息化、智能化系统的建立和应用

导入案例

苏州吴江东太湖温泉度假酒店智能化

2013年开业迎宾的吴江东太湖温泉度假酒店一直非常重视酒店智能化建设,酒店礼宾部的移动设备应用软件,针对苹果和安卓操作系统提供13种不同的语言版本,客人可通过智能手机或平板电脑随时自由定制酒店入住,包括自行管理客房服务、交通安排、当地景点游览、水疗护理预约、

客房保洁、叫醒电话等服务。

中餐厅和西餐厅可使用 iPad 菜谱,不仅节约印刷成本,其快捷的更新酒店菜式和图文并茂的展示,得到客人较高评价。这不仅缩短点菜、下单、买单的时间,提高餐厅用餐效率,而且最大限度地降低了点菜、下单、买单过程中的差错率,增加了客人对酒店的满意程度。

酒店在不影响宾客良好体验的前提下,通过智能化管理进行节能降耗。酒店用了热水智能系统后,利用酒店洗衣房、锅炉房、配电房的废热为主要能量来加热酒店的热水,能使酒店热水能耗下降70%左右。

酒店的前台系统,已实现直接将客人在各大 OTA 平台的预订信息直接关联到酒店内部的系统,实现数据无缝连接。无论客人是在酒店的天猫旗舰店预订还是在携程等网站预订,客人下完订单,预订信息就已经进入酒店系统,避免了客人在网上完成预订,而到了酒店却没房的现象。

酒店的房间标配是一键式开关,在客房即可定制各种服务;同时房间还安装了火警自动感应系统,在出现状况时,工作人员能第一时间了解到。之前是客房服务员打电话到服务中心放房,现在是客房服务员直接使用房间电话放房;之前顾客用早餐一直是发放早餐券,现在直接到餐厅刷房卡就可用早餐,减少了酒店成本支出,同时也防止了顾客丢失早餐券的不便;以前一直是手动输入顾客资料,现在使用身份证读卡器,只要扫一下就可以快速录入顾客信息,方便快捷,同时可以更好地进行顾客数据统计。"

客房智能控制系统集智能灯光空调控制、房门报警控制、服务控制与管理功能于一体,将客房专用电器开关经智能化想象后与计算机组网运行,完成对客房状态、服务要求、空调及用电系统等的实时监测和控制,从而使酒店管理真正由经验管理进入到科学管理。智能客房的智能详细体现在哪些方面呢?

1. 灯光空调智能化

利用智能客房系统的空调编程功能设置客房开房插卡默认温度、客房拔卡温度、空房温度以及相应的风速。在客人未住店时,酒店可以以默认的形式给予每间客房一个节能温度。客人在前台办理入住登记手续时,前台服务员可通过远程控制功能,打开详细房间的灯光和空调,当客人开锁进入房间时,会倍感恬静、暖和,使客人宾至如归。

2. 安全房门系统

如客房长时间未关闭,门磁自动检测自动告警提示,告知值班服务员,可对客人进行提醒。同时,当客人不在客房,如有非法人员闯入客房,系统则自动报警。

3. 保险柜状态感应

当客人不在客房,而客房的保险柜被非法打开时系统会自动报警,该报警信号会在1秒钟内显示在酒店前台电脑控制系统管理软件中。客人退房时,前台可查询保险箱的开关状态,并及时提醒客人是否有遗漏物品。

4. 客房管理系统

电脑会把客房有人无人、灯光开启状态、空调运行状态、紧急呼叫、请勿打扰、请即清理,房内无人未关好门、有人未关好门、保险箱等状态及时显示在电脑上,房间中的电子产品客人自己对话服务员,做到一对一服务,大大提高了人员的利用率。客人不会看到服务员的身影但优质服务却如影随形。

一、概述

(一)酒店功能概况

智能建筑是社会信息化与经济国际化的必然产物,是多学科、高新技术的综合集成,是建筑技术与信息技术的高度集合。智能建筑是将系统、结构、服务、管理、运营的最佳组合,使之成为高效率、高功能与高舒适性的建筑。

酒店及管理与网络的设计目标是完全基于酒店内部网 Intranet 之上,通过 Web 服务器和浏览器技术来实现整个网络上的信息交互、综合和共享,实现统一的人机界面和跨平台的数据库访问,因此可以真正做到局域和远程信息的实时监控、数据资源的综合共享以及全局事件快速的处理和一体化的科学管理。

(二)系统设计原则

根据甲方要求和国内国际对智能系统的理解,未来的酒店系统将充分考虑实用性、可扩展性、先进性、专业性、开放性、安全性、服务性,经济性。

(1)实用性:系统在满足工程中所要求的功能和水准,并且符合国内外有关规范的前提下,达到系统实现容易、操作方便的要求。

(2)可扩展性:由于时代的发展与信息技术的更新,在系统设计时要考虑系统的可扩展性,充分考虑设备的兼容,系统主机要有可扩展余地。

(3)先进性:在满足实用性和可靠性的前提下采用最先进的系统,特别是符合计算机技术和网络通信技术最新发展潮流,且相当成熟的系统。

(4) 专业性:充分考虑酒店的特殊性,进行综合设计并突出专业。

(5) 开放性:遵循系统开放的原则,各系统应提供符合国际标准的软硬件、通信、网络和数据库管理系统等诸方面的接口和工具,使系统具备良好的灵活性、兼容性、扩展性和可移植性。

(6) 安全性:系统应具备设施安全性、可靠性和容错性,使酒店系统的运行能正确无误地实现。

(7) 服务性:系统将适应多功能、外向性的要求,突出便利性和舒适性,服务于酒店内的用户。

(8) 经济性:在实现先进性、实用性、可靠性前提下,充分考虑系统的经济效益,使未来系统在性能与价格比上在同类系统和条件中达到最优。

(三) 酒店的主要系统结构

1. 酒店弱电系统

依据酒店对智能系统的功能需求以及总体规划,弱电部分由以下子系统组成:

(1) 背景音乐及紧急广播系统;

(2) 卫星电视接收/客房广播系统;

(3) 程控交换机;

(4) 消防自动报警系统;

(5) 闭路电视监控系统;

(6) 防盗报警系统;

(7) 无线巡更系统;

(8) 综合布线系统;

(9) 楼宇设备自控系统(BA);

(10) 室内无线对讲系统;

(11) 员工考勤、食堂售饭系统;

(12) KTV 点歌系统;

(13) VOD 视频及音乐点播系统;

(14) 无线网络系统;

(15) 门禁系统;

(16) 大宴会厅扩声、视频、投影、同传、集控系统;

(17) 会议厅、娱乐厅扩声系统;

(18) 移动信号覆盖系统(由移动实施);

（19）电子会议系统。

2. 酒店管理软件

根据星级酒店的要求，在软件的管理功能方面，为保证酒店各营业点的正常经营管理，酒店管理软件基本要满足以下方面：

（1）前台系统

前台系统要包含酒店决策支持系统、客户关系管理系统、OA 办公自动化系统、客房管理、客房预订、前台接待、前台收银、餐厅收银、康乐收银、订餐管理、宴会管理、前台应收、夜审系统、前台报表、常客积分管理、会员一卡通管理、桑拿收银系统。

（2）后台系统

后台系统要有以下几个部分：供应链管理（进、销、存）、财务管理、固定资产、餐饮成本核算、人事劳资管理、工程部管理等部分。

（3）软件相关接口能力

酒店管理软件要有整合以下接口的能力：电话计费接口、宽带计费接口、电子门锁接口、收费电视接口、手持点菜器接口、公安局发送接口、考勤打卡机接口、一卡通接口。

（4）对外宣传

如酒店的网站建设等。

（四）对工程的义务和职责

工程施工人员要严格按照有关条款履行各项义务，本着负责的态度，对工程中所发生的诸如图纸审批、材料供应、人力分配、施工进度、工程质量，安全保障等各环节严格把关，对在工程实施中所可能发生的突发事件等负责，对提出的建议作出应变措施，以保证工期顺利实施。

二、酒店实际要求及方案

（一）目标

酒店的网络系统在保证质量的前提下，方案要最大化地合理，符合酒店的实际操作与运用，同时还要最大可能地节省成本。

（二）施工

关于工程，在保证质量的情况下，有以下两种方案：第一，即外包一家网络工程公司，第二即酒店自己组织人员进行施工。

综合比较之下，两种方案各有优缺点，外包的优点是对方是网络工程公司，有着较熟悉的施工经验,能按照合同的要求,合理安排人员,保证施工的进度。其缺点也是显而易见的,工程与人员费用大,所有施工的路线网络公司全掌握,工程合同及结束后,要与对方商讨有关网络后期问题与解决维护的情况。

自己施工最大优点是节省费用,工程进度与网络路线自由调整性强,可以最大化地熟悉工程中的每一个细节,利于自己的后期维护。其缺点是由于不是专业的公司,有时出现施工中的网络技术问题,不能及时地解决,影响工程的进度。施工质量也有时难以达到正规网络公司的效果。

建议就是,如果能自己采购硬件产品,而网络公司提供施工队伍,同时酒店有自己熟悉的人员来进行监督施工、保证工程的进度和质量。

不管采用哪种方式,最关键的就是网络是为酒店以后长久服务的,要最大限度地保证工程的质量与可持续使用,在工程施工中,要一丝不差地严格要求。因为施工结束后,所有的网线全都在密封通道中,一旦出现网线问题,影响的就可能是一片的区域。

(三) 机房与网络结构

酒店采用星型结构的网络,可以有两种方案,其中一种是有线和无线相结合(如图 10-1 所示)。

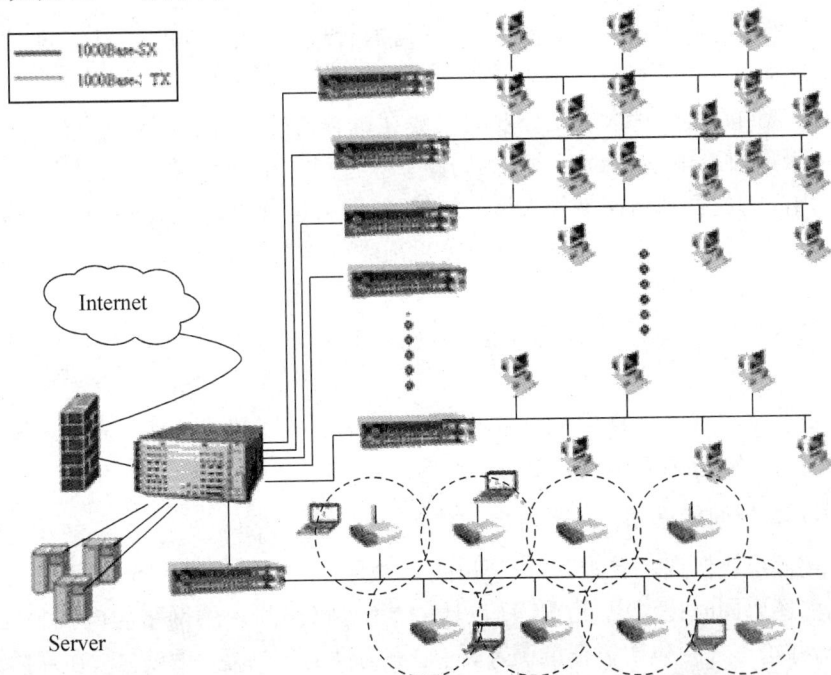

图 10-1

另一种是纯粹的无线网络,即所有的网络全部为无线网络,包括营业和办公区在内(如图 10-2 所示)。

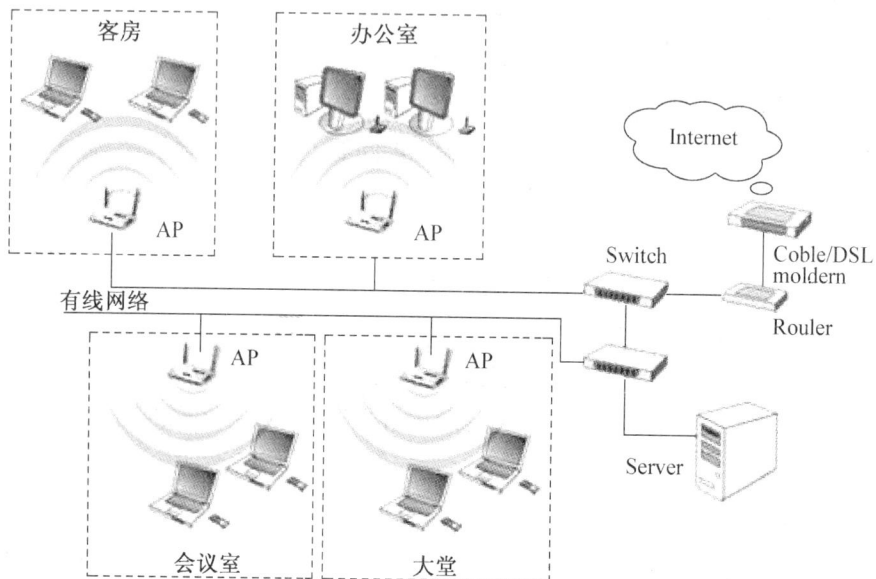

图 10-2

总机房的位置在一层,为了方便网络的管理、保证数据的安全,应把主机房分为内外两间。

酒店的网络管理人员工作期间一般在机房的外间,同时监控整个网络的运转,及时排除电脑、网络、软件的问题。除特别需要,平时都不进内间。

内间为放置酒店网络接入设备的场所,网络运营商提供的网络由此进入,整个酒店的种种数据服务器及总交换机都应按要求和规格,放置于此,以方便维护和管理。

例如酒管服务器、OA 服务器、WEB 网站、财软服务器、KTV 服务器、VOD 服务器等。

办公楼栋或者各楼层光纤连接到主机房,外网光纤到机房,先接入防火墙,再到交换机(或路由器),划分多个 VLAN,防止网络风暴。

(四) 房间的网络

按照星级酒店的要求,每一个房间至少要有两个网络接入点,由于酒店在房间内还要同时提供电视、VOD 点播的情况,将房间内的网络与电视、VOD 结合,并给客人提供更方便的服务,同时也为酒店创造更大的效益、在现阶段的技术下,有以下三种方案可供采用:

（1）传统的方案，即电脑与电视、VOD 分离使用。

（2）利用电视的机顶盒，将电视、VOD、网络三者结合一起，通过遥控器，让客人来自己选择使用。

（3）利用无盘工作的原理，将电视、VOD、网络结合在平板电视中，通过对电视的切换来选择使用。

以上三种方案各有优缺点，按照酒店的实际情况来使用。

（五）国际电话的控制

电话在运营商接入后，可通过电话程控交换机所提供的软件来进行控制和管理，计费可与酒店管理软件作接口，亦可由酒店管理软件来进行管理和操作。

本酒店免费开放国内长途电话，关于国际电话的开通，可由房间的客人通过电话告知总台，由总台的服务人员进行开通，同时话费计入房间的费用中。

三、各系统简单方案

（一）背景音乐及紧急广播系统

1. 系统特点

酒店公共区域的扬声器作为背景音响，在紧急时与消防联动可作为紧急广播，客房层公共走道扬声器只作为紧急广播使用但留有背景音乐的接入口供功能改变时使用。酒店客房小走道的扬声器只作为紧急广播使用。

2. 系统 HYPERLINK "http://www.chinawe.net/html/buxian/"设计目标

根据《酒店智能化系统工程技术文件》中关于公共广播和背景音乐系统功能要求：公共广播设于酒店内的公共场所，平时播放背景音乐，当发生火灾时则兼作事故广播，指挥疏散。背景音乐考虑到使用场所的特性、噪音水平、空间大小高度、一般音乐的音量高于现场噪声的 5—9dB，这样现场便能获得轻松、悠扬的播音效果。

公共广播必须与消防广播的分组分区相一致，这样每一消防分区内根据楼层的不同组合可分成许多消防报警及事故广播动作区。采用电脑控制，故发生时达到分区自动作选择。公共广播的每一分区均设有调音控制板，可根据需要调节音量或切除。

背景音乐播放的主要对象是大堂、门厅、餐厅、商场、通道、电梯轿箱、公共场所。对办公室等场所，为适应不同的需要可以留有接口。每个区域可以单独调节音量响度。音响系统的控制设备可设在消防控制室内，以便在发生火灾时强制性紧急切换以及设备的维护。广播 HYPERLINK "http://www.

chinawe. net/html/knowledge/"系统与消防系统共用电源。

3. 系统基本功能

正常情况下,设置在各个背景音乐分区的扬声器既可以分区播放背景音乐,也可以通过麦克风直接播送讲话等内容。

当酒店内有火警等突发事故时,系统能够通过自动和手动将背景音乐切换到消防广播,并能联动地在相应的消防区域播放消防疏导等信息,指挥酒店内人员疏散,而不影响其他区域的播音情况。

4. 系统配置

广播 HYPERLINK "http://www. chinawe. net/html/knowledge/"系统的控制中心由控制主机、功放机组、数字广播接收模块、双卡座磁带录音机、CD 多盘激光唱机、广播切换器、直接广播用麦克风等组成。另外,通过呼叫站接收消防呼叫信息而用数字口信模块存储消防疏导信息。

由微处理机控制,背景音乐、消防广播及日常广播合三为一,平时做背景音乐或临时通知,发生火灾时进行紧急广播。

每个功放具有 2 路音源输入:一路为音乐通道,音源为 CD、双卡机及数字广播接收模块;另一路为优先广播通道,音源为呼叫站、麦克风,当优先广播通道有信号时,可使音乐信号自动消声,播放广播。

各层广播线由控制中心单独配线,回路的闭合、断开由输出回路控制器控制。根据消防规范要求,火灾报警确认后,由火灾报警控制器联动消防广播设备工作及自动接通着火层及上、下层共三层广播线路。

由于该系统有消防广播和背景音乐广播的双重功能,因此在系统HYPERLINK "http://www. chinawe. net/html/buxian/"设计上,要兼顾消防规范和背景音乐的要求,根据酒店的实际情况,宜按 6—8 米间距布放扬声器,扬声器设置于公共场所的走廊、电梯门厅、公众卫生间、门厅入口处、地下车库等处。

所有设备都采取模块化结构形式,一旦有某个模块发生故障,可以很容易地将其拆除或替换,而不至影响整个系统

5. 系统要求

(1) 背景音乐与消防疏散广播 HYPERLINK "http://www. chinawe. net/html/knowledge/"系统能进行功能切换。

(2) 采取各区域独立控制,并且具有独立音源控制系统。

(3) 客房卫生间电视音源输出功能。

(4) 各区域音频节目自由编辑、统一强切功能。

（二）数字程控交换机

1. 设计要求

程控交换机 HYPERLINK "http：//www. chinawe. net/html/knowledge/"系统是组成酒店通讯和网络的重要子系统。程控数字式程控交换机（以下简称 PABX）是酒店内通讯和计算机网络两大系统的关键设备，它利用目前国际上先进的数据通信技术和计算机数字化网络技术，将通信系统设备和线路与计算机网络设备和网络有机的融合在一起，体现酒店的现代化形象。

酒店选用数字式程控交换机，大楼的语音、传真、电子邮件、无线通信、会议电视、可视电话、可视图文，以及多媒体通信的中心设备。ISDN/PABX 设备同时具有与 GSM 微蜂窝基站组网的能力，利用新一代的数字无线电话系统和采用微小区域通信结构，实现低功率、双向数字通信、动态信息分配和无缝越区切换等功能。

（三）无线网络系统

商务客人常常喜欢在酒店大堂、咖啡厅或茶座里用笔记本电脑工作，或是在这些地方进行一个小型的会谈。当客人需要处理电子邮件或上网下载公司的资料时，得到的回答往往是："您必须换一个靠近某个数据点的位置"、"您可以到商务中心去"或"您必须到房间里用电话线才可以上网"等。而无线智能酒店系统就可以免除这样的尴尬，它主要是通过在酒店布置无线局域网WLAN 来提供无线宽带服务，可以在最短的时间内实现酒店的整体接入，不影响酒店的正常营业，尤其是不影响酒店的装修布局。

根据星级酒店的特点，要实现包括办公楼、行政楼和客房的大面积网络覆盖，网络结构就会包括不同网络设备和不同的连接方式，同时也包含不同功能特征，以充分满足酒店管理的需要。基于上述所述，网络结构应当针对不同的情况解决不同的问题。合理的网络方案不仅简化网络的管理，而且能够提高网络的整体性能和可用性。

因此，针对酒店面积大的实际情况，酒店无线网络的设计方案一般有两种：一种是楼层之间用有线网络进行连接，多个房间共用一台无线路由器或无线 AP（无线网络接入点）；另外一种就是使用无线路由器，通过酒店现有的CATV 线路传输无线网络信号，这样只需要在机房安装无线路由器，在客户端安装天线就可以实现无线网络覆盖了。

案例分析

Homever 酒店客房智能控制系统

Homever 酒店客房智能控制系统集客房信息响应以及灯光、空调、服务功能集中控制于一体,多项技术实现电能节约、服务提升、安全防范,同时加以计算机互联技术的利用实现网络化监控:客房人员身份、客人实时服务信息、房门状态、保险箱开关状态、客房温度状态等,一切实时信息尽在掌控中。系统具有智能化、网络化、规范化特点,将科学的管理思想与先进的管理手段相结合,帮助酒店各级管理人员和服务人员对酒店运行过程中产生的大量动态的、复杂的数据和信息进行及时、准确的分析处理,从而使酒店管理真正由经验管理进入到科学管理。

(四) 声、电、光智能管理

1. 灯光场景人性化

通过方便的控制面板,对灯光调节与开关控制,为客人提供舒适、温馨的场景与灯光气氛。

2. 电动窗帘控制

通过控制面板,可对窗帘、窗纱分别进行控制,体现智能化生活带来的无限乐趣。

3. 感应控制

通过对感应器的逻辑应用,实现人来灯亮人走灯灭,方便节能。

4. 关门提醒

若客人进门后放行李忘记了关门,门磁开关感应到后,酒店客房系统会发出声音提示。

5. 衣柜照明

当客人打开衣柜,门磁开关被触发,柜内的照明灯自动打开,方便客人取放衣物。

6. 温度智控

通过控制面板,客人可对空调系统进行控制。运用酒店客房管理软件,前台服务员可为房间设置"入住模式",在客人入住客房以前,房间自动调节到舒适的温度以迎接客人入住；当客人拔卡离开房间，空调温度自动升高，离开超过设定时间，空调将自动关闭。

7. 服务信息

服务提醒：请勿打扰、请清扫、订制服务、退房提醒。

客房信息提示：方便服务员的工作、避免打扰客人工作和休息。

请稍后提示：有客人来访时，提示门外等候的客人稍等。

8. 紧急求助（SOS）

当客人发生紧急情况时使用，可通过"紧急求助"面板来通知酒店服务员，求助信息将立刻在前台电脑显示屏上弹出并发出声音警报以提醒及时处理。

9. 弱电控制强电

房间内的操作面板均采用弱电控制强电的方式，让客人操作更安全。

10. 客人退房申请

当客人按下退房申请按键，前台及时通知客房部办理退房程序，加快退房速度，简化退房手续，减少客人等候时间。

11. 感应控制

洗手间的灯光、排风扇通过感应器来控制，有人进去时灯光立刻打开，排气扇延时 10 秒打开，当然客人也可以通过面板来自己控制，若客人离开洗手间时间超过设定时长，系统将自动关闭灯光、排风扇。

12. 空调智能控制

为提供舒适的入住环境，客人登记入住后，空调会自动打开到适合的温度；若客人登记后又长时间没有进入房间，空调将自动关闭。在入住期间，客人拔卡离开客房，空调会自动提升温度，超过系统设定的时长还未回来，空调将自动关闭。

课后思考题

1. 什么是酒店信息化和智能化？
2. 酒店信息化的应用情况如何？
3. 酒店信息化发展特点是什么？
4. 酒店智能化的优势有哪些？
5. 酒店智能化建设对酒店的影响有哪些？
6. 酒店智能化发展趋势怎样？

实训练习题

走访本地一五星级酒店,考察一下信息化和智能化的应用情况。

参考文献

[1] 冯文昌主编. 酒店管理概论. 科学出版社,2009.

[2] 李辉作,于涛主编. 酒店经营与管理. 中国发展出版社,2009.

[3] 都大明编著. 现代酒店管理. 复旦大学出版社,2008.

[4] 谢雨萍,周江林主编. 酒店管理概论. 中国财政经济出版社,2005.

[5] 闫宏毅主编. 酒店管理实务. 电子工业出版社,2009.

[6] 李辉作,于涛主编. 酒店经营与管理. 中国发展出版社,2009.

[7] 赵涛主编. 酒店经营管理(修订版). 北京工业大学出版社,2006.

[8] 漆浩主编. 职业培训进修教程保安员培训与管理(第二版). 中华工商联合出版社,2004.

[9] 李伟清主编. 保安员国家职业培训教程——业务技能. 经济日报出版社,2007.

[10] 陈继光,唐扬耀编著. 中等旅游职业技术教育系列教材酒店公共关系. 中山大学出版社,1995.

[11] 南兆旭,滕宝红编著;汉典管理培训中心项目组织. 现代酒店星级服务培训. 广东经济出版社,2004.

[12] 段远鸿,吴晶编著. 不懂财务就当不好酒店餐饮业经理. 企业管理出版社,2009.

[13] 袁照烈编著. 酒店保安部精细化管理与服务规范. 人民邮电出版社,2009.

[14] 安全源于规范化的的科学管理——访西安香格里拉金花酒店安全部经理金哲. 安防科技·安全经理人,2003,12.

[15] 朱磊. 中国高星级酒店危机管理研究. 中国政法大学硕士学位论文.